Hannes Hofbauer

Im Wirtschaftskrieg

Bibliografische Information der Deutschen Bibliothek:
Die Deutsche Bibliothek verzeichnet diese Publikation
in der Deutschen Nationalbibliografie.

Coverfoto: Alamy.com
Druck: CPI – Clausen & Bosse, Leck
Printed in Germany
ISBN: 978-3-85371-533-8

Promedia Verlag
E-Mail: promedia@mediashop.at
Web: www.mediashop.at | www.verlag-promedia.de

HANNES HOFBAUER

IM WIRTSCHAFTS-KRIEG

DIE SANKTIONSPOLITIK DES WESTENS UND IHRE FOLGEN. DAS BEISPIEL RUSSLAND

PROMEDIA

Über den Autor

Hannes Hofbauer, geboren 1955 in Wien. Studium der Wirtschafts- und Sozialgeschichte an der Universität Wien. Publizist und Verleger. Zum Thema sind von ihm u. a. im Promedia Verlag erschienen: »Feindbild Russland. Geschichte einer Dämonisierung« (2016) und »Zensur. Publikationsverbote im Spiegel der Geschichte. Vom kirchlichen Index zur YouTube-Löschung« (2022).

Inhalt

Anhang

Vorwort

Ein knappes Jahr nach dem Ende des Ersten Weltkrieges äußerte sich US-Präsident Woodrow Wilson in einer viel beachteten Rede zu den Auswirkungen von Schieß- und Wirtschaftskrieg. »Der Krieg«, so Wilson im September 1919, »ist eine barbarische Sache, (...) der Boykott allerdings ein unendlich viel schrecklicheres Kriegsinstrument.«[1] Damit läutete der spätere Friedensnobelpreisträger das Zeitalter des Völkerbundes ein, in dem Wirtschaftssanktionen erstmals als – letztlich gescheitertes – internationales Instrument gegen kriegführende Staaten zum Einsatz kamen.

Um wirtschaftliche Zwangsmaßnahmen in ihren vielfältigen Ausdrucksformen wie Embargos, Boykotte oder Sanktionen geht es im vorliegenden Buch. Diese durchzusetzen, braucht es Macht; am besten Allmacht. Dutzende Sanktionsregime der transatlantischen Achse nach dem Zweiten Weltkrieg haben Millionen von Opfern in peripheren Staaten des Globalen Südens gefordert; dem besonders todbringenden Beispiel des Irak wird in diesem Buch ein eigenes Kapitel gewidmet.

Überall dort jedoch, wo Wirtschaftskriege gegen große Länder mit widerstandsfähigen und potenziell autarken ökonomischen Strukturen geführt werden, sind diese zum Scheitern verurteilt. Dann dreht sich der gewünschte Effekt oft um und trifft die sanktionierende Seite mindestens genauso wie die sanktionierte. Das konnte man bereits im großen Stil bei der gegen das Vereinigte Königreich betriebenen Napoleonischen Kontinentalsperre des Jahres 1806 beobachten. Deren Nichtbefolgung durch den russischen Zaren verleitete den eben zum Kaiser gekrönten Franzosen zu seinem Russlandfeldzug, der schließlich sein Scheitern besiegelte.

Russland – auch und gerade in Gestalt der Sowjetunion – stand die vergangenen 100 Jahre immer wieder im Fadenkreuz des Westens. Nachdem die militärische Zerschlagung der Bolschewisten nicht gelungen war, beschlossen die westlichen Alliierten im Oktober 1919 eine Wirtschaftsblockade gegen die europäischen und sibirischen Grenzen

1 https://www.presidency.ucsb.edu/documents/address-the-hockey-arena-seattle-washington (29.7.2024)

Russlands, die der verantwortliche französische Militärkommandant zufrieden als die »bis heute stärkste Waffe« bezeichnete.[2] Nach dem gemeinsamen Niederringen des Hitlerfaschismus legten die westlichen Verbündeten bereits im Frühjahr 1948 ihr großes Embargopaket gegen den kommunistischen Osten auf, das unter dem Kürzel COCOM bis in die 1990er Jahre die jeweils fortschrittlichsten Technologien von den Märkten des Ostblocks fernhalten sollte.

Als dann am 28. April 2014 die Europäische Union erste ökonomische Zwangsmaßnahmen gegen mittlerweile kapitalistisch geführte russische Unternehmen und ganze Branchen aussprach, endete eine gerade einmal 16 Monate andauernde Phase des freien Wirtschaftsverkehrs mit Russland, das erst Ende Dezember 2012 in die Welthandelsorganisation aufgenommen worden war. Mittlerweile haben sich die von der EU und den USA betriebenen antirussischen Sanktionen zu einem großen Wirtschaftskrieg ausgeweitet, der seinesgleichen in der Geschichte sucht.

Die geneigte Leserschaft wird im vorliegenden Buch schlaglichtartig durch historische Beispiele von Sanktionsregimen und Blockademaßnahmen geführt, die vom antiken Griechenland über die Hanse, die Napoleonische Kontinentalsperre und die vielfältigen britischen Wirtschaftskriege bis zu der hauptsächlich von Washington betriebenen Politik gegen Kuba, Nordkorea und den Iran reichen.

Die größte Aufmerksamkeit widmet der Band in der Folge dem Geschehen seit 2014, als Washington und Brüssel die Ukraine-Krise zum Anlass nahmen, Russland ruinieren zu wollen, wie das manche EU-europäischen Staatskanzleien offen als Zielvorgabe äußerten. Die zu Redaktionsschluss bestehenden 21 EU-Sanktionspakete werden penibel beschrieben und auch in ihren Auswirkungen analysiert. Dabei gehören die Beschlagnahmung – im EU-Sprech teilweise verharmlosend »Einfrieren« genannt – der russischen Zentralbankgelder, der Ausschluss von Banken aus dem SWIFT-System sowie das Kampffeld um Erdöl und Erdgas zu den wichtigsten Themen.

2 Zit. in: Nicholas Mulder, The Economic Weapon. The Rise of Sanctions as a Tool of Modern War. New Haven/London 2022, S. 94

Neben der harten ökonomischen Auseinandersetzung werden auch begleitende geopolitische, kulturelle, sportliche und infrastrukturelle Sanktionen besprochen, mit denen der Westen möglichst alles Russische aus dem europäischen Gedächtnis löschen will.

In den zwei abschließenden Kapiteln widme ich mich ausführlich der Moskauer Gegenwehr und den weltweiten Folgen des großen Wirtschaftskrieges.

Der Abzug westlicher Konzerne im Gefolge der EU-Sanktionspolitik, so unvollständig er auch durchgesetzt werden konnte, öffnet den Raum für importsubstituierende Maßnahmen und neue Absatzmärkte. Mit anderen Worten: Russland wird gezwungen, ökonomisch auf eigenen Beinen zu stehen, russisches Kapital ist – neben chinesischem und indischem – auf dem heimischen Markt im Vormarsch.

Als welthistorisch bedeutendste Folge des vom Westen losgetretenen Wirtschaftskrieges ist unschwer eine De-Dollarisierung zu beobachten. Diese geht Hand in Hand mit dem (schleichenden) Aufstieg eines von China dominierten Finanz- und Wirtschaftskreislaufes, in den sich zunehmend auch der Globale Süden einreiht. Dem Bedeutungsgewinn der BRICS-Staaten sowie dem Aufbau neuer Handelswege wird entsprechende Aufmerksamkeit geschenkt.

Abschließend darf ich mich bei den vielen HinweisgeberInnen bedanken, die mich ständig mit Literatur versorgt haben und dies auch weiterhin tun; sowie insbesondere bei meiner ersten Lektorin und Partnerin fürs Leben, Andrea Komlosy.

Ganz am Ende dieses Vorworts will ich noch meiner Hoffnung Ausdruck verleihen, dass der vom Westen gegen Russland geführte Wirtschaftskrieg nicht wie so manch anderes Sanktionsregime vor ihm zu einem Schießkrieg zwischen Atommächten führt.

Hannes Hofbauer
Wien, im August 2024

Sanktion, Embargo, Boykott – eine Begriffsklärung

Wo eine Sanktion greifen soll, braucht es Macht; am besten Allmacht. Wer eine Sanktion ausspricht, muss die Mittel haben, diese durchzusetzen. Dass es in den meisten Fällen nicht so klappt, wie sich das der Sanktionierende vorstellt, das werden wir im Verlauf dieses Textes noch oft beobachten.

Der Begriff selbst leitet sich vom lateinischen Verb »sancire« ab, womit »bestimmen«, aber auch »verbieten« gemeint sein kann. Eine der im deutschen Sprachraum historisch bekanntesten Sanktionen war jene sogenannte »Pragmatische Sanktion«, die Kaiser Karl VI. im Jahr 1713 erließ. An ihr zeigt sich deutlich, wie wichtig die Machtfülle ist, um eine »Bestimmung« durchzusetzen. Mit der »Pragmatischen Sanktion« erließ der Habsburger, Kaiser des Heiligen Römischen Reiches Deutscher Nation, eine Order, nach der im Falle, dass seine Frau Elisabeth Christine keinen Knaben zur Welt bringt, auch eine Tochter die habsburgische Erbfolge antreten könne. Hintergrund dieser »Sanktion« war der Wille des Herrschers, die Unteilbarkeit der österreichischen Länder zu gewährleisten, notfalls eben – so das Kalkül – mit einer Tochter am Thron. Die meisten anderen europäischen Monarchen fügten sich der Anordnung des Kaisers.

Und tatsächlich hatte Karl ein gutes Gespür für die Gebärfähigkeit seiner Gemahlin. Denn nachdem ein potenzieller männlicher Thronfolger noch im Säuglingsalter verstorben war, kamen »nur« noch drei Töchter zur Welt. Die älteste, Maria Theresia, führte in der Folge 40 Jahre lang, von 1740 bis 1780, die Regierungsgeschäfte der Habsburgermonarchie. Die »Pragmatische Sanktion« hatte dies möglich gemacht.

An ihr kann man aber auch ersehen, wo die Grenzen der Umsetzung dieser »Sanktion« lagen, wo die Macht des Wiener Herrscherhauses endete. Denn die preußischen Hohenzollern als wichtige geopolitische Gegenspieler ignorierten die gewünschte habsburgische Erbfolge. Preußenkönig Friedrich II., der »alte Fritz«, ließ unmittelbar nach dem Tod von Kaiser Karl VI. im Jahr 1740 das zu Österreich gehörende Schlesien besetzen und brachte damit zum Ausdruck, dass die »Pragmatische

Sanktion« für die Hohenzollern keine Gültigkeit hatte. Die Kriege um Schlesien dauerten 23 Jahre lang.

Auch die Führung des Heiligen Römischen Reiches konnte keiner Frau übergeben werden. Denn während im Hause Habsburg die neue Herrscherin ab 1740 Titel wie Erzherzogin von Österreich, Königin von Ungarn und so weiter sammelte, blieb ihr die Kaiserkrone (des Hl. Römischen Reiches Deutscher Nation) versagt. Dafür hätten sie die Kurfürsten, denen die Wahl des Kaisers oblag, »küren«, also wählen müssen. Dass der Einfluss der Habsburgerin im Reich so groß war, ihren Gatten Franz Stephan von Lothringen zum Kaiser krönen zu lassen, ist eine andere Geschichte, die auch zeigt, in welcher Sphäre der Macht die Frauenemanzipation Mitte des 18. Jahrhunderts endete.

300 Jahre später hat der Sanktionsbegriff Karriere gemacht. Mittlerweile bestimmt er weltwirtschaftliche und geopolitische Vorgänge und ist drauf und dran, aus einem global verbundenen Weltsystem gegeneinander weitgehend abgeschottete Teile zu formen. Wirtschaftssanktionen sind zu einem allgegenwärtigen Phänomen geworden. Ganze Weltteile befinden sich im Wirtschaftskrieg einer gegen den anderen. Dem Begriff selbst – Wirtschaftssanktion – fehlt im Übrigen jede rechtliche Grundlage. Er ist weder im Völkerrecht, noch im Europarecht eindeutig geklärt oder gar kodifiziert. Stattdessen stellt er die Beschreibung einer hoheitlichen Maßnahme zur Bestrafung eines (angenommenen) staatlichen Bösewichts und Unruhestifters dar, mit dem hehren Ziel, diesen zum Einlenken zu bewegen. Ohne die entsprechende Machtfülle des Sanktionierenden wird der Vorgang auf den Sanktionierten freilich keinen Eindruck machen; und selbst wenn die Differenz im ökonomischen Kräfteverhältnis groß ist und der Druck entsprechend schwer auf dem Schwächeren lastet, muss der gewünschte Effekt keineswegs eintreten.

In der jüngeren Debatte wird oft zwischen völkerrechtskonformen und völkerrechtswidrigen Sanktionen unterschieden. Aber die Trennlinie ist schwer auszumachen. Einzig, wenn – in der neueren Geschichte – der UN-Sicherheitsrat Sanktionen gegen ein Land ausspricht, gelten diese widerspruchslos als legal. Um eine Bedrohung des Weltfriedens nach Artikel 39 der UN-Charta abzuwenden, kann der Sicherheitsrat beschließen, »welche Maßnahmen – unter Ausschluß von Waffengewalt – zu ergreifen sind, um seinen Beschlüssen Wirksamkeit zu verleihen; er kann die Mitglieder der Vereinten Nationen auffordern, diese Maßnahmen durchzuführen. Sie können die vollständige oder teilweise Unterbrechung der Wirtschaftsbeziehungen, [...] der Verkehrsmöglichkeiten und den Abbruch der diplomatischen Beziehungen einschließen.«[3] Damit ist allerdings noch immer nicht geklärt, wie die Durchsetzung eines solchen Schrittes funktionieren soll.

Konnte sich in der Zeit des Kalten Krieges der UN-Sicherheitsrat nur zwei Mal auf Sanktionen (1965 gegen Südrhodesien und 1977 gegen Südafrika) einigen, so griff das internationale Sanktionsfieber nach dem Zusammenbruch der Sowjetunion in den 1990er Jahren um sich. Die Opfer waren mehrheitlich im sogenannten Globalen Süden zu finden. Irak, Libyen, Jugoslawien und Somalia machten den Anfang, gefolgt von einer Reihe hauptsächlich afrikanischer Staaten, Nordkorea und dem Iran.[4] In vielen Fällen wurden keine umfassenden Sanktionen erlassen, sondern sie beschränkten sich auf militärische oder auf andere spezifische Bereiche.

Viel häufiger als die UNO haben in den vergangenen Jahrzehnten die USA und ihre politischen Verbündeten Sanktionen verhängt. Dabei sorgte (und sorgt) man sich nicht um die Gefährdung des Weltfriedens – obwohl manchmal damit vordergründig argumentiert wird –, sondern Washington geht es meist um die Ausschaltung missliebiger Regierungen und deren Ersetzung durch willigere. Das Ziel eines solchen Regimewechsels, und um nichts anderes handelt es sich dabei, verstößt eindeutig gegen das völkerrechtlich verankerte Interventionsverbot,[5] wie es schon im »Grundsatz der souveränen Gleichheit aller Mitglieder« der UN-Charta verbrieft ist.[6] Noch klarer formuliert es die »UN-Charta der ökonomischen Rechte und Pflichten der Staaten« in Resolution 3281 aus dem Jahr 1974: »Ein Staat darf keine wirtschaftlichen, politischen oder sonstigen Zwangsmaßnahmen gegen einen anderen Staat anwenden oder ihre Anwendung begünstigen, um von ihm

3 UN-Charta, Artikel 41: https://unric.org/de/wp-content/uploads/sites/4/2022/10/charta.pdf (15.9.2023)

4 https://dgvn.de/publications/Bilder/Basis-Informationen/BI_60_UN-Sanktionen_web.pdf (15.9.2023)

5 https://www.staatslexikon-online.de/Lexikon/Interventionsverbot (15.9.2023)

6 UN-Charta, Artikel 2: https://unric.org/de/wp-content/uploads/sites/4/2022/10/charta.pdf (15.9.2023)

die Unterordnung bei der Ausübung seiner souveränen Rechte zu erlangen.«[7] Wir werden im Laufe des Buches noch auf die wichtigsten US-/EU-Sanktionen zu sprechen kommen.

Ohne UN-Mandat gibt es also keine völkerrechtskonformen Wirtschaftssanktionen. Und auch die Welthandelsorganisation (WTO) mit ihren 164 Mitgliedern erlaubt wirtschaftliche Zwangsmaßnahmen nur in einem einzigen Ausnahmefall. Als Hüterin des ungehinderten, freien Welthandels beäugt sie jedes Hindernis desselben misstrauisch, seien es unlautere Zölle, Einfuhrbeschränkungen oder juristische Klauseln, die einem Protektionismus Vorschub leisten. Einzig zur »Wahrung wesentlicher Sicherheitsinteressen« kann der ungehinderte Warenverkehr eingeschränkt werden.[8] Bezogen auf den aktuellen Fall der beispiellosen transatlantischen Sanktionen gegen Russland trifft genau diese Ausnahme für Washington und Brüssel nicht zu. Zwar steht es der Ukraine, deren Sicherheit durch den russischen Einmarsch zweifelsohne angegriffen ist, frei, russische Unternehmen zu sanktionieren; die westliche Allianz hingegen ist durch den Krieg im Osten nicht gefährdet – ihre Sanktionen entbehren also auch im WTO-Sinn der legalen Grundlage.

Die Verhängung von Wirtschaftssanktionen steht – wie kriegerische Handlungen – einem staatlichen Selbstverständnis von Neutralität diametral entgegen. Entweder, oder. Entweder eine Regierung sanktioniert die eine Seite eines Konfliktes und unterstützt damit zumindest indirekt die andere oder sie verhält sich neutral. Je ökonomisch offener eine Volkswirtschaft gestaltet ist, desto schwerer wiegen die Konsequenzen einer von ihr selbst verhängten Wirtschaftssanktion gegen ein »feindliches« Land auch für den sanktionierenden Staat, freilich vorausgesetzt, es handelt sich um relevante Größenordnungen im gegenseitigen Wirtschaftsverkehr. Mit der Verhängung von Sanktionen gehört die Neutralität der Vergangenheit an, oder, wie es der niederländische

7 https://zeitschrift-vereinte-nationen.de/publications/PDFs/Zeitschrift_VN/VN_1975/Heft_4_1975/06_a_Doks_VN_VN_4-75.pdf (1.7.2024)

8 Hier in einer Studie der Wissenschaftlichen Dienste des Deutschen Bundestages in Bezug auf die geplanten Sanktionen gegen den chinesischen Konzern Huawei: https://www.bundestag.de/resource/blob/657800/a839ff5d440a7fa626c9c165ca6b636b/WD-2-079-19-pdf-data.pdf (15.9.2023)

Historiker Nicholas Mulder auf den Punkt bringt: Sanktionen untergraben die Neutralität.[9]

Der Begriff »Wirtschaftskrieg«, wie wir ihn in diesem Buch verwenden, bezeichnet – abstrakt gesagt – den Kampf gegen die ökonomischen Strukturen eines als Feind georteten Staates, seien sie umfassend oder selektiv. Weniger juristisch als politisch definiert es der italienische Philosoph Domenico Losurdo: »Die ökonomische Kriegsführung ist das bevorzugte Instrument, mit dem eine große koloniale Macht, die mehr oder weniger die Weltwirtschaft [...] kontrolliert, sich den Gehorsam oder die Unterwerfung eines Landes, das sich in kolonialen oder halbkolonialen Verhältnissen befindet [...], zu sichern sucht.«[10]

Schießkrieg und Wirtschaftskrieg hängen eng zusammen. Letzterer geht oft dem Schlachtgetümmel voraus, setzt sich aber in der Regel während der militärischen Auseinandersetzung fort. Die enge Verwandtschaft des militärischen mit dem ökonomischen Konflikt hat schon Johann Wolfgang von Goethe erkannt, indem er interessanterweise eine für seine Zeit typische Übergangsform zwischen Schieß- und Wirtschaftskrieg als dritte im Bunde hinzufügte: »Krieg, Handel und Piraterie«, schreibt der Weimarer Dichter kurz vor seinem Tod im Jahre 1831, »dreyeinig sind sie, nicht zu trennen.«[11] Diese Einsicht straft die heute gängige, weitverbreitete These Lügen, die den Wirtschaftskrieg als Kind des aktuellen Globalismus betrachtet. Richtig ist freilich, dass in Zeiten eng verwobener ökonomischer Beziehungen Sanktionen, Embargos und Boykotte großflächige Auswirkungen mit sich bringen. Gegeben hat es den Wirtschaftskrieg allerdings auch schon vor der globalisierten Welt, die sich – nebenbei bemerkt – nicht zuletzt wegen der zunehmenden Sanktionspolitik des transatlantischen Raumes in Teilbereiche zu zerlegen beginnt.

Welch dramatische Auswirkungen ökonomische Kriegsführung auch schon vor hundert Jahren hatte, vermerkte niemand geringerer als US-Präsident Woodrow Wilson nach Kriegsende 1919 anlässlich einer Rede in Seattle: »Der Krieg«, so Wilson, »ist eine barbarische Sache (...)«, »der

9 Nicholas Mulder, The Economic Weapon. The Rise of Sanctions as a Tool of Modern War. New Haven/London 2022, S. 169f.

10 Domenico Losurdo, Eine Welt ohne Krieg. Von den Verheißungen der Vergangenheit bis zu den Tragödien der Gegenwart. Köln 2022, S. 351f.

11 Johann Wolfgang von Goethe, Faust. Der Tragödie zweiter Teil, 5. Akt, 2. Szene.

Boykott« allerdings »ist ein unendlich viel schrecklicheres Kriegsinstrument«.[12] Für ihn wie für viele seiner Zeitgenossen verschwamm der Unterschied zwischen Schieß- und Wirtschaftskrieg, was ihre desaströsen Auswirkungen betraf.

Wer, wie und was sanktioniert wird

Von kollektiven Sanktionen spricht man, wenn sie von der internationalen Staatengemeinschaft ausgehen, die von der UNO repräsentiert wird.[13] Das Vetorecht der fünf ständigen Mitglieder im Sicherheitsrat verhindert sie immer dann, wenn sich eine der Großmächte USA, Russland oder China bzw. Frankreich oder das Vereinigte Königreich betroffen fühlt. Somit kann dem Auftrag, Wirtschaftssanktionen gegen ein Land auszusprechen, das den Weltfrieden gefährdet, nicht nachgekommen werden, wenn dies – wie in den meisten Fällen – die USA[14] sind, weil sie z. B. im sogenannten »Krieg gegen den Terror« Afghanistan und den Irak überfallen (und zerstört) haben; auch Israel muss keine kollektiven Sanktionen befürchten, solange Washington seine schützende Hand über den Judenstaat hält. Und wenn Russland in die Ukraine einmarschiert, wird der UN-Sicherheitsrat nicht geschlossen Wirtschaftssanktionen gegen Moskau erlassen können, weil der Kreml sein Veto einlegen würde; desgleichen, wenn französische Truppen in einer Reihe von afrikanischen Ländern wüten oder die britische Armee Hilfstruppen für von Washington geführte Kriege stellt. Das Instrument der »kollektiven Wirtschaftssanktion« ist also eine stumpfe Waffe. Eine schreckliche, ja für viele Menschen tödliche Ausnahme stellte das UN-Sanktionsregime gegen den Irak (ab 1990) dar. Seine Völkerrechtswidrigkeit, die freilich den Opfern nichts mehr nützt, ergibt sich aus dem Zusatzprotokoll zu den Genfer Abkommen 1949. Dieses im Juni 1977

12 https://www.presidency.ucsb.edu/documents/address-the-hockey-arena-seattle-washington (16.9.2023)

13 Klaus-Peter Kißler, Die Zulässigkeit von Wirtschaftssanktionen der Europäischen Gemeinschaft gegenüber Drittstaaten. Frankfurt/Main 1984, S. 27f.

14 Seit 1989 haben die USA militärisch interveniert in: Panama, Liberia, Kolumbien, Kuwait, Jugoslawien, Irak, Somalia, Haiti, Sudan, Afghanistan, Libyen, Uganda, Jemen, Syrien; siehe: https://de.wikipedia.org/wiki/Liste_von_Milit%C3%A4roperationen_der_Vereinigten_Staaten#Ab_2000 (21.9.2023). Demgegenüber rückte russisches Militär seit 1991 in folgende Staaten vor: Georgien, Tadschikistan, Jugoslawien/Serbien, Kasachstan, Syrien, Ukraine; siehe: https://de.wikipedia.org/wiki/Liste_von_Milit%C3%A4roperationen_Russlands_und_der_Sowjetunion#1991_bis_1999_(Russland) (21.9.2023)

verabschiedete Protokoll befasst sich in Absatz 54 mit dem Schutz der Zivilbevölkerung und stellt unmissverständlich fest: »Das Aushungern von Zivilpersonal als Mittel der Kriegsführung ist verboten.«[15]

Dementsprechend reagieren vor allem die USA und die Europäische Union mit unilateralen oder gemeinsam koordinierten Maßnahmen. Die Liste der von Washington sanktionierten Staaten kann sich sehen lassen. Allein seit 1989 zählen dazu: Irak (1990), Haiti (1991), Libyen (1992), Jugoslawien (1992), Kambodscha (1992, 2013) Serbisch-Bosnien (1994), Myanmar (1988, 1996), Sierra Leone (1997), Angola (1998), Afghanistan (1999), Liberia (2001), Simbabwe (2002, 2008), Nordkorea (2006), Iran (2006, 2012), Belarus (2006, 2014), der Sudan (2008), Somalia (2010), Eritrea (2011), Syrien (2011), Mali (2012), Guinea-Bissau (2012), Belize (2013), Guinea (2013), Russland (2014), Burundi (2015), Jemen (2015), Demokratische Republik Kongo (2016) und Venezuela (2017). Außerdem sind Ende 2023 noch die Zentralafrikanische Republik, Eritrea und der Süd-Sudan mit US-Sanktionen eingedeckt. Kuba und Nicaragua leben bereits seit Jahrzehnten im Wirtschaftskrieg mit den USA. Idriss Jazairy, ein algerischer UN-Berichterstatter, der sich mit den negativen Auswirkungen von Wirtschaftssanktionen auf die Menschen in den sanktionierten Staaten beschäftigt, konstatierte im Jahr 2015, dass im Durchschnitt der Jahre seit der Milleniumswende ein Drittel der Weltbevölkerung mit den Folgen ökonomischer Zwangsmaßnahmen zu kämpfen hat.[16]

Die Europäische Union wiederum sicherte sich in ihren Verträgen ein Sanktionsrecht gegen Drittstaaten zu, und zwar – wie es in Artikel 75 (AEUV) heißt – »in Bezug auf die Verhütung und Bekämpfung von Terrorismus und damit verbundenen Aktivitäten«. In diesen Fällen können EU-Parlament und Rat Verordnungen erlassen, »wozu das Einfrieren von Geldern, finanziellen Vermögenswerten oder wirtschaftlichen Erträgen gehören, deren Eigentümer oder Besitzer natürliche oder juristische Personen, Gruppierungen oder nichtstaatliche Einheiten sind.«[17] Die Auslegung des Begriffs »terroristische Aktivität« muss freilich eine

15 https://www.fedlex.admin.ch/filestore/fedlex.data.admin.ch/eli/cc/1982/1362_1362_1362/20140718/de/pdf-a/fedlex-data-admin-ch-eli-cc-1982-1362_1362_1362-20140718-de-pdf-a.pdf (1.10.2023)

16 Idriss Jazairy, Un tiers de la population mondiale habite dans des pays touché par des sanctions, September 2015, in: Mulder, S. 293.

17 https://dejure.org/gesetze/AEUV/75.html (23.9.2023)

breite sein, wenn darauf z. B. das seit 2014 bestehende EU-Sanktionsregime gegen Russland gründet.

Deutschland wiederum verpackt die Möglichkeit, wirtschaftliche Zwangsmaßnahmen zu verhängen, im Außenwirtschaftsgesetz (AWG). Der dortige § 4 nennt sich »Beschränkungen und Handlungspflichten zum Schutz der öffentlichen Sicherheit und der auswärtigen Interessen«.[18] Demgemäß kann Berlin Sanktionen verhängen, um »die wesentlichen Sicherheitsinteressen der Bundesrepublik Deutschland zu gewährleisten«, »eine Störung des friedlichen Zusammenlebens der Völker zu verhüten« und »einer Gefährdung der Deckung des lebenswichtigen Bedarfs im Inland oder in Teilen des Inlands entgegenzuwirken«. In Kraft getreten ist dieser § 4 des AWG bislang nur in Fällen, in denen die »Störung des friedlichen Zusammenlebens der Völker« transatlantische Interessen tangierte, insbesondere seit 2014 gegen Russland. Friedensstörungen vonseiten der USA oder der NATO (am Balkan, in Afghanistan, im Irak oder in Nordafrika) aktivierten den entsprechenden Paragrafen nicht.

Instrumente des Wirtschaftskrieges

Wirtschaftssanktionen können umfassend sein, das heißt, den gesamten wirtschaftlichen Austausch betreffen, oder sie konzentrieren sich partiell auf bestimmte ökonomische Sektoren, zuallererst meist auf militärische Güter, die Infrastruktur oder den Finanzsektor. Besonders stark im Vormarsch ist in den vergangenen Jahrzehnten die Sanktionierung einzelner Personen, die eine gewisse ökonomische Macht besitzen und dem »Feind« zugeordnet werden. Diesen Individuen werden die Vermögen eingefroren oder beschlagnahmt, die Reisefreiheit genommen und manches andere mehr. Mit dem eigentlichen, von der UNO legitimierten Grund für solch drastische Maßnahmen, nämlich der Bedrohung des Weltfriedens Einhalt zu gebieten, hat diese Art von wirtschaftskriegerischer Politik nichts mehr zu tun. Sie dient eher der Ausschaltung von ökonomischen Konkurrenten oder der moralischen Selbstbefriedigung.

Während Wirtschaftssanktionen begrifflich das gesamte Spektrum an repressiven ökonomischen Maßnahmen gegen einen als »böse«

18 https://www.buzer.de/gesetz/10679/a181566.htm (1.10.2023)

punzierten Staat und manche seiner Bürger umfassen, sind die Termini Embargo, Boykott oder Blockade meist für spezifische Eingriffe in Gebrauch.

»Embargo« wurzelt im spanischen Zeitwort »embargar«, was so viel bedeutet wie beschlagnahmen, sperren oder behindern. Es kam erstmals auf der iberischen Halbinsel zum Einsatz, als die spanischen Habsburger unter Philipp II. Ende des 16. Jahrhunderts niederländische Schiffe, die in spanischen Häfen vor Anker lagen, beschlagnahmten.[19] Damit erhoffte man sich, die aufständischen Kräfte in den zur Monarchie gehörenden Niederlanden zu schwächen, was nicht gelang. 1581 erklärte sich die »Republik der Sieben Vereinigten Niederlande« für unabhängig. Mittlerweile wird der ursprünglich für die Beschlagnahme fremder Handelsschiffe verwendete Begriff »Embargo« generell zur Beschreibung von staatlichen Ein- und Ausfuhrverboten verwendet, seien es Waren oder Dienstleistungen. Im Kalten Krieg überzog die transatlantische Allianz unter Führung der USA die kommunistische Welt jenseits des Eisernen Vorhangs mit Embargos. Mit derlei wirtschaftlichem Zwang wollte man politische Zugeständnisse erzwingen.

Der erste »Boykott« fand im Jahr 1880 gegen einen Gutsverwalter in der irischen Grafschaft Mayo statt. Sein Name: Charles Boycott. Sein grausamer Umgang mit den lokalen Bauern, denen er einen unbezahlbar hohen Pachtzins abpresste, sowie mit den Landarbeitern, die er wie Sklaven hielt, vereinte die Untertanen zu einer außergewöhnlichen Maßnahme. Sie kündigten alle Pachtverträge und verweigerten den Arbeitseinsatz.[20] Unter dem organisatorischen Dach der »Irischen Landliga«, die für eine Verbesserung der bäuerlichen Lebensbedingungen kämpfte, hatte der Widerstand Erfolg und Charles Boycott musste auswandern. Sein Name hingegen blieb in vielen Sprachen kennzeichnend für das Isolieren einer Person, eines Unternehmens oder auch – in Einzelfällen – eines Staates.

Blockaden wiederum zielen auf die Infrastruktur des Gegners, wobei das Wort seit dem 17. Jahrhundert für Seeblockaden in Gebrauch ist. Ein berühmtes Beispiel aus der Geschichte ist die napoleonische Kontinentalsperre des Jahres 1806, mit der der französische Herrscher bereits

19 Marjolein 't Hart, The Dutch Wars of Independence. Warfare and Commerce in the Netherlands 1570–1680. London/New York 2014, S. 134f.

20 Mulder, S. 18

bestehende Importverbote für britische Waren zu einer umfassenden Wirtschaftsblockade ausbaute. Die Kontinentalsperre hielt acht Jahre lang und war Ausdruck einer tief sitzenden Rivalität zwischen London und Paris. Das Vereinigte Königreich sah sich dadurch gezwungen, Getreide und Holz, das zuvor vom europäischen Kontinent kam, von anderswo über die Weltmeere zu besorgen. Als Folge der Handelsblockade bemühten sich europäische Staaten verstärkt, britische Importe durch eigene Industrieproduktion zu ersetzen.

Schon die weitgehende Durchsetzung der oben beschriebenen »Pragmatischen Sanktion« aus dem Jahr 1713 führt vor Augen, dass ein Erfolg von der Machtfülle des Regimes abhängt, das eine Zwangsmaßnahme verhängt. Daran hat sich auch in unseren Tagen nichts geändert; im Gegenteil: Jene Staaten oder Staatengruppen, die in der Lage sind, Sanktionen zu verhängen, kann man an den Fingern einer Hand abzählen, wobei man möglicherweise nicht einmal alle Finger dafür benötigt. Eritrea, beispielsweise, braucht gar nicht daran zu denken, Wirtschaftssanktionen gegen die USA wegen deren militärischen Interventionen weltweit auszusprechen, weil es schlicht keine ökonomischen Machtmittel dafür in der Hand hätte, geschweige denn über eine militärische Absicherung derselben verfügte. Umgekehrt bestrafte Washington im November 2021, ohne lange zu diskutieren, die wichtigsten Institutionen Eritreas und deren Führer mit Vermögensentzug überall dort, wo Washington Zugriff darauf hatte.[21] Für das US-Finanzministerium, unter dessen Ägide derlei Sanktionen beschlossen werden, gehört dieser Vorgang zur Routine in den internationalen Beziehungen.

Neben ökonomischen Sanktionen kam es in letzter Zeit vermehrt auch zum Einsatz von Embargo-Maßnahmen im kulturellen und sportlichen Bereich. Insbesondere die transatlantische Allianz verwendet dieses Mittel, um den Druck auf den als Feind – in diesem Falle Russland und Belarus – identifizierten Staat auf möglichst alle Felder des gesellschaftlichen Lebens auszuweiten. Auch hierbei gilt, wie im Fall des Wirtschaftskrieges, dass der gewünschte Erfolg oft ausbleibt.

21 https://home.treasury.gov/news/press-releases/jy0478 (25. 9. 2023)

Ein Blick zurück: Sanktionsregime und Embargos im Spiegel der Geschichte

Der erste uns bekannte Fall eines Wirtschaftsembargos ereignete sich im Jahre 432 vor unserer Zeitrechnung[22] und führte kurz darauf zum großen Schlachtengang von Sparta gegen Athen und den Attischen Seebund, dem 30 Jahre dauernden Peloponnesischen Krieg. Es ging um die Vorherrschaft im antiken Griechenland. Zwischen den beiden Zentren herrschte bereits ein jahrzehntelanges Zerwürfnis, als der starke Mann Athens, Perikles, den Handelsschiffen aus Megara, der damals wichtigsten Hafenstadt am Isthmus von Korinth, die Anlandung in den Häfen des attischen Seebundes verbot. Dem war ein geopolitischer Seitenwechsel Megaras vorausgegangen, das sich zuvor Sparta angenähert hatte. Athen antwortete mit besagtem Embargo und schloss damit eine der führenden Handelsstädte, Megara, von den Märkten der Ägäis aus. Die Reaktion des peloponnesischen Bündnisses, dem Sparta vorstand, lautete Krieg; es war im Übrigen der erste Krieg in der europäischen Geschichte, der dank des Militärstrategen Thukydides in die Geschichtsschreibung einging.[23]

Wirtschaftsembargos konnten auch außerhalb staatlicher Strukturen wirkmächtig werden. Vor allem in Zeiten territorialer Zersplitterung, wie sie beispielsweise das Spätmittelalter prägten, lag die ökonomische Macht in der Hand von Städten und ihren Handelshäusern. Für weite Teile des europäischen Nordens und Westens war es das Städtenetzwerk der Hanse, das den Handel unter seiner Kontrolle hatte. Und diese Macht gab der Hanse auch die Möglichkeit, einzelne Konkurrenten per Embargo aus dem Geschäft zu drängen. Im Visier der norddeutschen Handelskontore stand über Jahrzehnte die Grafschaft Flandern mit ihrer Wirtschaftsmetropole Brügge. Dort wollte man den hansischen Kaufleuten mit Steuern finanziell zu Leibe rücken und ihre Monopolstellung

22 Laurent Hoff, Transaktionen in US-Dollar und sekundäre Sanktionen. In: Schriften zur Europäischen Integration und Internationalen Wirtschaftsordnung, Band 49, Frankfurt/Main, Diss. 2019, S. 22; https://de.wikipedia.org/wiki/Peloponnesischer_Krieg#Ursachen_und_Anlass_des_Krieges (26.10.2023),

23 Thukydides, Geschichte des Peloponnesischen Krieges, 411 v. u. Z.

verhindern. Die Hansestädte reagierten mit Boykottmaßnahmen. Brügge wurde bereits 1280 der Stapelmarkt für Waren, die aus dem Ostseeraum kamen, entzogen und an eine willfährigere Händlergruppe im nahen Aardenburg vergeben.[24] 1358 war es erneut Brügge, das mit einem Boykott durch die Hanse geschädigt wurde; diesmal beugten sich die flandrischen Handelshäuser und akzeptierten die von der Hanse eingeforderten Privilegien.[25]

Über Jahrhunderte: England im Wirtschaftskrieg

Ein historisch großer Wirtschaftskrieger war England. Das gesamte 17. und 18. Jahrhundert hindurch kämpfte London mit Sanktionen und Embargos gegen »Feinde« und aufkommende Konkurrenten.[26] Seit ihrer Gründung im Jahr 1600 wurde das Flaggschiff des britischen Welthandels, die East India Company (EIC), mit Brachialgewalt auf den Weltmarkt gepusht. Die bedruckten Baumwollstoffe, Kalikos, benannt nach der Hafenstadt Calicut im indischen Kerala, waren nicht nur in England hochbegehrt, sondern wurden weltweit vermarktet.

Ausgestattet war die EIC mit allerlei Handelsmonopolen, militärischem Begleitschutz, einer eigenen zivilen Gerichtsbarkeit und dem königlich verbrieften Recht, Krieg gegen »Ungläubige« führen zu dürfen. Bis zur Verwandlung Indiens in eine Kronkolonie (1858) übte die East India Company hoheitliche Aufgaben für die Krone aus. Als die aufkommenden englischen Textildruckereien gegen die indische Konkurrenz zu Felde zogen, erließ der König im Jahr 1700 einen Importstopp für Kalikos. Damit nicht genug, beschloss das britische Parlament 1719 die sogenannten »Kaliko«-Gesetze. Sie verboten EngländerInnen das Tragen von bedruckten Baumwollstoffen, wie sie in Indien und Persien hergestellt wurden. Die Luxusgesetze hielten nicht lange an, dafür wurden die protektionistischen Zwangsmaßnahmen auch auf unbedruckte Stoffe ausgeweitet. Besonders betroffen war Bengalen.

24 Ernst Schubert, Novgorod, Brügge, Bergen und London. Die Kontore der Hanse, Heidelberg 2002, S. 24

25 https://www.planet-wissen.de/geschichte/mittelalter/hanse/pwiewissensfrage558.html (26.10.2023)

26 Vgl. Nils Ole Oermann/Hans-Jürgen Wolff, Wirtschaftskriege. Geschichte und Gegenwart. Freiburg/Br. 2019, S. 47f.

Webern, deren man habhaft werden konnte, sollten die Daumen abgeschnitten werden. Der britische Generalgouverneur Lord Bentick brachte die damit angerichtete Zerstörung bildhaft zum Ausdruck, wenn er über die Einwohner bemerkte, dass »ihre Knochen in der Ebene Bengalens bleichten«.[27]

Damit war der Binnenmarkt von lästiger ausländischer Ware freigeschaufelt. Nachdem die EIC im Textilhandel mit Indien keinen Auftrag mehr hatte, verlegte sie sich auf den Export indischer Kolonialwaren nach China, allen voran Opium. Um den chinesischen Markt zu öffnen, kam das vollständige damals vorhandene Repertoire an ökonomischen Zwangsmaßnahmen zum Einsatz. Die Opiumkriege (1840er-, 1860er Jahre) schalteten den chinesischen Widerstand aus; die darauffolgenden »ungleichen Verträge« sicherten Großbritannien, gefolgt von anderen europäischen Industriestaaten, mit den sogenannten Treaty Ports exterritoriale Handelskolonien im Reich der Mitte, die über ihre Enklaven hinaus Währungen ausgaben und über diverse Konzessionen, Zoll- und Postmonopole verfügten.

Weltgeschichtliche Bedeutung erlangte ein Boykott der East India Company durch die nordamerikanischen Kolonien, die unter der britischen Krone standen und für ihre Unabhängigkeit kämpften. Das Handelsmonopol der EIC für Tee war jenseits des großen Teiches von den Kolonisten der amerikanischen Ostküste schon geraume Zeit unterlaufen worden. Man trank den Aufguss geschmuggelter Blätter aus den Niederländischen Antillen. London antwortete darauf mit einer weiteren Privilegierung der East India Company, erließ ihr die Steuern, damit sie die Preise der holländischen Schmuggelware unterbieten und den Boykott der britischen Produkte unterlaufen konnte. Um dennoch die Staatskasse zu füllen, wurden die Neusiedler jenseits des Atlantiks von der Krone zur Kasse gebeten. Das fehlende Mitspracherecht über die Verwendung der Mittel empörte sie. Am 16. Dezember 1773 schritten die Mutigsten von ihnen zur Tat, verkleideten sich als Indianer – teils um ihre Identität zu verschleiern, aber auch, um sich symbolisch vom europäischen

27 Vgl.: Andrea Komlosy, Chinesische Seide, indische Kalikos, Maschinengarn aus Manchester. »Industrielle Revolution« aus globalhistorischer Perspektive, in: Margarete Grandner/Andrea Komlosy (Hg.), Vom Weltgeist beseelt. Globalgeschichte 1700–1815. Wien 2004, S. 103–134.

Mutterland abzugrenzen[28] – und stürmten vier angelandete Schiffe der East India Company. Unter dem Schlagwort »Boston Tea Party« ging der Aufstand in die Geschichte ein. Die aufgebrachten, verkleideten Bürger kippten 350 mit Tee beladene Kisten ins Hafenbecken. Der Wirtschaftskrieg zwischen dem britischen Königshaus und seinen Kolonien erreichte damit eine neue Dimension. Dass der Anführer der Aufständischen, John Hancock, einer der Hauptimporteure des geschmuggelten Tees aus den Niederländischen Antillen war, unterstreicht die ökonomischen Interessen, denen Sanktions- und Embargomaßnahmen zu allen Zeiten zugrunde lagen. Eineinhalb Jahre später begann der Unabhängigkeitskrieg der 13 Kolonien gegen die britische Krone.

Die historisch – vor dem transatlantischen Wirtschaftskrieg gegen Russland ab 2014 – tief greifendsten und umfangreichsten Sanktionen zielten ab 1806 (bis 1813) auf Großbritannien. Nach dem Sieg über Preußen verkündete Napoléon am 21. November 1806 von Berlin aus eine totale Wirtschaftsblockade des Vereinigten Königreichs inklusive aller seiner Kolonien. Dem war ein Importverbot für englische Produkte nach Frankreich und – umgekehrt – eine britische Blockade gegen den französischen Hafen Brest vorausgegangen. Wir befinden uns im Zeitalter der merkantilistischen Wirtschaftspolitik, die auf Entwicklung des Binnenmarktes unter möglichst weitgehender Ausschaltung von Importen aus dem Ausland ausgerichtet war. Napoléon stachelten seine militärischen Siege auf dem Kontinent zur wirtschaftlichen Kriegsführung gegen das British Empire an. Mit der sogenannten Kontinentalsperre zwang er so gut wie alle Staaten Europas (mit Ausnahme Portugals und des Osmanischen Reichs), sich gegen Großbritannien zu stellen. Die wirtschaftliche Sperre der britischen Inseln umfasste in elf Artikeln[29] ein vollständiges Handelsverbot, die Beschlagnahmung aller britischen Waren sowie Sekundärsanktionen gegen jedes Schiff, das in britischen Häfen angelegt hatte. Britische Kaufleute, so sie sich in Europa blicken ließen, wurden als Kriegsgefangene behandelt.[30] Zur Durchsetzung seiner

28 Philip J. Deloria, Playing Indian. Yale 1988, S. 7; https://de.wikipedia.org/wiki/Boston_Tea_Party#Die_Bedeutung_der_Indianer-Verkleidung (27.10.2023)

29 Diedrich Saalfeld: Die Kontinentalsperre. In: Hans Pohl (Hg.): Die Auswirkungen von Zöllen und anderen Handelshemmnissen auf Wirtschaft und Gesellschaft vom Mittelalter bis zur Gegenwart. Stuttgart 1987, S. 122

30 Oermann/Wolff, S. 51

Allmachtsfantasie überzog der Kaiser der Franzosen den Kontinent mit einem Netz an Spitzeln und Zöllnern, führte Krieg gegen das unwillige Portugal und schoss sich insbesondere auf den russischen Zaren ein, dem er Schmuggel englischer Waren in großen Mengen vorwarf: »Es gibt Beweise«, schrieb Napoléon an Zar Alexander I. im November 1810, »dass die (britischen, d. A.) Kolonialwaren auf der jüngsten Leipziger Messe mit 700 Wagen aus Russland geliefert wurden und dass 1200 Handelsschiffe unter schwedischer, portugiesischer, spanischer und amerikanischer Flagge, von den Briten eskortiert mit 20 Kriegsschiffen, ihre Fracht teilweise in Russland angelandet haben.«[31] Eine offene französische Drohung mit Krieg, sollte diese Praxis nicht abgestellt werden, beantwortete Zar Alexander I. damit, »neutralen« Handel über russische Häfen zuzulassen. Die Briten wussten dies zu nutzen und Napoléon begann seinen Russlandfeldzug zu planen, der ihn schließlich ab 1812 ins Verderben führte.

Ein anderer, für Wirtschaftssanktionen typischer, ungewollter Nebeneffekt bestand in der Substitution von Gütern, deren Handel großräumig verboten wurde. Als Beispiel sei der Zucker genannt, der vor der Kontinentalsperre – als Luxusprodukt – aus britischen Kolonien oder anderen Überseegebieten in Form von Zuckerrohr importiert wurde. Seine Verdrängung vom europäischen Markt gab der Rübenzuckerproduktion jenen Auftrieb, der ihr langfristig die Märkte sicherte.[32]

Eine weitere Facette britischer Außenpolitik lernen wir während des Krimkrieges in den Jahren 1854 bis 1856 kennen. In Bezug auf Wirtschaftssanktionen geschah geradezu das Gegenteil von dem, was man erwarten durfte und was meist auch zum Standardrepertoire kriegerischer Auseinandersetzungen gehört. Es war während des 10. russisch-osmanischen Waffengangs um die Schwarzmeer-Halbinsel Krim, als Großbritannien an der Seite des Sultans in die Kämpfe eingriff. Zwei Jahre lang standen sich britische und russische Soldaten auf Befehl ihrer Monarchen gegenüber. Im blutigen Gemetzel verloren weit über 100.000 Menschen ihr Leben. Dem Kreditgeschäft zwischen dem Zarenreich und der britischen Krone tat dies keinen Abbruch. London bediente weiterhin

31 Andrew Roberts, Napoleon the Great. London 2014, S. 548f., zit. in: Oermann/Wolff, S. 52

32 Hans-Jürgen Wagener, Grundlinien der Außenwirtschaftspolitik mit Autokratien. In: Siegfried Russwurm/Joachim Lang (Hg.), Wie soll die Wirtschaft mit Autokraten umgehen? Freiburg/Br. 2022, S. 22

seine Schulden in Sankt Petersburg. Der Schatzmeister von Königin Victoria sah trotz Krieg keinen Anlass, davon Abstand zu nehmen. Für ihn war es selbstverständlich, dass »zivilisierte Nationen öffentliche Schulden auch während des Krieges an den Feind zahlen.«[33] Umgekehrt bediente auch Russland britische Gläubiger. Unter Zar und Königin blieb man »zivilisiert«, während die Untertanen für wirtschaftliche Vormachtstellung und politischen Einfluss ihr Leben gaben.

Viele der von staatlicher Seite betriebenen ökonomischen Zwangsmaßnahmen fußten auf einer Wirtschaftspolitik, mit der London seit dem 16. Jahrhundert Exporte zu steigern suchte und Importe behinderte oder verbot, sofern diese nicht von englischen Händlern getätigt wurden. Das begann bereits mit der Schließung des sogenannten Stalhofes, einem riesigen Gelände am Nordufer der Themse, im Jahr 1598. Dort hatte die von deutschen Städten dominierte Hanse bereits Ende des 15. Jahrhunderts eine Niederlassung zum Warenumschlag mit ausgedehnten Hafenanlagen aufgebaut. Waren aus deutschen Landen kamen dem einflussreichen englischen Kapital auch im Industriezeitalter ungelegen. Dies äußerte sich insbesondere nach der Gründung des Deutschen Zollvereins im Jahr 1834 durch verschärfte Auseinandersetzungen. Der Deutsche Zollverein konstituierte – unter der Führung Preußens und ohne Österreich – einen Binnenmarkt mit einheitlichen fiskalischen und zollpolitischen Rahmenbedingungen. Sein geistiger Mentor, Friedrich List, trat zeit seines Wirkens für einen ökonomischen Zusammenschluss der in Kleinstaaterei zersplitterten deutschen Polit-Landschaft ein. Sein Wirken als Wirtschaftstheoretiker war vom Drang einer nachholenden industriellen Entwicklung insbesondere gegenüber England geprägt; als Wirtschaftstreibender war er Pionier des Eisenbahnbaus, der genau einen solchen einheitlichen Großraum brauchte, um ins Werk gesetzt werden zu können.

Im Laufe des 19. Jahrhunderts fühlte sich das britische Kapital derart gestärkt, dass es die Regierung dazu brachte, zahlreiche Schutzzölle aufzuheben und Freihandel zu verordnen. Dieser ließ freilich Konkurrenten zu, die zuvor durch protektionistische Maßnahmen vom englischen

33 House of Commons debate, 1. August 1854, in: Hansard, vol. 135, p. 1118; zit. in: Nicholas Mulder, The Economic Weapon. The Rise of Sanctions as a Tool of Modern War. New Haven/London 2022, S. 16

Markt ferngehalten werden konnten. London scheute keine Antwort darauf und erließ gezielte Maßnahmen gegen Einfuhren aus Deutschland. Neben einzelnen Importbeschränkungen verabschiedete Königin Victoria im Jahr 1887 ein vom Parlament eingebrachtes Gesetz, nachdem Importe aus Deutschland mit einem Brandmal zu versehen seien. Jedes aus Deutschland kommende Produkt hatte forthin ein Warnschild zu tragen, das es als vom deutschen Ausland kommend sichtbar machte; im Selbstverständnis britischer Importeure musste das den Käufern auch die mindere Qualität deutscher Waren klar machen. Diese mangelnde Qualität war auf der zehn Jahre zuvor ausgetragenen Weltausstellung in Philadelphia sogar von dem Aachener Preisrichter, Franz Reuleaux, in Hinblick auf die deutsche Maschinenindustrie eingeräumt worden. Sein Werturteil 1876: »Deutsche Waren sind billig und schlecht.«[34] Das denunzierende Label, mit dem deutsche Produkte ab 1887 in Großbritannien gekennzeichnet werden mussten, hieß »Made in Germany«.[35] Britische Kunden wussten, dass damit eine schlechte Güteklasse gemeint war. Jahrzehnte später sollte sich das »Made in Germany« in seiner Bedeutung umkehren, bis es ab den 2010er Jahren langsam, aber stetig wieder zu seiner ursprünglich beabsichtigten Zuschreibung zurückkehrte.

Kleine, sticheleiartige Wirtschaftsgefechte prägten bis zum Ausbruch des Ersten Weltkrieges die ökonomischen Beziehungen zwischen dem Vereinigten Königreich und Deutschland. Wobei London meist den Takt vorgab. So auch mit einem Patentgesetz aus dem Jahr 1907, das auf die damals in Führung gehende deutsche Chemieindustrie zielte. Jedem britischen Staatsbürger war es mit diesem neuen Gesetz erlaubt, gegenüber Patenten, die mehrheitlich außerhalb des Landes zur Produktion dienten, einen Nichtigkeitsantrag zu stellen. Damit sollten deutsche Chemieriesen gezwungen werden, ihre Patente an britische Staatsbürger abzutreten. Im Visier standen die aus dem Wuppertal stammenden »Elberfelder Farbenfabriken«, die spätere Bayer AG, sowie die Berliner »Actien-Gesellschaft für Anilinfabrikation« (später als AGFA abgekürzt).

34 Hans-Joachim Braun, Billig und schlecht? Franz Reuleaux' Kritik an der deutschen Industrie und seine wirtschaftspolitischen Vorschläge 1876/1877; in: *Kultur und Technik,* 9. Jahrgang 1985, Heft 2, S. 106–114.

35 Gustav Stresemann, Englands Wirtschaftskrieg gegen Deutschland. Stuttgart/Berlin 1915, S. 30/31

Die beiden Chemiekonzerne reagierten für damalige Verhältnisse ungewohnt, kauften gemeinsam ein Grundstück in England und gründeten ausländische Ableger.[36]

Im »Großen Krieg«, der eine Generation später in die Geschichtsbücher als Erster Weltkrieg einging, trieb das Vereinigte Königreich seine Sanktions- und Embargopolitik gegen Deutschland zu bislang nie da gewesener Härte. Unmittelbar nach Ausbruch des Krieges errichtete die britische Kriegsmarine bereits Anfang Juli 1914 eine Fernblockade zur Abschnürung Deutschlands. Mittels Minen und Patrouillenschiffen kontrollierte sie das Meer zwischen den Shetlandinseln und dem Ärmelkanal. Im November 1914 erklärte London die Nordsee zur Kriegszone, was einen eindeutigen Bruch der Pariser Seerechtsdeklaration von 1856[37] darstellte, die unter anderem festlegte, dass unter neutraler Flagge fahrende Schiffe auch im Kriegsfall nicht gekapert und ihre Ladungen nicht eingezogen werden dürfen. London kümmerte sich nicht um den Vertrag und nutzte seine Dominanz auf den Weltmeeren, indem es auch neutrale Staaten dazu zwang, die britische Kontrolle des Seehandels zu akzeptieren.[38]

Die totale Wirtschaftsblockade der Mittelmächte war auch nach damaligen Maßstäben ein Kriegsverbrechen. Der niederländische Historiker Nicholas Mulder gibt in seinem Hauptwerk »The Economic Weapon« einen Eindruck von der Kraft des ökonomischen Krieges, wie er gegen Deutschland geführt wurde: »Während des Ersten Weltkrieges hatten die Alliierten unter der Führung Großbritanniens und Frankreichs einen beispiellosen Wirtschaftskrieg gegen das deutsche, österreichisch-ungarische und osmanische Reich geführt. Sie errichteten nationale Blockadeministerien und internationale Komitees, um den Fluss von Waren, Energie und Lebensmitteln zu kontrollieren und zu unterbrechen. Das ergab die schwerwiegendsten Auswirkungen auf Mitteleuropa und den Nahen Osten, wo Hunderttausende an Hunger und Krankheiten starben und die zivile Gesellschaft schwer in Mitleidenschaft gezogen wurde.« Und weiter: »Die materielle Isolierung hinterließ noch Jahrzehnte später ihre Spuren in den betroffenen Gesellschaften, da die Auswirkungen von

36 Ebd., S. 32

37 Nicholas Mulder, The Economic Weapon. The Rise of Sanctions as a Tool of Modern War. New Haven/London 2022, S. 34

38 https://www.dhm.de/lemo/kapitel/erster-weltkrieg/kriegsverlauf/seeblockade.html (30.11.2023)

Krankheiten, Hunger und Unterernährung an die noch ungeborenen Generationen weitergegeben wurden. Geschwächte Mütter brachten unterentwickelte und verkümmerte Kinder zur Welt. Die Wirtschaftswaffe warf somit einen lang anhaltenden sozioökonomischen und biologischen Schatten auf die betroffenen Gesellschaften, ähnlich wie ein radioaktiver Niederschlag.«[39] Etwa eine Million Menschen starb in Deutschland, Österreich und dem Osmanischen Reich an den Folgen des britisch-französischen Wirtschaftsembargos.[40]

Die Parallelität von Schieß- und Wirtschaftskrieg, wobei die ökonomische Waffe oft der kriegerischen vorausgeht, gewährleistet – so zynisch das klingen mag – die Effektivität von Blockaden und Sanktionen, wie sie ohne gleichzeitig vor sich gehendem Waffengang nur sehr selten gelingt. Das kann auch in jüngeren Fällen wie beispielsweise der Abschnürung und dem Aushungern von Palästinensergebieten durch Israel im Gaza-Krieg ab 2023 beobachtet werden, wenn zugleich ein militärischer Waffengang erfolgt.

Wirtschaftssanktionen als Friedensprojekt der Zwischenkriegszeit

US-Präsident Woodrow Wilson plädierte unmittelbar nach dem verheerenden Kriegsgang 1914–1918 für eine neue Waffe: Wirtschaftssanktionen sollten, so der Vorschlag, wenn man ihn positiv interpretieren will, die rohe Gewalt in internationalen Beziehungen für alle Zukunft beenden. »Sanktionen«, so Wilson in seinem Entwurf für den zu gründenden Völkerbund am 14. Februar 1919, seien »etwas Gewaltigeres als Krieg. Die absolute Isolierung soll eine Nation zur Besinnung bringen, so wie das Ersticken dem Individuum jeden Impuls zum Kampf nimmt.« Ökonomischer Zwang, so der Präsident weiter, sei ein »stilles, tödliches Mittel, das keine Gewalt mehr benötigt. Es kostet kein Leben außerhalb der boykottierten Nation, und es übt Druck auf die Nation aus, dem sie nicht widerstehen kann.«[41]

39 Mulder 2022, S. 2, 4.
40 Ebd., S. 5
41 Woodrow Wilson/Hamilton Foley (ed.), Woodrow Wilson's Case for the League of Nations. Princeton 1923, S. 67f.

Allein die Wahrnehmung bzw. Vorhersage, dass Wirtschaftssanktionen gewaltiger als Krieg sein können und nur bei den Menschen in sanktionierten Ländern Opfer verursachen und Leben kosten, lässt am Friedensimpetus des US-Präsidenten zweifeln. Er ventilierte mit seinem Vorschlag wohl eher die Möglichkeit, Krieg zu führen, ohne selbst daran Schaden zu nehmen.

Umgesetzt wurde die Idee Wilsons in den Pariser Vororte-Verträgen, die in der Gründung des Völkerbundes mündeten. Seine Satzung wurde am 28. April 1919 in Versailles verabschiedet. Der Brite Lord Robert Cecil und der Franzose Léon Bourgeois zeichneten für den Feinschliff der Urkunde verantwortlich. Der Artikel 16 des internationalen Vertrages etabliert Wirtschaftssanktionen als legitimes Instrument internationaler Beziehungen. Es heißt dort: »Schreitet ein Bundesmitglied entgegen den in den Artikeln 12, 13 oder 15 übernommenen Verpflichtungen zum Kriege, so wird es ohne Weiteres so angesehen, als hätte es eine Kriegshandlung gegen alle anderen Bundesmitglieder begangen. Diese verpflichten sich, unverzüglich alle Handels- und Finanzbeziehungen zu ihm abzubrechen, ihren Staatsangehörigen jeden Verkehr mit den Staatsangehörigen des vertragsbrüchigen Staates zu untersagen und alle finanziellen, Handels- oder persönlichen Verbindungen zwischen den Staatsangehörigen dieses Staates und jedes anderen Staates [...] abzuschneiden.«[42] Damit, so die damalige öffentliche Wahrnehmung, war ein Instrument geschaffen, das zwischen Krieg und Frieden lag und eine Weltordnung herstellen möge, in der militärische Überfälle schon im Keim erstickt würden. Feindseligkeiten sollten auf wirtschaftlicher Ebene ausgetragen werden, der heiße Krieg nicht mehr notwendig sein.

Bezeichnend für die Schwäche des Völkerbundes auf internationaler Bühne war allerdings, dass der Stichwortgeber für die Herstellung von »Frieden durch Wirtschaftskrieg«, die USA, ihm niemals beitrat. Damit rückte auch eine mögliche Beantwortung US-amerikanischer Militäraggressionen mittels wirtschaftlicher Isolierung in weite Ferne. Auch das Deutsche Reich, Italien und Japan fanden sich – wie später die Sowjetunion – nur zeitweise auf der Mitgliederliste. Gründe genug, warum der Artikel 16 der Völkerbundsatzung, also der Abbruch aller

42 https://www.versailler-vertrag.de/vv1.htm (30.11.2023)

Wirtschaftsbeziehungen gegenüber einem kriegerischen Aggressor, nur gegen ökonomisch schwache Staaten betrieben wurde.

Als Instrument zur Durchsetzung der »Versailler Ordnung« kamen Sanktionen dennoch vielfach zum Einsatz. Dass damit nicht nur Kriege verhindert, sondern auch Regierungen, die den Weltmächten Großbritannien und USA nicht genehm waren, von der Macht verdrängt werden sollten, zeigen die ersten Nachkriegseinsätze von Sanktionen gegen die Sowjetregierungen in Russland und Ungarn. Bereits 1919 zog das alliierte »Versailler Regime« gegen die Ausbreitung des Kommunismus wirtschaftlich ins Feld.

Während das Schießen aufhörte, erweiterte sich der Wirtschaftskrieg. Neben dem militärisch besiegten Deutschland und Österreich trafen ökonomische Strafmaßnahmen jetzt die im Entstehen begriffenen Räterepubliken in Ungarn und Russland.

Am 21. März 1919 zogen Rotarmisten mit Unterstützung einer vom Krieg ausgehungerten Bevölkerung in Budapest ein. Das war der Beginn der Ungarischen Räterepublik.[43] Seit dem Waffenstillstand, der das blutige Morden beendet hatte, waren nur wenige Monate vergangen. Allerdings hatten die Alliierten ihre in Kriegszeiten verordnete Wirtschaftsblockade fortgesetzt, und das nicht nur gegenüber Ungarn, sondern auch gegen Deutschland und Österreich. Die Debatte, wie es mit den immer tödlicher werdenden Wirtschaftssanktionen gegen die ehemaligen Kriegsgegner weitergehen sollte, beherrschte die politischen Kabinette in London, Paris und Washington. Auch bei den Verhandlern der Versailler Friedenskonferenz, die am 18. Januar 1919 begonnen hatte, stand das Thema ganz oben auf der Tagesordnung.

Am frühen Morgen des 4. April 1919 traf eine britische Delegation am Keleti-Bahnhof in Budapest ein.[44] Sie war von Premierminister Lloyd George entsandt worden, um Kontakt mit den Führern der ungarischen Räterepublik aufzunehmen und ihnen bezüglich etwaiger Aufhebungen der Wirtschaftsblockade ein Angebot zu machen. Die Zusammensetzung

43 Der offizielle Name lautete »Ungarländische Räterepublik«, womit nach dem Petrograder Vorbild zum Ausdruck gebracht wurde, dass die Revolutionäre den Staat nicht national-ungarisch, sondern territorial ungarländisch definierten; mit anderen Worten: Die Räterepublik stand für einen Nationsbegriff, der alle Menschen umfasste, die auf dem Boden des Staates lebten.

44 Mulder, S. 90

der britischen Abordnung nahm sich spektakulär aus. Als Leiter agierte der südafrikanisch-burische General Jan Smuts, den der britische Premier 1917 ins Kriegskabinett gerufen hatte. Ihm zur Seite stand der Diplomat Harold Nicolson, ein Jüngling aus der Londoner High Society. Weil sich Jan Smuts weigerte, ungarisch-bolschewistischen Boden zu betreten, musste Béla Kun, seines Zeichens Volkskommissar des Äußeren, zu dem südafrikanischen Briten in den Waggon steigen. Von Anfang an ging es um die staatliche Zugehörigkeit von Erdély, auch bekannt als Transsilvanien oder Siebenbürgen. Das zum Königreich Ungarn gehörende alte Fürstentum war mehrheitlich von Rumänen bewohnt, wies aber eine starke, ca. 25-prozentige ungarische Minderheit auf.[45] Smuts forderte von den Ungarn rundheraus die Übergabe Transsilvaniens an Rumänien. Béla Kuns Gegenvorschlag, das Land vorerst unter alliierte Kontrolle zu stellen, lehnte Smuts rundweg ab. Für Smuts war sein Aufenthalt damit beendet. Der britische Jungdiplomat Harold Nicolson kabelte nach London, man könne die ungarischen Kommunisten nicht ernst nehmen. Sein Bild von den Revolutionären beschrieb er später drastisch, indem er Béla Kun, der als Kohn in Erdély geboren worden war, einen »Bolschewisten-Juden« nannte, der das »Gesicht eines schmollenden, unsicher wirkenden Kriminellen« hätte. Kuns Kollegen, den Volkskriegskommissar József Pogány, der ebenfalls an den kurzen Verhandlungsgesprächen teilnahm, fand der britische Diplomat ekelerregend und nannte ihn einen »kleinen schmierigen Juden mit einem mottenzerfressenen Pelzmantel, schmutzigem Kragen und einer strähnigen grünen Krawatte.«[46]

Die von Antisemitismus und Sozialrassismus triefende britische Verhandlungsgruppe verließ Budapest und überließ die weitere Arbeit der rumänischen Armee. Zwischenzeitlich verschärften die Versailler Alliierten die Blockade gegen das revolutionäre Ungarn, kontrollierten die Donauschifffahrt und schnürten das Binnenland von jedem wirtschaftlichen Austausch ab. Die daraus resultierende akute Hungersnot kommentierte Nicolson mit Krokodilstränen: »Ich halte es zwar für unmenschlich, die feindliche Zivilbevölkerung mit indirekten Mitteln wie

45 Vgl. hierzu: Viorel Roman/Hannes Hofbauer, Transsilvanien – Siebenbürgen. Begegnung der Völker am Kreuzweg der Reiche. Wien 1996

46 Harold Nicolson, Peacemaking 1919. London 1933, S. 299; in: Mulder, S. 91

einer Blockade unter Druck zu setzen, doch sollte man sich darüber im Klaren sein, dass alle Lebensmittel, die nach Ungarn gelangen, von Bela Kun verwendet würden, um seine Anhänger gegen die Bourgeoisie aufzupäppeln. [...] Ich gebe zu, dass es sehr unangenehm ist, Frauen und Kinder in Ungarn verhungern zu lassen, nur weil wir auf der Blockade beharren, aber ich denke, dass es unlogisch wäre, unsere Politik in dem Moment zu ändern, in dem wir alle möglichen friedlichen Druckmittel auf unseren Feind aufrechterhalten müssen.«[47] Am 30. Juli 1919 besetzen rumänische Truppen Budapest und übergeben in der Folge dem späteren »Reichsverweser« und Nazi-Kollaborateur Miklós Horthy die Regierungsgeschäfte.

Die Rechtfertigung Nicolsons für die Blockadepolitik gegen die Kommunisten ist ein Musterbeispiel für Wirtschaftssanktionen, wie sie von stärkeren Volkswirtschaften gegen schwache Länder eingesetzt werden. In der Sprache der Blockierer schwirren die Begriffe »Feind« und »friedlich« herum, um zu verdecken, dass es um knallharte Interessen geht. Nicht – wie es in den Papieren des Völkerbundes steht – die Verhinderung von Krieg ist das Motiv für den Einsatz der ökonomischen Waffe, sondern die Fortsetzung desselben mit anderen, angeblich »friedlichen« Mitteln. Wenn diesen Mitteln, wie wir in der Geschichte noch sehen werden, manchmal mehr Menschen zum Opfer fallen als im Kriegsgang, dann entlarvt sich das Gerede von »friedlichen Druckmitteln« von selbst.

Die mit der Oktoberrevolution 1917 an die Macht gekommenen Sowjets in Russland waren von Anfang an mit einem ganzen Paket von alliierten Aggressionen, aber auch Angriffen der Mittelmächte, konfrontiert. Chefverhandler Leo Trotzki hatte bereits am 3. März 1918 im belarussischen Brest-Litowsk im Namen der jungen Sowjetmacht einen Friedensvertrag unterzeichnet und für diesen erwünschten Frieden große Teile des Russischen Reiches – die Ukraine, Finnland, das Baltikum und die zaristisch beherrschten Teile Polens – abgetreten. Damit, so meinte er, Russland aus dem Kriegsgeschehen herausnehmen zu können. Doch die Westalliierten nutzten die vermeintliche Schwäche der Revolutionäre und intervenierten militärisch, unterstützten die inneren Feinde der Bolschewiken, die konterrevolutionäre »weiße Armee«, und begannen

47 Ebd., S. 298; in: Mulder, S. 93

mit einer beispiellosen Wirtschaftsblockade. Britische, französische und US-amerikanische Truppen landeten bereits unmittelbar nach Brest-Litowsk im strategisch bedeutsamen Weißmeer-Hafen von Archangelsk und besetzten noch im Sommer 1918 Murmansk. Paris schickte Kolonialkontingente auf die Krim, an die sich der bekannte russische Sänger Alexander Wertinskij erinnerte: »Exotische afrikanische Truppen schlenderten durch die Straßen der Stadt – Afrikaner, Marokkaner, Algerier – sorglos und hatten keine Ahnung, was sie hier tun sollten.«[48] Die Royal Navy drang ins Schwarze Meer ein. Auch der Kaukasus und Zentralasien sahen alliierte Soldaten, die sich des Territoriums bemächtigen wollten. Im Fernen Osten marschierten Zigtausende Japaner auf das eurasische Festland und nahmen Wladiwostok in Besitz. Aber Ende 1919 war der militärische Spuk vorbei. Außer den Japanern im Osten, die bis 1922 blieben, verließen die fremden Heere das Land, die Revolution hatte über die »Weißen« und ihre Helfer gesiegt.

Was allerdings nicht endete, war der westliche Wirtschaftskrieg gegen die junge Sowjetmacht. Bereits im März 1919 machten sich bei den Alliierten Zweifel breit, ob die militärische Einnahme der Sowjetrepublik gelingen würde, ab Juni setzte man deshalb verstärkt auf Sanktionen,[49] und am 10. Oktober 1919 erließ der Oberste Rat der Alliierten eine Wirtschaftsblockade über das Land. Der Chef der französischen Militärmission in Russland äußerte zufrieden, dass die Blockade der europäischen und sibirischen Grenzen Russlands »bis heute die stärkste Waffe« sei.[50]

Erst mit der »Neuen Ökonomischen Politik«, wie sie der 10. Parteitag der Kommunistischen Partei Russlands (die Sowjetunion gab es damals noch nicht) im März 1921 beschloss und damit die wirtschaftliche Öffnung des Landes betrieb, änderten sich die Beziehungen zum Westen radikal.

Die Blockade Deutschlands, die bereits unmittelbar nach Kriegsbeginn 1914 begonnen hatte, wurde von den Alliierten unterschiedlich bewertet.[51] Vor allem der kommende starke Mann der USA, Herbert Hoo-

48 https://de.rbth.com/geschichte/80424-westliche-einmischung-1918 (2.12.2023)

49 Vgl. Norbert Gaworek, From Blockade to Trade: Allied Economic Warfare against Soviet Russia, June 1919 to January 1920, in: Jahrbücher für Geschichte Osteuropas, Bd. 23 (1975)

50 Zit. in: Mulder, S. 94

51 Deutschland hatte umgekehrt selbst auch für eine Blockade Russlands gesorgt.

ver, setzte sich bald nach Kriegsende für eine Aufhebung der Sanktionen ein. Als amerikanischer Ernährungsbevollmächtigter war der spätere US-Präsident während der Pariser Friedensverhandlungen in Europa unterwegs und nutzte die bestehenden ökonomischen Zwangsmaßnahmen als Erpressungstool auch gegenüber Deutschland. Vor allem machte ihm Sorgen, dass sich mit einer fortgesetzten Abschnürung des kriegsgebeutelten Landes eine ähnliche Entwicklung wie in Russland abspielen könnte, eine kommunistische Revolution. Innenpolitisch wiederum saßen dem Ernährungsbevollmächtigten die amerikanischen Bauern im Nacken. Sie schwammen in Milchseen und wussten nicht, wohin mit dem vielen Schweinefleisch. Ein Export nach Deutschland würde ihre Lage verbessern. Also schrieb Hoover an Präsident Wilson, er solle sich die Sache mit der Blockade Deutschlands nochmals überlegen. Am 12. Juli 1919, erst nachdem Berlin den Versailler Vertrag unterzeichnet hatte, hoben die Alliierten die Ausfuhrbeschränkungen für Lebensmittel nach Deutschland auf.

Das kleine Deutsch-Österreich musste nicht so lange warten. Am 2. April 1919 ließ die amerikanische Mission in Wien das österreichische Staatsamt des Äußeren wissen, dass ab sofort die Wirtschaftssanktionen aufgehoben seien und die »Wiederaufnahme des freien Handels« möglich gemacht werde. In Punkt 2 der Verlautbarung wird klargestellt, für welche Länder dieser Freihandel nicht gilt: für das rote Ungarn, das »bolschewistische Russland« und auch für Deutschland, das sich zu diesem Zeitpunkt dem Versailler Diktatfrieden noch nicht unterworfen hatte.[52]

In der unmittelbaren Nachkriegszeit stellte der Wirtschaftskrieg ein von Briten und Amerikanern viel benutztes Instrument zur Durchsetzung ökonomischer und geopolitischer Interessen dar. Hungertote und die vielen Opfer der Spanischen Grippe wurden in Kauf genommen, um nachher als alternativlos im Sinne der eigenen Kriegsziele betrauert zu werden.

Im Jahr 1921 etablierte dann der ein Jahr zuvor ins Leben gerufene Völkerbund ein eigenes Blockade-Komitee, das in den kommenden zehn Jahren reichhaltig tätig wurde. Als erstes drohte das achtköpfige Gremium Jugoslawien mit einem Sanktionsregime, um Belgrad von

52 https://www.digital.wienbibliothek.at/wk/periodical/pageview/1042231 (2.12.2023)

seinem Invasionsabenteuer in Nordalbanien abzubringen. Was in diesem Fall gelang, reichte gegen Deutschland nicht aus. Anfang 1921 besetzten alliierte Truppen deutsche Häfen und Zollstationen, um eine rasche Einhaltung des Versailler Vertrages, insbesondere die dort aufgeführten Reparationszahlungen, zu erzwingen. Diese Machtdemonstration ging mit allgemeinen Blockadedrohungen einher und mündete, nachdem Berlin dem Drängen nicht in gewünschter Schnelligkeit nachkam, 1923 in der Besetzung des Ruhrgebietes durch französische und belgische Truppen. Der ökonomische Druck auf Berlin war also nicht zielführend genug, um den Interessen der Alliierten zum Durchbruch zu verhelfen. Im Falle Deutschlands war nicht der Völkerbund für die Blockade verantwortlich, sondern die hinter dem Versailler Vertrag stehenden Alliierten.

Während der Aufteilung von großen Teilen des Osmanischen Reiches zwischen Frankreich und dem Vereinigten Königreich hielt vor allem London die Sanktionsdrohung gegen Istanbul über Jahre aufrecht. Das Blockade-Komitee des Völkerbundes unterstützte diese Vorgangsweise, die schließlich 1925 dazu führte, dass sich London ein wirtschaftliches Filetstück des Nahen Ostens, die ölreiche Provinz Mosul, unter den Nagel reißen konnte. Das Damoklesschwert des Wirtschaftskrieges bewirkte die Zustimmung des Völkerbundes, der als »Verteiler von Protektoraten« Mosul dem britischen Mandatsgebiet Irak zusprach. Von einem Einspruch dagegen nahm die junge türkische Republik Abstand, was auch damit zu tun haben könnte, dass London versprach, 25 Jahre lang Lizenzgebühren für die Erdölgewinnung zu bezahlen.

Gegen die mittlerweile von Kemal Atatürk regierte Türkei musste das Sanktionsregime nur angedroht (und ein Obolus für das Öl bezahlt) werden, um eine Wirksamkeit zu entfalten, sprich: um den Briten die Provinz Mosul zu übergeben. Dort, wo tatsächlich ein völkerrechtswidriger Angriffskrieg vonstatten ging, nämlich der von Rom betriebene Einmarsch ins Kaiserreich Abessinien/Äthiopien, versagte der Völkerbund mit seinem Artikel 16.

Anfang Oktober 1935 überfielen Truppen des faschistischen Italiens das ostafrikanische Land. Der Angriff erfolgte ohne Kriegserklärung und war einer der letzten kolonialen Eroberungskriege auf dem afrikanischen Kontinent. International gesehen löste er die schwerste Krise seit dem

Ende des Ersten Weltkrieges aus. Der Überfall war mithin ein Idealfall, an dem der Sinn des Völkerbundes, nach dem derlei Kriege nicht mehr stattfinden dürfen und mittels Wirtschaftssanktionen aller Mitglieder gegen den Aggressor beendet werden müssen, getestet werden konnte. Der Test misslang auf voller Linie. Während Sozialisten und Liberale in ganz Europa dem Sanktionslager angehörten und der Völkerbund bei drei Enthaltungen – Österreich, Ungarn und Albanien – harte Wirtschafts- und Finanzsanktionen gegen Italien verhängte, scherte sich der Capo del Governo, Benito Mussolini, nicht um die internationalen Stimmen. Im Gegenteil: Am 9. Mai 1936 ließ er sich von einer begeisterten Menge für die »Rückkehr des Imperiums auf die heiligen Hügel von Rom« feiern. Die Annexion Äthiopiens blieb für den späteren Duce ohne negative Folgen. Der Völkerbund hatte versagt und fristete bis zu seiner Auflösung ein unbeachtetes Dasein.

COCOM: Die Sowjetunion in die Knie zwingen

Zur Niederringung Nazi-Deutschlands war die breitest mögliche Allianz nötig. Sechs Monate nach dem Überfall des Deutschen Reichs auf die Sowjetunion am 22. Juni 1941 traten die USA in den Krieg ein. Moskau, London, Paris und Washington standen nun – den unterschiedlichen politischen Systemen zum Trotz – Seite an Seite gegen den Nationalsozialismus und seine faschistischen Bündnispartner Italien und Japan. Nach Kriegsende sollte die Front gegen Hitler rasch zerbrechen. Das Mittel dazu: transatlantischer Wirtschaftskrieg gegen die Sowjetunion.

Politisch waren die Grundlagen dafür, die später in den Kalten Krieg zwischen West und Ost mündeten, bereits in der Rede des US-Präsidenten Harry Truman vom 12. März 1947 gelegt. Die dort verkündete Containment-Politik gegen die Sowjetunion hatte sich zum Ziel gesetzt, die Ausbreitung kommunistischer Parteien und Bewegungen in Europa zu verhindern und den Einfluss Moskaus einzudämmen. Zur wirtschaftlichen Untermauerung dieses Zieles agierte Washington mit dem Zwillingspaar Marshallplan-Coordinating Committee (COCOM):[53] Marshallplan für den Westen, COCOM für den Osten des Kontinents.

53 Ausgeschrieben: Coordinating Committee on Multilateral Export Controls

Der Marshallplan legte ein gigantisches Investitionsprogramm für die Öffnung der Märkte im vom Krieg zerstörten Westeuropa auf; sein Gegenstück, das COCOM, sollte die kommunistische Welt, insbesondere die Sowjetunion, mittels weitreichender Embargomaßnahmen wirtschaftlich niederringen.[54] Zugleich half der Marshallplan dem US-Kapital, die Umstellung von Kriegswirtschaft auf zivile Produktion zu bewerkstelligen, indem er frühere Kriegsfeinde wie Deutschland amerikanischen Exporteuren zugänglich machte. Das COCOM wiederum hatte auch die Aufgabe, traditionelle zentraleuropäische Handelsbeziehungen wie z.B. jene zwischen Österreich, der Tschechoslowakei und Ungarn, zu kappen und stattdessen eine vollständige Westorientierung – im Falle Österreichs – herbeizuführen.

Westhilfe[55] und Ostembargo gingen Hand in Hand. Mit seiner berühmten Rede vom 5. Juni 1947 an der Harvard-Universität stellte US-Außenminister George Marshall, der gerade seine berufliche Laufbahn als Fünfsterne-General abgeschlossen hatte, das »European Recovery Program« (ERP) vor, besser bekannt als Marshallplan. Damit planten die USA, ab 1. April 1948 17 Milliarden US-Dollar an 16 Empfängerländer[56] bereitzustellen; ausgegeben wurden schließlich im Zeitraum bis 30. Juni 1952 13,9 Milliarden US-Dollar.[57] Der größte Teil davon, insbesondere jener für Westdeutschland (1,4 Milliarden US-Dollar) und Österreich (750 Millionen US-Dollar) waren nichtrückzahlbare Zuwendungen, während die Summe für Großbritannien (3,4 Milliarden US-Dollar) zu einem Drittel als Darlehen vergeben wurde.

Der Marshallplan pumpte rasch Kapital in das vom Krieg zerstörte Westeuropa. Dahinter standen mehrere Ziele. Der gesellschaftliche Aspekt des gigantischen Wiederaufbauprogramms bestand darin, sozialen Unruhen vorzubeugen; zur Absicherung ging Washington dafür auch eine Allianz mit der großen US-Gewerkschaft AFL-CIO ein. Diese nahm sich Gewerkschaftsführer aus den Empfängerländern zur Brust,

54 Vgl. dazu: Hannes Hofbauer, Westwärts. Österreichs Wirtschaft im Wiederaufbau. Wien 1992

55 Der Begriff der Marshallplan-»Hilfe« hat eine starke ideologische Schlagseite und stellt Westeuropas Marktöffnung für US-Kapital als ein uneigennütziges Projekt Washingtons dar.

56 Das waren außer dem faschistisch regierten Spanien alle Staaten der Hemisphäre des späteren »westlichen« Europa.

57 Winfried Kretschmar, Auslandhilfe als Mittel der Außenwirtschafts- und Außenpolitik. Eine Studie über die amerikanische Auslandshilfe von 1945–1956. München 1964, S. 66

um sie gegen den um sich greifenden kommunistischen Virus zu immunisieren.[58] In wirtschaftspolitischer Hinsicht diente der Marshallplan einerseits dazu, die Empfängerländer auf einen Multilateralismus unter US-amerikanischer Führung einzuschwören. Dafür mussten die gegenseitigen Zahlungsbilanzüberschüsse und -defizite ausgeglichen sowie die unterschiedlichen Währungen konvertibel gemacht werden. Dies gelang mittels eines komplizierten Systems von Ziehungsrechten als Aufrechnungsinstrument innereuropäischer Defizite und Überschüsse.[59] Andererseits war Washington daran gelegen, die vollständige Kontrolle über die Vergabe der Marshallplan-Gelder zu behalten, weshalb US-Beamte in den Wirtschaftsministerien aller Teilnehmerstaaten über Jahre hinweg sämtliche Anträge und Überweisungen der entsprechenden Kreditnehmer überprüften. So wurde sichergestellt, dass nur »produktive« Investitionen Marshallplan-Gelder bekamen und z. B. für den kommunalen Wiener Wohnbau keine Kredite vergeben wurden. Um den Kreislauf des Kreditvolumens möglichst lange aufrechtzuerhalten, richtete ein US-Beamtenstab sogenannte Counterpart-Fonds ein, die nach der Kreditrückzahlung neuerlich für die Bedienung weiterer Projekte zur Verfügung standen. Über diese ERP-Fonds behielten die USA auch Jahrzehnte nach ihrer Erstvergabe indirekt die Kontrolle über Marshallplan-Kredite.

Noch bevor die ersten Gelder nach Westeuropa flossen, sorgte Washington für die Unterbrechung der Wirtschaftsbeziehungen in die Sowjetunion und jene Länder Osteuropas, in denen Kommunisten am Sprung zur Macht standen. Zwischen 31. Dezember 1947 und 15. Januar 1948 erließ das US-Handelsministerium Erlässe, die die Ausfuhr US-amerikanischer Waren in den Osten des Kontinents möglichst unterbinden sollten.[60] Es galt, die »Hilfe« für Westeuropa nicht in die falschen politischen Hände gelangen zu lassen. Im »Economic Cooperation Act«, der gesetzlichen Grundlage des Marshallplanes, heißt es dazu: »Der Administrator wird angewiesen, gegenüber Teilnehmerländern (des Marshallplans, d. A.) die Lieferung von Waren abzulehnen, die der Produktion einer Ware zugutekommen, die zur Lieferung an europäische

58 Vgl. dazu: Franz Olah, eine Spurensicherung. Wien 1990

59 Hofbauer, Westwärts, S. 112

60 Gunnar Alder-Karlsson, Der Fehlschlag. 20 Jahre Wirtschaftskrieg zwischen Ost und West. Frankfurt/Main/Zürich 1971, S. 22

Nichtteilnehmerländer bestimmt ist.«[61] Ab 1. März 1948, also einen Monat vor Einsetzen des Marshallplans, war ein System von Ausfuhrlizenzen für amerikanische Waren beschlossen.

Das war die Kehrseite des Marshallplans: Die Embargo-Politik gegen den Osten wurde parallel zur Westhilfe geplant; übrigens zum Zeitpunkt der Machtübernahme der Kommunistischen Partei in Prag (25. Februar 1948).

Die USA entschieden sich also im Wettlauf mit dem Kommunismus für ein umfassendes Embargo, anstatt auf wirtschaftliche Zusammenarbeit zu setzen. Das Instrument dazu hieß COCOM. Dieses Coordinating Committee trat ab 1947 in geheimen Sitzungen zusammen. Die Teilnehmerliste an diesen Koordinierungstreffen umfasste anfangs die USA, das Vereinigte Königreich, Frankreich, die Niederlande, Belgien, Luxemburg, Dänemark und Norwegen; ab 1950 kamen Kanada und Deutschland hinzu.[62] Die Parlamente der beteiligten Länder wurden nicht mit den Embargoplänen befasst, auch gab es keinen formellen Vertragstext, sondern ein bloßes Gentlemen's Agreement, was den USA sehr zupasskam. Das Gremium tagte zwei Mal wöchentlich in Paris, wobei seine Existenz lange Zeit überhaupt bestritten wurde. Die neutralen Länder Schweiz und Österreich waren nicht Mitglieder des COCOM, was in der Praxis allerdings nur wenig Unterschied machte.

Der schwedische Wirtschaftswissenschaftler Adler-Karlsson schätzt, dass mithilfe des COCOM ca. 50 Staaten zur restriktiven Wirtschaftspolitik gegen die Sowjetunion verpflichtet werden konnten.[63] Mit Schweden und der Schweiz hatte Washington allerdings größere Schwierigkeiten, sie ins antikommunistische Boot zu holen. Für beide Staaten waren keine großen Summen an Marshallplan-Geldern vorgesehen, der damit zu erzielende Druck entsprechend gering; zudem stieg Schweden bereits 1951 aus den ERP-Programmen aus. Also musste Washington mit Sanktionsdrohungen gegen wichtige Unternehmen in der Schweiz und Schweden ins Feld ziehen, um potenzielle »Löcher« im Embargo gegen den Osten zu stopfen. Stockholm unterwarf sich im Juni 1951 mit dem Hammerskjöld-Butterworth-Agreement der US-Politik, die Schweiz im Juli 1951 mit

61 Zit. in: Europa-Archiv, Oberursel 1948, S. 1392 (Auslandshilfegesetz Abschnitt 117 d)

62 Adler-Karlsson, Der Fehlschlag, S. 44

63 Ebd., S. 19

dem Hotz-Linder-Agreement.[64] Damit waren die beiden Länder zwar nicht direkt dem COCOM-System unterworfen, trugen aber die von diesem beschlossenen Embargolisten mit.

COCOM war nach dem Ende des Zweiten Weltkrieges das wichtigste strategische Instrument der USA zur Schwächung der Sowjetunion und ihrer kommunistischen Bündnispartner. Die damit erzwungene Westorientierung von Ländern wie der BRD und Österreich, die vor dem Krieg regen wirtschaftlichen Austausch mit Osteuropa betrieben hatten, stieß dort nicht nur auf Gegenliebe. Doch der Druck der USA, im Falle des Ausscherens aus dem COCOM die Marshallplan-Gelder zu streichen, überzeugte die meisten Skeptiker.[65]

Worin bestanden nun die konkreten Maßnahmen zur Schwächung der kommunistisch regierten östlichen Hälfte Europas? Den Kern des COCOM bildeten sogenannte »schwarze Listen«. Zu Beginn im Jahr 1948 gab es drei Listen: die strikte Embargoliste, die quantitative Kontrollliste und die Überwachungsliste. Auf der ersten Liste standen Waren, deren Exporte in den politischen Osten verboten waren. Dazu gehörten Anfang der 1950er Jahre: metallverarbeitende Maschinen, chemische Ausrüstung, Erdölausrüstung, Elektro- und Kraftwerksprodukte, allgemeine Industrieausrüstung, Waffen und Munition, Metalle, Mineralien, Chemikalien, Erdölprodukte, Kautschuk und Gummiprodukte.[66] Die Aufstellung umfasste ein Exportverbot für den Osthandel für 1700 Warengattungen.[67] Etwa die Hälfte aller auf dem Weltmarkt gehandelten Waren konnten durch COCOM von den Exportverboten bzw. -kontrollen der USA erfasst werden.[68]

Wenn sich ein Unternehmen nicht an die Exportverbote von Waren auf der »schwarzen Liste« hielt oder auch nur in den Verdacht geriet, die Embargobestimmungen zu umgehen, setzte Washington auf Strafsanktionen. Dafür bedurfte es freilich keines Gerichtsurteils, sondern der »Schuldspruch« erfolgte politisch, indem jeglicher Handelskontakt

64 Marc Bonenberger, Wirtschaftssanktionen zwischen Ost und West, 1947–1958 – Das CoCom-Embargo. Basel 2006, S. 11

65 Ebd., S. 9

66 Adler-Karlsson, Der Fehlschlag, S. 102.

67 Studiengruppe zur Förderung der österreichischen Wirtschaftsentwicklung (Hg.), Sichert Österreichs Wirtschaftsfreiheit. Wien 1957, S. 4

68 Adler-Karlsson, Der Fehlschlag, S. 62

mit Firmen aus dem Einflussbereich des Marshallplanes unterbunden wurde.[69] Auch hier wirkte das große US-Erpressungspotenzial. Dass es dennoch immer wieder zur Umgehung des Embargo-Regimes kam, lag schlicht und einfach an der hohen Profitrate, die gewisse Güter von der »schwarzen Liste« abwarfen, wenn man sie nach Osteuropa verkaufen konnte.

Wien war eine der Drehscheiben für den Ost-»Schmuggel«, der deshalb so genannt werden muss, weil wegen der restriktiven Exportkontrollen eine legale Ausfuhr von Waren der COCOM-Liste nicht möglich war. Die österreichische Hauptstadt als Hotspot dieses verdeckten Handels in den kommunistischen Osten bot sich aus mehreren Gründen dafür an. Zum einen war das Land nicht direkt Mitglied des COCOM und es bestanden traditionelle wirtschaftliche und familiäre Verbindungen in die ehemals habsburgischen, nun kommunistischen Länder; und zum anderen bot der internationale Schiffsverkehr auf der Donau Möglichkeiten, flussabwärts über die Tschechoslowakei, Ungarn, Jugoslawien, Rumänien und Bulgarien ebenso wie flussaufwärts in die Gegenrichtung Waren aller Art relativ unbemerkt zu transportieren. Direkt am Flussufer der Donau diente der Wiener »Mexikoplatz« als bekannter Umschlagplatz für den kleinen Schwarzhandel.

Freilich gab es auch größere Unternehmen, die mit der Umgehung des Ostembargos gute Geschäfte machten. Das legendäre Duo vom Ostagenten und dem Wiener Lebemann ist ein herausragendes Beispiel, wie der Schmuggel jahrelang problemlos funktionierte. Ihre Firma hieß »Kibolac«, eine Buchstaben-Mischung, die sich aus »Kibbuz« und »Napola« zusammensetzte.[70] Für den Kibbuz stand der KZ-Überlebende und Agent des ungarischen Auslandsgeheimdienstes Rudi Wein; Napola wies auf die Schule seines Kompagnons Udo Proksch hin, den seine Eltern zwecks Ausbildung zum NS-Kader in die »Nationalpolitische Erziehungsanstalt« gesteckt hatten. Getroffen haben sich die beiden im Jahr 1957 bei den Moskauer Jugendfestspielen und ihr gesellschaftlicher Mittelpunkt verlagerte sich bald in das später von Rudi Wein geführte

69 Erich Noehrenberg, Multilateral Export Controls and International Regime Theory: The Effectiveness of COCOM. Sinzheim 1995, S. 147f; zit. In: Bonenberger, Wirtschaftssanktionen, S. 14

70 *Der Standard* vom 13. Februar 2015; https://www.derstandard.at/story/2000011217453/stasi-in-wien-high-techtechnologieschmuggel-mit-udo-proksch (6.12.2023)

Szene-Gasthaus »Gutruf« in der Wiener Innenstadt. Sie lieferten jahrelang optische Geräte, Kunststoffe, Chemieanlagen und Elektronik – allesamt Produkte, die auf der »schwarzen Liste« des COCOM standen – in den Osten. Währenddessen konnten sie mehrere polizeiliche Hausdurchsuchungen ins Leere laufen lassen, was möglicherweise auch daran lag, dass im »Gutruf« von bekannten Journalisten bis zum Wiener Polizeipräsidenten Josef Holaubek eine illustre Runde verkehrte.

Gegen Ende des Kalten Krieges im Jahr 1986 sollen in Wien ca. 2000 Firmen im illegalen Osthandel aktiv gewesen sein, wie der Journalist Kid Möchel recherchierte.[71]

Washington kritisierte Österreich immer wieder, amerikanische Hochtechnologie unerlaubt in den Osten zu transferieren. Mitte der 1980er Jahre – COCOM war noch immer in Geltung und modernisierte seine Listen in Richtung Computer und elektronische Datenverarbeitung – wurden die Embargo-Schrauben gegen die Sowjetunion wegen der neuen Technologien wieder stärker angezogen. Der Druck aus den USA, die österreichischen »Schlupflöcher« abzudichten, verstärkte sich. Im *Wall Street Journal* erschien eine ganze Artikelserie zu den Umgehungspraktiken des Ostembargos mit starkem Österreich-Bezug.[72] Die Wiener Unternehmervertreter stellten sich allerdings taub. Im liberalen, dereinst von Friedrich August von Hayek gegründeten »Österreichischen Institut für Wirtschaftsforschung« (WIFO), erschienen in der Reihe »Technologie-Embargo« versteckt Hinweise für die entsprechenden Firmen, wie sie sich gegenüber der US-Politik verhalten könnten. Das klang dann so: »Ein Embargo kann [...] weitgehend durch Handelsumleitungen über dritte (nicht gebundene) Staaten umgangen werden. Gibt es einen ›Markt‹ für Handelsumleitungen, so muß das Zielland nur geringe Nachteile hinnehmen (Preiszuschlag, zeitliche Verzögerung); je besser der ›Markt‹ funktioniert, desto geringer sind die Nachteile. Das sanktionierende Land kann versuchen, einer Umgehung des Embargos durch Ausdehnung der Reichweite seiner Kontrollen zu begegnen; dies verursacht aber Interessenkonflikte mit Drittstaaten.«[73]

71 Ebd., siehe auch: Kid Möchel, Der geheime Krieg der Agenten. Wien 1997

72 Siehe: Jan Stankovky, Österreich und das COCOM. In: Monatsberichte des Österreichischen Instituts für Wirtschaftsforschung (WIFO) 3/90

73 Ebd.

Embargos und Sanktionen funktionieren, wie man sieht, nie lückenlos, sie tragen allerdings zur Verteuerung der Waren bei, die – wie im Fall des COCOM – einem Ausfuhrverbot unterliegen.

Eine im Westen zu wenig beachtete Reaktion auf das COCOM-Regime war die rasche Entwicklung des osteuropäischen Intrablockhandels. Die Gründung des »Rats für gegenseitige Wirtschaftshilfe« (RGW)[74] im Jahr 1949, ein unter der Führung Moskaus stehendes Wirtschaftsbündnis der kommunistischen Staaten, kann als unmittelbare Folge der westlichen Embargopolitik interpretiert werden. Damit stieg der sowjetische Warenaustausch mit osteuropäischen Ländern in kurzer Zeit auf ein hohes Niveau an. Er betrug im Jahr 1939 – vor dem Zweiten Weltkrieg – nur 5 % des Außenhandels und kletterte bis 1953 auf 83 % (!).[75] Und die Entwicklung der sowjetischen Schwerindustrie legte nach 1945 ein atemberaubendes Tempo hin. Binnen drei Jahren gelang es, die Stahlverhüttung und Kohleförderung, die im Krieg zu 60 % zerstört worden war, wieder aufzubauen. Auch das Eisenbahnnetz funktionierte bereits 1947/48 wieder.[76]

Die Fähigkeit der Sowjetunion, westliche Technologie vor allem in der Industriegüterproduktion zu substituieren, überraschte die Amerikaner. Das Argument, mittels Blockade die Sowjets und den ganzen Kommunismus ruinieren zu können, wurde mit der Zeit immer unglaubwürdiger. »Auch während der intensivsten Periode des Embargos waren nur 0,1 bis 0,5 % des sowjetischen BIP von den westlichen Sanktionen betroffen«, errechnete der Politikwissenschaftler Klaus von Beyme.[77] Diese und andere Zahlen ließen immer wieder kritische Stimmen laut werden, die das Embargo für nutzlos hielten, mehr noch: die den US-Wirtschaftskrieg gegen den Osten als kontraproduktiv ansahen, weil die Kommunisten damit gezwungen wurden, die eigenen Kräfte zu stärken und auf Selbstversorgung und eigene Forschungs- und Entwicklungsprogramme zu setzen.

74 Zum RGW gehörten von Anfang an neben der Sowjetunion Albanien (bis 1961), Bulgarien, Polen, Rumänien die Tschechoslowakei und Ungarn. Die DDR kam 1950 hinzu.

75 Vibeke Sørensen, Perceptions of East-West Trade and Western European Integration. 1945–1955; in: Gustav Schmidt (Hg.), Ost-West-Beziehungen: Konfrontation und Détente 1945–1989, Bd. 2, Bochum 1993, S. 454

76 Bonenberger, Wirtschaftssanktionen, S. 25

77 Klaus von Beyme, Détente and East-West Economic Relations; in: *The Journal of Politics*, Vol 43, No 4 (1981), S. 1197

Auch konnten sich die COCOM-Mitglieder immer weniger über die Ausgestaltung der konkreten »schwarzen Listen« einigen, die aus technischen, aber auch aus politischen Gründen ständig einer Revision unterzogen wurden. Als im Jahr 1954 zwei große deutsche Schiffbauer, die Flender-Werke in Lübeck und die Deutsche Werft AG in Hamburg, den Bau einer Fischereiflotte für die Sowjetunion mit 30 Schiffen in Betracht zogen, läuteten bei den Amerikanern die Alarmglocken. Weil der Export von Fischtrawlern laut »schwarzer Liste« nicht explizit verboten war, setzte Washington kurzerhand eine Tonnagen-Obergrenze pro Jahr fest, die in den Osten ausgeführt werden durfte.[78] Das verzögerte die Lieferung.

Besonders Frankreich lief oft neben der von Washington festgesetzten Spur. So konnte die US-Regierung Mitte der 1950er Jahre beispielsweise nicht verhindern, dass fünf große französische Generatoren den Weg ins kommunistische Polen fanden.[79]

Mit dem bevorstehenden Ende der vier intensiven Marshallplan-Jahre (1948–1952) sannen die Verantwortlichen in Washington darauf, wie in Zukunft ein neues ökonomisches Druckmittel zur Einhaltung des Ostembargos eingerichtet werden könnte. Zudem war im Juni 1950 der Koreakrieg ausgebrochen und der US-Kongress empörte sich über die chinesische und sowjetische Unterstützung der dortigen Kommunisten. Es bedurfte einer härteren Gangart gegen den Osten. Also verabschiedete das Repräsentantenhaus den vom Abgeordneten Laurie Battle eingebrachten »Mutual Defense Assistance Control Act«, der am 24. Januar 1952 in Kraft trat. Er verband explizit die Mittelvergabe aus ERP-Krediten (des Marshallplans) mit verschärften Handelsverboten und zwang die Empfänger von Marshall-Geldern, sich eng an das strategische Embargo der USA gegen die Sowjetunion (und China) zu halten.[80] »Der ›Battle Act‹ stellte einen massiven Eingriff in die Souveränität der europäischen Staaten dar, weil die darin enthaltenen Forderungen darauf hinausliefen, den westeuropäischen Staaten die viel restriktivere Embargopolitik des amerikanischen Kongresses aufzuzwingen

78 Frank Cain, Das US-Handelsembargo und Europa, in: Bernd Greiner u. a., Ökonomie im Kalten Krieg. Hamburg 2010, S. 441

79 Ebd., S. 442

80 Christian Müller, Der Erdgas-Röhren-Konflikt 1981/82; in: Greiner u. a., S. 503

und ihre eigenen Handlungsspielräume einzuengen.«[81] Vorschläge seitens der USA, die durch die Embargo-Politik entstandenen Einnahmenverluste finanziell zu kompensieren, realisierten sich nicht und hätten die Staaten und Unternehmen Westeuropas noch tiefer in ein Abhängigkeitsverhältnis von den USA getrieben.

Weite Teile der westeuropäischen Öffentlichkeit standen dem Wirtschaftskrieg skeptisch bis ablehnend gegenüber. Sie erkannten darin, anders als bei den antirussischen Sanktionen in den 2010er- und 2020er Jahren, auch eine Schwächung der eigenen Wirtschaft gegenüber den USA. »Die Volkswirtschaften Ost- und Westeuropas sind aufeinander angewiesen«, schrieb z.B. die französische Zeitung *Le Monde* im Juni 1949 und ergänzte: »Nur Amerika verhindert eine Lösung.«[82]

Die vielen Fehlschläge führten im Januar 1958 dazu, dass der britische Außenminister Selwyn Lloyd ganz offiziell an seinen US-amerikanischen Amtskollegen John Foster Dulles herantrat und ihn fragte, ob es nicht auch angesichts der imponierenden Industrialisierung der Sowjetunion an der Zeit sei, über den Sinn und Zweck des Embargos nachzudenken. Dulles äußerte Verständnis und meinte, auch Präsident Dwight Eisenhower würde ähnliche Gedanken hegen, allein der Kongress sei total dagegen.[83] Fünf Jahre später, 1963, forderte Präsident John F. Kennedy eine Überprüfung des COCOM-Embargos. Ein eigener Ausschuss für Exportkontrolle wurde eingesetzt, der zur Auffassung gelangte, dass die wirtschaftlichen Zwangsmaßnahmen nichts gefruchtet hatten: »Insgesamt muss eingeräumt werden«, stand dort zu lesen, »dass das US-System der Exportkontrolle nur marginale wirtschaftliche Auswirkungen auf den Ostblock hat; dass nicht feststellbar ist, welche Bedeutung deren genaues Ausmaß hat; und dass die Auswirkungen schwächer werden.«[84] Diese Erkenntnis konnte nicht mehr umgesetzt werden. Kennedy starb am 22. November 1963 im Kugelhagel.

Anfang der 1970er Jahre flexibilisierte Präsident Richard Nixon die Blockadepolitik gegen den Osten. Sie wurde wandlungsfähiger und

81 Bonenberger, Wirtschaftssanktionen, S. 16

82 *Le Monde* zit. in: Adler-Karlsson, Der Fehlschlag, S. 43

83 Ebd., S. 443

84 Kennedy an den Handels-, Außen- und Verteidigungsminister am 19. September 1963, RG 59, NARA; zit. in: Cain, Das US-Handelsembargo, S. 446

änderte sich je nach der politischen Wetterlage rasch. Vor allem Polen genoss jetzt Ausnahmen vom Embargo-Regime.

Als erstes osteuropäisches Land wurde Ungarn im Jahr 1991 von der COCOM-Zwangsjacke befreit und konnte nun ohne Hürden und Kontrollen Handel mit dem Westen treiben. Nach langem Siechtum beschlossen die Mitglieder des COCOM dann am 31. März 1994 seine Auflösung. Aber ganz wollte Washington die Kontrolle über weltwirtschaftliche Vorgänge nicht aus der Hand geben. Das »Waasenaar-Abkommen für Exportkontrollen von konventionellen Waffen und doppelverwendungsfähigen Gütern und Technologie« trat Mitte 1996 die Nachfolge des COCOM an. Die Überwachung des Osthandels durch die USA wurde schwächer, blieb jedoch bestehen. So bekam der Unternehmensriese IBM wegen der Lieferung von Hightech-Computern nach Russland 1997 eine Strafe von neun Millionen US-Dollar aufgebrummt. Die Rechner könnten auch militärisch genutzt werden, hieß es in der Begründung.[85]

Mit ChinCOM gegen China

Nach dem Muster des COCOM errichteten die USA im Jahr 1952 auch gegen das kommunistische China ein eigenes Komitee, das das bereits bestehende Handelsembargo verschärfte. Sein Name: ChinCOM.

Doch die Geschichte der ökonomischen Auseinandersetzungen zwischen China und dem Westen reicht weit in die Vergangenheit zurück. Über die unsäglichen Opiumkriege der 1840er- und 1850er Jahre, in denen das Vereinigte Königreich den illegalen Handel mit Opium gegen chinesische Beschlagnahmungen militärisch verteidigte, ist viel geschrieben worden, dem nichts hinzugefügt werden muss. Weitgehend vergessen hingegen ist der auch ökonomisch geführte Kampf um die Privilegien der sogenannten »Konzessionen«, mit denen französischen, britischen und später US-amerikanischen Unternehmen koloniale Vorrechte in eigenen Bezirken von Schanghai eingeräumt wurden. Ein sowohl antiimperialistischer als auch sozialer Aufstand dagegen begann im Mai 1925, als südchinesische Arbeiter in den Streik traten. Auslöser

85 Hannes Hofbauer, Seit Generationen im Wirtschaftskrieg. Russland unter westlichen Sanktionen. In: *Lunapark21*, Nr. 59/50, Herbst 2022

war ein Massaker an Protestierenden in Schanghai gewesen, auf das eine breite Koalition aus national und kommunistisch orientierten Hafen- und Bauarbeitern, Bäckern, Fleischern, Tischlern, Transportarbeitern, Haushaltshilfen und viele mehr in den sogenannten »Canton-Hong-Kong«-Generalstreik traten.[86] Nachdem der britische Gouverneur von Hongkong, Reginald Stubbs, die Order ausgab, Lebensmitteltransporte in die Arbeiterquartiere zu unterbinden, reagierte das Streikkomitee mit einer Totalblockade der britischen Kolonie. Notkredite in Millionenhöhe seitens der Krone retteten Hongkong vor einer Liquiditätskrise. Der französische Autor André Malraux beschrieb diese für die damalige Zeit ungewöhnliche wirtschaftliche Klassen-Auseinandersetzung mit den Worten: »Wir erleben eine total neue Art der Kriegsführung, einen Krieg, in Szene gesetzt von der anarchischen Macht Südchinas, […] und gerichtet gegen das ragende Symbol der britischen Herrschaft in Asien, den kriegerischen Felsen (Hongkongs, d. A.), von dem aus die gewappnete Weltmacht die Stellungen ihrer Truppen überblickt.«[87]

Nach der Machtübernahme der Kommunisten unter Mao Zedong Anfang Oktober 1949 weiteten die USA Schritt für Schritt ihre bereits gegen die Sowjetunion eingerichteten wirtschaftskriegerischen Maßnahmen auf China aus. Der Koreakrieg bot ihnen dafür den geeigneten Transmissionsriemen. Nachdem Mao Zedong Ende Oktober 1950 eine »Volksfreiwilligenarmee« von 200.000 Mann zur Unterstützung der in Bedrängnis geratenen nordkoreanischen Kommunisten Richtung Süden gesandt hatte, wo sie die Einheiten der nationalistisch-antikommunistischen Südkoreaner zurückdrängte, antwortete Washington Stunden später mit einem totalen Handelsboykott gegen das maoistische China.[88] Als Begründung führte US-Präsident Harry S. Truman die gerade erfolgte militärische Einmischung Chinas in den Koreakonflikt an. Dies mutet insofern seltsam an, als dass es ja die USA waren, die als ausländische Macht bereits im Sommer desselben Jahres in den Koreakrieg eingetreten waren. Das geschah auf Basis der UN-Resolution 85, die das Überschreiten der Demarkationslinie durch

86 Mulder, S. 148; siehe auch: https://en.wikipedia.org/wiki/May_Thirtieth_Movement (2.1.2024)

87 André Malraux, Die Eroberer. München 1984, S. 6

88 Xin-zhu J. Chen, China and the US Trade Embargo, 1950–1972, in: American Journal of Chinese Studies, vol 13, Oktober 2006, S. 169

nordkoreanische Truppen verurteilt und eine internationale Aktion dagegen autorisiert hatte. Ein Veto der Sowjetunion gegen diesen Beschluss des UN-Sicherheitsrates kam deshalb nicht zustande, weil der Vertreter Moskaus aus Protest gegen die Entscheidung, der »Republik China«, also Taiwan, die Gesamtvertretung Chinas zuzusprechen, den Sitzungssaal verlassen hatte.

Mitte Dezember 1950 ließ dann Washington sämtliche chinesische – sprich: Festland-chinesische – Vermögen in den USA einfrieren, was Peking zu einer entsprechenden Gegenmaßnahme provozierte.[89]

Die Beschlagnahme chinesischer Sach- und Geldwerte in den USA war die Geburtsstunde des »Office of Foreign Assets Control« (OFAC). Das dem US-Finanzministerium unterstehende »Amt zur Kontrolle von Auslandsvermögen« wurde 1950 zu dem Zweck gegründet, Wirtschaftssanktionen gegen als feindlich definierte Staaten und Unternehmen möglich zu machen. Bis heute ist OFAC für die Überwachung solch repressiver Maßnahmen zuständig. Dabei müssen sich die Mitarbeiter dieser Institution nicht um normale juristische Regeln kümmern, wenn sie einen Staat, ein Unternehmen oder eine Person ins Visier nehmen. Strafverfahren und Anhörungen von Beschuldigten oder gar die Unschuldsvermutung spielen keine Rolle. Bei OFAC braucht »die Feindbestimmung nichts gerichtsfest zu beweisen«,[90] was die Arbeit sehr erleichtert.

OFAC – Die Sanktionslisten der USA

Im Jahre 2024 verwaltet das »Office of Foreign Assets Contral« (OFAC), das Teil des »Office of Terrorism and Financial Intelligence« ist und dem US-Finanzministerium untersteht, Tausende sanktionierte Personen, Unternehmen und politische Gruppen auf der ganzen Welt. Auf eigenen Listen wie z. B. der »Specially Designated Nationals and Blocked Persons List« kann man über das Portal von OFAC[91] Einsicht in diese spezielle Form der US-Außenpolitik nehmen. In buchstäblich jedem Land der Welt finden sich sanktionierte Personen und Unternehmen, oft fein

89 Shu Guang Zhang, China und die Wirtschaftssanktionen des Westens, 1950–1953. In: Greiner u. a., S. 461

90 Oermann/Wolff, S. 162

91 https://sanctionssearch.ofac.treas.gov/ (18. 1. 2024)

säuberlich mit Adressen angegeben. So vermerkt OFAC im beschaulichen Wien des Jahres 2024 zwölf Unternehmen und Gruppen, die entweder der Terrorfinanzierung oder aus anderen Gründen als US-Feinde verdächtigt werden. Das reicht von der »Ocean Properties GmbH«, die angeblich im Autohandel tätig ist, zur immer noch aufrechten Adresse der »Sber Bank Europe AG« am Schwarzenbergplatz bis zur »Palestinian Association in Austria«. Letztere wird von Washington verdächtigt, Gelder für die Hamas zu sammeln. Für Deutschland weist die schwarze Liste von OPAC 81 Unternehmen aus, in der Schweiz sind es 43.

Vier sanktionierte Personen sollen in Österreich leben, darunter eine mit arabischem, zwei mit russischem Namen sowie ein Liechtensteiner. In Deutschland macht OPAC 33 Menschen die Existenz schwer, wobei bei den meisten der Sanktionierten die Adresse angegeben wird, und sei es auch nur der Hinweis »Refugee Shelter Alte Ziegelei«. Neben arabischen und russischen Namen finden sich auch deutsche, z. B. Rechtsradikale aus der Sauerland-Gruppe oder der ehemalige Mitarbeiter des DDR-Ministeriums für Staatssicherheit Matthias Warnig. Er landete auf der Sanktionsliste, weil er führend am Management der Nord-Stream-Pipeline beteiligt war und im Aufsichtsrat der Bank Rossija saß. Die Schweiz führt die OPAC-Sanktionsliste für Personen im deutschsprachigen Raum mit 34 von den USA Geächteten an. Interessanterweise finden sich neben den üblichen arabischen, russischen und iranischen »Feinden« auch relativ viele Schweizer, unter anderem der Luzerner Treuhänder Alexander Studhalter und der Zuger Notar Laurin Katz.[92] Sie werden von den USA wegen Verstrickungen in Russland-Geschäfte sanktioniert. Ihr berufliches Fortkommen ist, obwohl sie zu Redaktionsschluss dieses Buches nicht auf der EU-Sanktionsliste auftauchen, zumindest erschwert.

Der erste Einsatz des OFAC – gegen China – mutete noch ziemlich chaotisch an, weshalb die Wirtschaftssanktionen gegen das junge kommunistische Land dann 1952 strukturiert und im »China Committee« (ChinCOM) gebündelt wurden. Ihm gehörten neben den USA das Vereinigte

92 https://www.zentralplus.ch/wirtschaft/studhalter-enger-verstrickt-als-bekannt-anwalt-taucht-ab-2493371/ (17.1.2023)

Königreich, Kanada, Frankreich und Japan an. Nach dem Ende des Koreakrieges kam es zu schweren Differenzen die anti-chinesischen Sanktionsmaßnahmen betreffend, was 1958 zur Auflösung des ChinCOM führte.[93]

Amerikas Kampf gegen russische Energie für Europa (1960–1990)

Am 26. September 2022 explodierten vier Sprengladungen nahe der dänischen Insel Bornholm in der Nordsee. Sie waren unter Wasser an den Erdgas-führenden Leitungen der Nord-Stream-Pipelines angebracht worden. Der Anschlag auf die deutsch-russische Energiepartnerschaft sah einen klaren Gewinner: die USA. Wer einen Blick zurück in die jahrzehntelange US-Blockadepolitik gegen den Aufbau deutsch-russischer Erdgas- und Erdölprojekte wirft, der kann die Debatte darüber, wer den Terroranschlag verübt hat, nur als Heuchelei empfinden.

Im Frühjahr 1961 bekam die Kennedy-Regierung in den USA Wind von einem deutsch-sowjetischen Energieprojekt. Der Geheimdienst meldete an das Präsidentenamt, Moskau plane, Erdöl aus Tatarstan nach Deutschland zu liefern und Bonn wisse darüber Bescheid. Für die noch ausstehenden 1000 Baukilometer seien Röhren bei den deutschen Großunternehmen Mannesmann, Hoesch und Phoenix-Rheinrohr in Auftrag gegeben worden. Um der geplanten deutsch-russischen Energiekooperation eine zusätzliche Gefährlichkeit zu unterstellen, ortete der US-Geheimdienst eine militärische Funktion der Rohrleitung. Sie würde im Falle eines Einmarsches der Roten Armee in die BRD die Militärs mit Öl versorgen, warnte er.[94]

In Washington war man höchst alarmiert. Es galt, eine deutsch-sowjetische Energiepartnerschaft, die noch dazu den Namen »Druschba – Freundschaft« trug, mit allen Mitteln zu verhindern. Das Röhrengeschäft durfte nicht zustande kommen. Allerdings tat sich dabei ein Problem auf: Großrohrleitungen standen nicht auf der COCOM-Liste. Es musste also ad hoc ein Plan gefasst werden, wie der Pipeline-Bau gestoppt und die bereits bestehenden Lieferverträge für die Röhren ungültig gemacht

93 https://de.wikipedia.org/wiki/Coordinating_Committee_on_Multilateral_Export_Controls (2.1.2024)
94 Cain, Das US-Handelsembargo, in: Greiner u.a., S. 445

werden konnten. Die dazu wohl berufenste Stimme, jene des damals zuständigen US-Unterstaatssekretärs George W. Ball, gibt Aufschluss über die Königsdisziplin der Machtausübung.

George W. Ball beschäftigte sich in der US-Administration unter Außenminister Dean Rusk mit Wirtschaftsfragen. Er war ein bekanntes Sprachrohr der Friedensbewegung gegen den Vietnamkrieg und agierte auch als Whistleblower zur Aufdeckung der aggressiven US-Außenpolitik. In der *Washington Post* vom 11. März 1982 berichtet Ball von seinem Auftrag, 20 Jahre zuvor die deutsch-russische Energiepartnerschaft zu blockieren. Er tat dies aus Anlass eines bevorstehenden neuen Gas-Röhrengeschäftes zwischen Moskau und Bonn, auf das wir weiter unten noch zu sprechen kommen werden. Es lohnt sich, den *Washington-Post*-Artikel in seiner gesamten Länge durchzulesen:

»Zu Beginn der Kennedy-Administration hat mir der Präsident die Aufgabe übertragen, den Bau der sogenannten Freiheits[95]-Pipeline, die sowjetisches Öl nach Westeuropa gebracht hätte, zu verhindern zu versuchen. Wir könnten, so wurde damals gedacht, einen riesigen Schraubschlüssel in das Projekt werfen, wenn wir die Stornierung der Verträge erzwingen würden, die bereits mit westdeutschen Stahlunternehmen über den Bau von Großröhren abgeschlossen waren. Durch intensiven Druck brachten wir einen NATO-Beschluss zustande, dass die 200.000 Tonnen Röhren, die die deutschen Firmen versprochen hatten, ein ›strategisches Gut‹ seien. Und unser beständiges ›Armdrehen‹ überzeugte den zögernden Kanzler Konrad Adenauer letztendlich, ein Röhrenembargo anzuordnen. Weil die Anordnung aufgrund der Notstandsvollmachten der Regierung erfolgte, hatte das westdeutsche Parlament die Möglichkeit, innerhalb von drei Monaten das Embargo aufzuheben. Bis zum letzten Tag drohte die Mehrheit des Bundestages mit ihrem Einspruch. Das Embargo wurde nur dadurch gerettet, weil Mitglieder von Adenauers Partei aus dem Plenum auszogen und den Bundestag damit beschlussunfähig machten.

Doch was für ein Pyrrhussieg! Ein oder zwei Jahre später erzählte mir der russische Botschafter Anatol Dobrynin grinsend: ›Ich danke Ihnen im Namen meiner Regierung. Als Sie die Deutschen dazu brachten,

95 Gemeint war die »Freundschafts«-Leitung.

von ihren Verträgen zurückzutreten, zwangen sie mein Land, das zu tun, was wir lange zuvor hätten tun sollen – nämlich ein Stahlwerk zu bauen, das Großröhren herstellt. Jetzt sind wir in dieser Hinsicht autark. Dafür sind wir Euch dankbar.‹«[96]

Die Pipeline wurde mit Rohren aus der Tschechoslowakei und Rumänien von Tatarstan bis in die DDR fertiggestellt.

Das US-Embargo gegen sowjetische Energielieferungen an Deutschland hielt bis 1966. Im Frühling 1970 starteten Moskau und Bonn dann den nächsten Versuch, diesmal günstiges Erdgas aus westsibirischen Gasfeldern in die BRD zu leiten. Das daraus entstandene Erdgas-Röhren-Geschäft bestand anfangs aus einem Liefervertrag für drei Milliarden Kubikmeter Erdgas pro Jahr, wofür im Gegengeschäft bundesdeutsche Röhren zum Einsatz kamen, finanziert über Kredite deutscher Bankinstitute. Bis Dezember 1972 lieferte Mannesmann über eine Million Tonnen Großrohre für die fast 2000 Kilometer lange Pipeline. 1973 erreichte dann erstmals sibirisches Erdgas die bundesdeutschen Verbraucher.[97] Diesmal konnte Washington dank der Beharrlichkeit westdeutscher und europäischer Politiker das Projekt nicht verhindern.

Österreich war als neutrales Land der BRD voraus. Hier floss ab September 1968 russische Energie in Form von Gas über die Tschechoslowakei in den Grenzort Baumgarten, der bald zu einer europäischen Erdgasdrehscheibe ausgebaut wurde.

Der nächste US-Angriff auf die deutsch-sowjetischen Wirtschaftsbeziehungen kam im ersten Amtsjahr des Schauspielerpräsidenten Ronald Reagan Ende 1981. Im Visier war – wie gehabt – die sowjetische Erdgasversorgung der BRD und Westeuropas. In einem ersten Schritt verbot Reagan, ohne Konsultationen mit seinen Verbündeten in der NATO, jegliche Zulieferung von US-amerikanischen Konzernen für das europäische Erdgas-Röhren-Geschäft. Dieses Verbot galt auch für Tochtergesellschaften, die ihren Sitz außerhalb Amerikas hatten, womit innerstaatliches US-Recht über die Landesgrenzen hinweg zur Anwendung

96 Georg W. Ball, Über das Durchschneiden von Pipelines und unserer eigenen Gurgel. In: *Washington Post* vom 11. März 1982, übersetzt in: Harald Müller/Reinhard Rode, Osthandel oder Wirtschaftskrieg? Die USA und das Gas-Röhren-Geschäft. (Hessische Stiftung für Konfliktforschung, Report vom Mai 1982), Frankfurt/Main, S. 66

97 https://www.swr.de/swr2/wissen/archivradio/beginn-der-erdgaslieferungen-1973-aus-der-udssr-100.html (8.12.2023)

kam. Die Rechtsordnung der betroffenen Länder in Europa war damit – aus US-amerikanischer Sicht – hinfällig.[98]

Offiziell begründeten die USA ihre verschärfte Blockade gegen deutsch- bzw. europäisch-sowjetische Wirtschaftsbeziehungen mit dem Einmarsch sowjetischer Truppen in Afghanistan im Dezember 1979, ohne freilich erklären zu können, was Gaslieferungen in deutsche Haushalte und Unternehmen damit zu tun hatten. Es galt schlicht und einfach, die Sowjetunion zu schädigen und sie von Deviseneinkünften möglichst abzuschneiden. Das passierte in der vagen – und von der Geschichte des COCOM bereits widerlegten – Hoffnung, damit ihre Wirtschaft sabotieren zu können. Tatsächlich war es dann die von Ronald Reagan zeitgleich angezogene Rüstungsspirale, in die er die Verantwortlichen in Moskau hineintrieb, die letztlich den Zusammenbruch der Sowjetunion von außen beschleunigte.

Mitten während der Weihnachtsfeiertage 1981 verkündete das Büro Reagan – unter dem Eindruck der Ausrufung des Kriegsrechts in Polen – weitgehende Sanktionen gegen die Sowjetunion. Darunter befanden sich ein Flug- und Landeverbot für die Fluglinie Aeroflot, das Ende der Erteilung von Exportlizenzen, die Nichtverlängerung einer Reihe von bilateralen wirtschaftlichen, aber auch kulturellen Abkommen, der Stopp eines anstehenden neuen Getreideabkommens und ein Verbot für Kommissionsgeschäfte aller Art. Das war ein Schlag ins Gesicht vieler Firmen wie beispielsweise den Baugerätehersteller Caterpillar, dem ein Auftrag für 90 Millionen US-Dollar durch die Lappen ging, weil er für die Maschinen keine Ausfuhrlizenz mehr erhielt. Caterpillar musste eines seiner Werke schließen und Hunderte Arbeiter entlassen.[99] Auch das Erdgas-Röhren-Geschäft war durch die Sanktionsmaßnahmen direkt betroffen, denn General Electric war es ab sofort untersagt, wie vereinbart Bestandteile für Gasturbinenkompressoren in der Größenordnung von 175 Millionen US-Dollar nach Europa zu liefern.[100]

Ob der radikalen Sanktionspolitik Reagans gingen die Wogen hoch. Ein enger Mitarbeiter des Präsidenten wird im deutschen *Handelsblatt*

98 Autorenkollektiv, Wirtschaftskrieg – Boykott – Embargo. Berlin/DDR 1984, S. 16; siehe auch: Claudia Wöhrmann, Osthandel als Problem der atlantischen Allianz. Erfahrungen aus dem Erdgas-Röhren-Geschäft mit der UdSSR. Bonn 1986 (Arbeitspapiere zur Internationalen Politik, Bd. 38), S. 146f.

99 Autorenkollektiv, S. 19

100 Müller/Rode, S. 30

mit den Worten zitiert: »Um Moskau zu bestrafen, stoßen wir uns einen Balken ins eigene Auge und drohen, ihn solange drin zu lassen, bis die Russen unseren Schmerz nicht mehr aushalten können.«[101]

In Europa, insbesondere in Deutschland und Frankreich, beließ man es nicht mit Protesten gegen die exterritoriale Sanktionspolitik Washingtons. Auch Drohungen, die USA würden Soldaten aus Deutschland abziehen, sollte Bonn sich weigern, gegen Moskau wieder einmal in den Ring zu steigen, nutzten nichts. Europa blieb standhaft. Nach einer nochmaligen Verschärfung der antisowjetischen Sanktionen im Juni 1982 trat der Rat der EG-Außenminister zusammen und erklärte: »Diese Aktion, die ohne irgendeine Konsultation mit der Gemeinschaft unternommen wurde, schließt eine extraterritoriale Ausdehnung der amerikanischen Rechtssetzungsbefugnisse ein, die unter den gegebenen Umständen den Prinzipien des Völkerrechts widerspricht, für die Gemeinschaft unannehmbar ist und voraussichtlich nicht vor den Gerichten der EG anerkannt wird.«[102]

Die französische Tochterfirma des US-Konzerns Dresser Industries ließ sich vom US-Embargo nicht beeindrucken und lieferte vertragsgemäß Kompressoren an die Sowjetunion. Der italienische Turbinenhersteller Nuovo Pignone hatte weniger Glück: US-Behörden beschlagnahmten bestellte Gasturbinen im Hafen von New York.[103] Auch AEG und Mannesmann hatten mit der repressiven Wirtschaftspolitik Washingtons zu kämpfen. Doch diesmal kam Schützenhilfe von oben. Niemand geringerer als Bundeskanzler Helmut Schmidt wies Washington in die Schranken. In der *New York Times* gab er wegen des versuchten US-Boykotts gegen das Röhren-Gas-Geschäft zu Protokoll: »Sie haben uns keine einzige Gallone Öl geliefert und können es auch nicht, auch kein Gas. Deshalb müssen wir diversifizieren.«[104] Schmidt bezog sich dabei auf den Präzedenzfall der Kürzung amerikanischer Erdöl-Exporte im Zuge der Ölkrise 1973.

Am 3. November 1982 sah sich Ronald Reagan gezwungen, die das deutsch-sowjetische Erdgas-Röhren-Geschäft betreffenden Sanktionen aufzuheben.

101 *Handelsblatt* vom 16. November 1982, zit. in: Autorenkollektiv, S. 19

102 Bulletin des Presse- und Informationsamtes der Bundesregierung (Bonn) vom 25. Juni 1982, S. 563, zit. in: Autorenkollektiv, S. 65

103 Christian Müller, Der Erdgas-Röhren-Konflikt 1981/82, in: Greiner u. a., S. 516

104 *New York Times* vom 19. Februar 1981, zit. In: Ebd., S. 511

Weizenembargo und Olympiaboykott in den 1980er Jahren

Wer glaubt, die gegen Moskau gerichteten US-Maßnahmen würden innenpolitisch hauptsächlich von konservativ-reaktionärer Seite wie dem Republikaner Ronald Reagan betrieben, der irrt. Auch Reagans Vorgänger, der Demokrat Jimmy Carter, der trotz seiner evangelikalen Herkunft – zu Unrecht – das Image eines eher fortschrittlichen Präsidenten (1977–1981) hatte, zog während seiner Amtszeit wirtschaftlich (und sportpolitisch) gegen die Sowjetunion zu Felde. Unmittelbar nach dem Einmarsch der Roten Armee in Afghanistan schnürte Carter – auch er ohne jede Beratung mit seinen transatlantischen Verbündeten – ein umfangreiches Sanktionspaket. Darin enthalten war die Blockade von Weizenlieferungen an die Sowjetunion und der Boykott der bevorstehenden Olympischen Spiele in Moskau.

Mitte Juli 1972 hatte der damalige US-Präsident Richard Nixon ein vorerst geheim gehaltenes Abkommen mit seinem Gegenüber Leonid Breschnew ausverhandelt, nach dem Russland amerikanisches Getreide zu Vorzugsbedingungen kaufen konnte. Der Deal war 750 Millionen US-Dollar[105] schwer und für drei Jahre abgeschlossen. Er erfreute die amerikanische Agrarindustrie, die in den 1970er Jahren an Überproduktion litt. Mit der Kehrtwendung Jimmy Carters kam der US-Weizenexport nach Russland ab dem 4. Januar 1980 zum Erliegen. Die Idee hinter der Ausfuhrsperre war keine neue: Die Kommunisten sollten in die Knie gezwungen werden. Funktioniert hat das Getreideembargo von Anfang an nicht. Und das aus mehreren Gründen: Moskau hatte in den Monaten zuvor große Mengen US-amerikanischen Weizens gekauft und eingelagert und litt unmittelbar keinen Mangel. Dazu kam, dass Washington die Sache im Alleingang beschlossen hatte. Nicht einmal Kanada beteiligte sich am Ausfuhrstopp; und auch die europäischen Partner wollten davon nichts wissen. Vielen von ihnen saß noch die COCOM-Zwangsjacke im Nacken, die eine eigenständige Wirtschaftspolitik über Jahrzehnte erschwert hatte.

Damit erwies sich die vom Weißen Haus erhoffte »food power« der USA gegenüber der Sowjetunion als viel wirkungsloser als erwartet. In

105 Press Statement (»Confidential, Eyes Only until 9:00 a.m.« – 8.7.1972), NARA, Nixon files, NSC, Box 330, Grain Shipping; in: Christian Gerlach, Das US-amerikanisch-sowjetische Getreidegeschäft 1972, in: Greiner u.a., S. 480

der Folge profitierten die kanadischen Getreidebauern. Kanada stieg zum führenden Exporteur von Getreide nach Russland auf.[106] Bereits nach einem Jahr war der Embargo-Spuk vorbei. Nachdem der unter Reagan angelobte neue US-Agrarminister John Block 1981 mitbekam, dass Frankreich eben 600.000 Tonnen Weizen in die Sowjetunion geliefert hatte, sprach er im Namen der Farmer des Mittelwestens bei seinem Präsidenten vor.[107] Diese blieben, so der Minister, auf ihrer Ernte sitzen, während die kanadischen und französischen Bauern fette Gewinne einfahren würden und die russische Bevölkerung gut zu essen hätte. Im April 1981, nur wenige Monate nach dem Amtsantritt von Ronald Reagan, war das US-Getreideembargo Geschichte.

Die Ironie folgte auf dem Fuße, indem Reagan am 22. April 1983 unter dem Druck der einheimischen Farmer der Sowjetunion ein Angebot für langfristige Getreidelieferungen machte und erklärte, Weizen niemals als Waffe benützen zu wollen.[108]

Zurück zu Jimmy Carter. Als am 19. Juli 1980 Vertreter von 81 Ländern unter dem Jubel der Zuschauer ins voll besetzte Moskauer Lenin-Stadion einzogen, waren US-amerikanische Sportler nicht dabei. Kurz zuvor hatten die USA wegen des sowjetischen Afghanistan-Einmarsches beschlossen, die 22. Olympischen Sommerspiele zu boykottieren. Es waren die ersten Spiele, die im kommunistischen Osten stattfanden. Nur drei europäische Staaten folgten der gegen die UdSSR gerichteten Maßnahmen: Deutschland, Norwegen und Albanien. Im deutschen Blätterwald ließ man anstelle einer deutlichen Kritik am US-Embargo rührige Stimmen von Sportlern zu Wort kommen, die die Welt – bzw. die Politiker in Washington und Bonn – nicht mehr verstanden. Der damals populäre Kapitän der deutschen Handballnationalmannschaft gab eine davon ab. Heiner Brand hatte 1978 mit seinem Team den Weltmeistertitel gefeiert. Nun ärgerte er sich über die Politik, die ihm die Aussicht auf olympisches Gold verwehrte: »Ein Boykott ist das Schlimmste, was man als Sportler erleben kann«, äußerte er sich gegenüber dem *Spiegel*.[109]

106 Gerlach in: Greiner u. a., S. 497

107 https://deutsche-wirtschafts-nachrichten.de/2014/06/27/usa-industrie-verbaende-lehnen-sanktionen-gegen-russland-ab (10.12.2023)

108 Autorenkollektiv, S. 21

109 https://www.spiegel.de/geschichte/olympia-boykott-1980-in-moskau-bauern-auf-dem-schachbrett-der-politik-a-5fff65a9-2bad-422e-aa9e-0574a9351829 (10.12.2023)

Auch Zehnkämpfer Guido Kratschmer, dem kurz vor Olympia ein neuer Weltrekord gelungen war, kochte vor Wut. »Mein Lebensziel ist mit dem Boykott weggefallen, das hat mich noch 20, 25 Jahre lang beschäftigt«, meinte er Jahrzehnte später zur *Süddeutschen Zeitung.*[110] Statt den Handballern der BRD siegten im Übrigen die deutschen Genossen von jenseits der Mauer. Im Finale schlug die DDR die Sowjetunion mit 23:22 und holte Olympiagold.

Gegen Kuba und Nordkorea

Das historisch am längsten anhaltende Handelsembargo ist jenes der USA gegen Kuba. Es ging – und geht bis heute – um die Souveränität der Karibikinsel. Als nach zweijährigem Guerilla-Kampf Fidel Castro mit seinen Mannen Anfang Januar 1959 den kubanischen Diktator Fulgencio Batista stürzte, erkannten die USA die neuen Machthaber auf Kuba noch an. Mit der im Mai desselben Jahres beschlossenen Agrarreform änderte sich das Verhältnis zwischen den USA und Kuba schlagartig. Die Reform begrenzte privaten Grundbesitz auf 400 Hektar Land, war also nicht zu knapp bemessen. Zu diesem Zeitpunkt besaßen wenige, meist US-amerikanische Großgrundbesitzer drei Viertel der landwirtschaftlich nutzbaren Fläche, auf der Zuckerrohr in Monokultur angebaut wurde. Ihnen standen Zigtausende Kleinstbauern gegenüber, die keinen eigenen Grund und Boden bewirtschaften konnten. Die Agrarreform verstaatlichte also den Großgrundbesitz und verteilte das Land an 150.000 Bauern.

Washington reagierte unmittelbar. Im Juli 1960 verhängten die USA einen Importstopp auf Zuckerrohr aus Kuba. Die Grundlage dafür bildete der »Trading with the Enemy Act« aus dem Ersten Weltkrieg.[111] Noch im selben Jahr erfolgte unter US-Präsident Dwight D. Eisenhower ein vollständiges Einfuhrverbot für alle kubanischen Waren. Am 3. Januar 1961 wurde der Wirtschaftskrieg gegen die Insel politisch untermauert, indem Washington die diplomatischen Beziehungen mit Havanna abbrach. Mit dem »Foreign Assistance Act« weiteten die USA die

110 https://www.sueddeutsche.de/sport/olympia-boykott-moskau-1980-40-jahre-1.4873416 (10.12.203)

111 Siehe Sidney Sauer, Die Wirksamkeit von Sanktionen anhand der Beispiele Südafrika, Irak und Kuba. Norderstedt 2015, S. 15

Sanktionen gegen Kuba zu einem totalen Embargo aus.[112] Im Jahr 1963 fror das US-Wirtschaftsministerium dann sämtliche kubanische Vermögen in den USA ein; das Handelsministerium verbot Reisen auf die Karibikinsel bzw. machte sie von einer speziellen Autorisierung abhängig. Zudem wurde Tochterfirmen von US-Unternehmen, die ihren Sitz außerhalb der USA hatten, jeder Wirtschaftskontakt mit Kuba verboten. Ziel war es, die mittlerweile klar kommunistisch orientierte Regierung zu Fall zu bringen und sie durch eine »demokratische« zu ersetzen, deren Führungsstruktur aus in die USA geflüchteten Emigranten bestehen sollte. Diese sollte dann, so dachten es sich die Machthaber im Weißen Haus, die kubanische Agrarreform rückgängig machen und die Insel wieder den Interessen des US-Kapitals unterwerfen.

Erste extraterritoriale Sanktionen wurden von George Bush dem Älteren im Oktober 1992 erlassen. Betroffen waren davon u.a. alle Schiffe, die in kubanischen Häfen anlegten. Sie durften innerhalb der nächsten 180 Tage die USA nicht anlaufen.[113] Der »Cuban Liberty and Democratic Solidarity Act« aus dem Jahr 1996 verschärfte die anti-kubanische Gangart nochmals mit extraterritorialen Wirtschaftssanktionen und dem expliziten Ziel, Kuba den Zugang zu internationalen Organisationen zu verunmöglichen. Damit stieß Washington allerdings bei seinen transatlantischen Partnern auf Widerstand. Die eben um drei neutrale Staaten erweiterte Europäische Union wehrte sich und verbot mit der Verordnung Nr. 2271/96 die Befolgung des US-Embargos.[114] Im November 2022 forderte die übergroße Mehrheit der Staaten auf einer UN-Generalversammlung – bereits zum x-ten Male – die Aufhebung der US-Blockade gegen Kuba. Außer den USA stimmte nur Israel dagegen.[115]

Als kaum bekannter Kollateralschaden der amerikanischen Blockadepolitik gegen Kuba brach im Jahr 1974/75 eine Hungersnot in Bangladesch aus. Das asiatische Land war ins Visier Washingtons geraten, nachdem es Jutelieferungen nach Kuba getätigt hatte. Weil dies, nach dem Selbstverständnis der US-Regierung, einen Bruch des exterritorial

112 Ebd.

113 Hoff, S. 48

114 Ebd., S 16; siehe auch: https://kuba.ahk.de/aktuelles/news-detail/wichtige-informationen-fuer-deutsche-investoren-in-kuba (15.12.2023)

115 https://amerika21.de/2022/11/260899/un-sieg-fuer-kuba-gegen-die-us-blockade (15.12.2023)

erlassenen Totalboykotts gegen Kuba darstellte, wurde Bangladesch mit einem Nahrungsmittelhilfeembargo belegt. Schätzungen zufolge starben eine Million Bangladescher für die Isolierung Kubas.[116]

Auch bei den mittlerweile fast zwei Jahrzehnte anhaltenden Wirtschaftssanktionen gegen Nordkorea geht es um die Souveränität eines kommunistischen, also dem Westen unangenehmen Landes. Diesmal war der Auslöser keine Landreform, weil dadurch US-amerikanische Großgrundbesitzer nicht betroffen waren. Es war die (angebliche) Bedrohung der internationalen Sicherheitslage durch Pjöngjang, die den UN-Sicherheitsrat am 4. Juli 2006 einstimmig die Resolution 1695 verabschieden ließ.[117] Kurz zuvor hatte Nordkorea einen Atombombentest gestartet. Die UNO reagierte darauf mit besagtem Sanktionspaket, das es allen Mitgliedern erlaubte, Schiffe aus und nach Nordkorea zu stoppen, um darauf nach Kriegsmaterial zu suchen. Das mag auf den ersten Blick verständlich sein, macht aber dennoch die politische Schlagseite des Sicherheitsrates der Vereinten Nationen deutlich, die nach dem Zusammenbruch der Sowjetunion mehr und mehr zu einem transatlantischen Klub verkamen.

Nordkorea hatte 2003 den Atomwaffensperrvertrag gekündigt. Es verstieß also nicht gegen diese internationale Vereinbarung, der z. B. Israel nie beigetreten war. Daran zeigt sich die Doppelbödigkeit der internationalen Politik. Spätestens seit 1967 war bekannt, dass Israel in der Negev-Wüste nahe der Stadt Dimona eine Atombombe entwickelt hatte.[118] Gegen Tel Aviv sind jedoch zu keiner Zeit ähnliche Sanktionen wie gegen Pjöngjang erlassen worden, ja es hat auch im Kalten Krieg keine diesbezüglichen Versuche gegeben. Und das, obwohl der Judenstaat vom Sechs-Tage-Krieg (1967) über den Jom-Kippur-Krieg (1973), den Libanonkrieg (1982) und den Kriegen gegen Gaza (ab 2009, verstärkt 2023/2024) ständig die Sicherheit einer ganzen Weltregion gefährdet. Nordkorea hingegen mag eine politisch abscheuliche Führung haben, Kriege hat es seit dem koreanischen Waffenstillstand vom 27. Juli 1953 nicht geführt.

116 Gerlach in: Greiner u. a., S. 498

117 http://unscr.com/en/resolutions/1695 (16.12.2023)

118 *Der Spiegel* vom 25. Januar 2004, siehe: https://www.spiegel.de/politik/das-phantom-von-dimona-a-bc50e085-0002-0001-0000-000029787350 (15.12.2023)

Hinter dem ersten UN-Embargo gegen Nordkorea, dem noch weitere folgen sollten, standen – wieder einmal – die USA. Washington hatte bereits 2005 die auf Macao beheimatete »Banco Delta Asia« aufgefordert, von Nordkorea benutzte Konten zu sperren, widrigenfalls die Bank vom US-Finanzmarkt ausgeschlossen würde. Daraufhin fror die »Banco Delta Asia« die Pjöngjang zugerechneten Konten ein.[119] Die EU doppelte nach und folgte den Anweisungen aus Washington. Ab 2013 verlängerte die UNO – nach weiteren Atomwaffenversuchen Nordkoreas – die Sanktionsliste. Ab sofort galten Kontrollen nordkoreanischer Handelsgüter zu Land und See als umfassend genehmigt. Drei Jahre darauf hagelte es weitere Einschränkungen. Nun durften Kohle, Eisen, seltene Erden und Gold nicht mehr in das »Land des Bösen« geliefert werden, wie US-Präsident George W. Bush (der Jüngere) die Halbinsel bereits 2002 in einem Atemzug mit Irak und Iran genannt hatte.

Es folgten Überflugverbote für nordkoreanische Maschinen, die erzwungene Schließung von Niederlassungen nordkoreanischer Unternehmen, die Aussetzung technischer und wissenschaftlicher Zusammenarbeit, Exportverbote nach Nordkorea sowie 2017 mit der UN-Resolution 2371 das Ende jeglicher wirtschaftlichen Zusammenarbeit.[120] Pjöngjang durfte nun nicht einmal mehr Textilien exportieren. Die Halbinsel sollte ausgehungert werden, was – traut man den westlichen Berichten – auch umfassend geschah.

Nach 1998 kam es Anfang 2019 wieder zu einer veritablen Hungersnot. Diese konnte auch durch die heuchlerische UN-Politik, dem unter extremen Sanktionen leidenden Land mittels einer Hilfsaktion Lebensmittellieferungen zur Verfügung zu stellen, nicht gelindert werden. Das von der UNO vorgesehene Spendenziel von 111 Millionen US-Dollar erfüllte die aufgerufene Staatengemeinschaft nur zu einem Viertel. »Obwohl der Sicherheitsrat humanitäre Aktivitäten klar von den Sanktionen ausgenommen hat, gibt es unbeabsichtigte Konsequenzen für humanitäre Operationen«, erklärte UN-Sprecher Stéphane Dujarric in

119 Béatrice Caroline Daumiller, Handelsembargo am Beispiel Nordkorea. Norderstedt 2011, S. 5

120 https://www.nzz.ch/international/nordkorea-krise-amerika-will-im-sicherheitsrat-oel-embargo-gegen-nordkorea-durchsetzen-ld.1314867 (15.12.2023); siehe auch die lange Liste unter: https://www.wko.at/aussenwirtschaft/sanktionen-nord-korea (15.12.2023)

gewundener Sprache den Tatbestand.[121] Ein Land ökonomisch zu ruinieren, um dann mit Spenden den daraus entstehenden Hunger abzuwehren, erinnert nicht nur an die lange Praxis des Kolonialismus, sondern reproduziert diesen in moderner Art und Weise.

Die Führung in Pjöngjang hat es freilich immer wieder geschafft, die mutmaßlich härtesten jemals von der UNO verhängten Sanktionen zu umgehen. Im folgenden Beispiel wird ein solcher Vorgang bildhaft dargestellt. Da verlässt der unter der Flagge von Sierra Leone segelnde Öltanker »New Konk« am 3. August 2021 eine chinesische Werft, sendet auf hoher See ein falsches Signal und verschwindet in der Folge vom Radar. Wenig später halten Aufnahmen eines Satelliten fest, wie die »New Konk« neben einem nordkoreanischen Tanker andockt, ganz offensichtlich, um das Erdöl umzupumpen.[122]

Kurz nach dem russischen Einmarsch in die Ukraine im Februar 2022 wurde für alle Welt sichtbar, was solche internationalen Sanktionen wert sind, wenn sich ein wichtiges Land nicht daran halten will; in diesem Fall Russland. Die versuchte wirtschaftliche Ruinierung Russlands durch die EU und die USA, auf die noch ausführlich eingegangen wird, hat dazu beigetragen, Nordkorea aus der internationalen Isolation zu hieven. Moskau und Pjöngjang unterschrieben im Jahr 2023 mehrere Partnerschaftsabkommen, die von Militärausrüstung über Energielieferungen bis zur »Wiederbelebung und Ausweitung der vielseitigen bilateralen Zusammenarbeit in verschiedenen Bereichen wie Handel, Wirtschaft, Wissenschaft und Technologie« reichen.[123]

Hinzuzufügen wäre noch, dass sich Russland bereits im April 2017 – damals stand es bereits seit drei Jahren unter dem noch relativ milden EU- und US-Sanktionsregime – gegen eine Verschärfung des Wirtschaftskrieges gegen Nordkorea ausgesprochen hatte. Als Grund gab Kreml-Sprecher Dmitri Peskow an, dass der US-amerikanisch-nordkoreanische

121 https://www.zeit.de/politik/ausland/2019-02/nordkorea-hungersnot-armut-lebensmittelmangel-uno-kim-jong-un (19.12.2023)

122 https://www.faz.net/aktuell/wirtschaft/wie-russland-und-nordkorea-die-sanktionen-umgehen-18008105.html (15.12.2023)

123 So hieß es auf einem Ministertreffen zwischen Yun Jong Ho und Alexander Kozlow Mitte November 2023, zit. in: https://www.zeit.de/politik/ausland/2023-11/russland-nordkorea-beziehungen-handel-wissenschaft (15.12.2023)

Streit um Raketentests Moskau auch deshalb sehr beunruhigt, weil Russland eine gemeinsame Grenze mit Nordkorea hat.[124]

Mit US-Sanktionen die Welt untertan machen

Die USA sind Weltmeister im Führen von Wirtschaftskriegen. US-Dollar und US-Army dienen Washington dabei als Instrumente, ihre Macht gegen schwächere Staaten und/oder Kapitalgruppen »argumentativ« zu untermauern. In anderen Worten: Washington erpresst spätestens seit dem Zweiten Weltkrieg jede Regierung, die ihm nicht genehm ist und sich trotz Mahnung widerspenstig verhält, das heißt: sich den Interessen amerikanischer Konzerne nicht beugt. Das dafür in Betrieb befindliche Instrumentarium reicht von Embargos und Wirtschaftssanktionen bis zum militärischen Einmarsch, der Zertrümmerung der feindlichen Infrastruktur und zur physischen Vernichtung des als Gegner identifizierten Regierungschefs.

Es ist nicht lange her, dass dies zwei Erdöl- und Erdgas-produzierende Länder schmerzlich zu spüren bekamen, deren Führungen die Dollar-Zwangsjacke abstreifen wollten. Saddam Hussein wurde nicht zuletzt für seine im Jahr 2000 getroffene Entscheidung, den Ölhandel auf Euro umstellen zu wollen,[125] von US-Schergen wie eine Ratte gejagt und im Jahr 2006 hingerichtet – und sein Land, der Irak, komplett zerstört. Muammar al-Gaddafi kam für ein ähnliches Ansinnen, nämlich anstelle des US-Dollars einen gemeinsamen Afro-Dinar herauszugeben, ins Fadenkreuz der USA. Washingtons Häscher lynchten den libyschen Revolutionsführer am 20. Oktober 2011. Die damalige US-Außenministerin Hillary Clinton kommentierte seine Ermordung in Abwandlung des Caesar zugeschriebenen Zitats »Veni, vidi, vici« mit den Worten: »Wir kamen, sahen und er starb«. Libyen ist seit Gaddafis Tod ein kaputtes Land.

Das Begehren zweier wichtiger, aber auf internationaler Bühne relativ schwacher Staaten, den US-Dollar abzuschütteln, und damit auch

124 https://www.derstandard.at/story/2000056182047/russland-lehnt-sanktionen-gegen-nordkorea-ab (15.12.2023)

125 https://deutsche-wirtschafts-nachrichten.de/516706/im-jahr-2000-erklaerte-saddam-hussein-dem-us-dollar-den-krieg (12.12.2023)

die Abhängigkeit von den USA, hätte Washington in große Bedrängnis gebracht. Wirtschaftliche Strafmaßnahmen, denen beide Länder seit Längerem ausgesetzt waren, führten nicht zum von den USA gewünschten Erfolg. Deshalb mussten beide Länder militärisch zerstört und ihre Führer ermordet werden.

Russland und Iran sind zu Redaktionsschluss dieses Buches die von der transatlantischen Achse USA–EU am heftigsten sanktionierten Länder. Vor dem Februar 2022, dem Einmarsch der russischen Armee in die Ukraine, führte der Iran statistisch die Sanktionierten-Liste mit 3616 aktiven Sanktionen seitens der USA, der UNO, der EU, Australiens, Kanadas, Israels und Indiens mit Abstand an. Seit Neuestem hat sich Russland als meistsanktioniertes Land an die Spitze dieser Statistik gestellt, die wiederum die USA mit 1660 Einzelsanktionen dominiert.[126]

Das Beispiel des Irak

Es war ein klassischer Fall von UN-Sanktionen. Als Saddam Hussein am 2. August 1990 fast 100.000 irakische Soldaten in Bewegung setzte, um den kleinen südlichen Nachbarn Kuwait zu überfallen, reagierte der Sicherheitsrat prompt mit der Resolution 661.[127] Diese verhängte ein totales Ein- und Ausfuhrverbot für den Irak und das besetzte Kuwait. Sie wurde in der Folge mehrfach bestätigt und verschärft und zerstörte den Irak in wirtschaftlicher, sozialer, politischer und kultureller Hinsicht.

Bagdad hatte die Annexion Kuwaits mit einer Reihe von Argumenten gerechtfertigt. Neben dem ökonomischen Zwist zwischen dem Irak und Kuwait um die Ausbeutung von Erdölfeldern dies- und jenseits der Grenze führte Bagdad insbesondere antikoloniale Gründe ins Feld. Kuwait, so die irakische Lesart, war seit 1875 Teil des osmanischen Vilâyets Basra gewesen und somit historisch gesehen irakischer Boden. Die heute noch in Erbmonarchie regierende Familie Al-Sabah nützte Ende des 19. Jahrhunderts die Schwäche des Osmanischen Reiches und schloss im Jahr 1899 ein Protektoratsabkommen mit dem Vereinigten Königreich. London übernahm – wie andernorts auch – die Oberherrschaft über

126 https://de.statista.com/infografik/27021/anzahl-der-derzeit-aktiven-sanktionen-nach-zielland/ (17.1.2024)

127 www.un.org/depts/german/sr/sr_90/sr661-90.pdf (18.12.2023)

das kleine Kuwait. Anfang August 1990 wollte Saddam Hussein dann das historische »Unrecht« beseitigen und gliederte Kuwait als 19. Provinz ins irakische Staatsgefüge ein.

Nach dem irakischen Einmarsch ging es Schlag auf Schlag. Eine UN-Resolution jagte die nächste. Mit der Resolution 650 wurden alle UN-Mitglieder verpflichtet, sämtliche Transportwege von und nach dem Irak zu blockieren. Mit Resolution 678 ermächtigte die UNO ihre Mitglieder zum militärischen Einsatz. Damit begann am 17. Januar 1991 die von den USA geführte Operation »Desert Storm«.[128] Es zeigte sich erneut, wie nahe Wirtschafts- und Schießkrieg beieinanderliegen. Knapp zwei Monate später konnte die kuwaitische Herrscherfamilie wieder in ihre Palais einziehen. Nach dem Waffenstillstand und dem Rückzug der Iraker hätte, theoretisch, die Sanktionsspirale eingerollt werden können. Doch die USA hatten anderes vor. Schon damals lag das Land am Boden, wie der UN-Sondergesandte Martti Ahtisaari feststellte: »Die meisten Mittel moderner Lebenshaltung sind zerstört oder geschwächt worden«, meinte er, und das Land sei »ins vorindustrielle Zeitalter zurückgebombt«.[129]

Zwischen 1990 und 2003, der endgültigen großen Schlacht im Zusammenhang mit dem US-»Krieg gegen den Terror«, verabschiedete der UN-Sicherheitsrat 40 Irak-Resolutionen. Bis zur physischen Liquidierung von Präsident Saddam Hussein starben am Sanktionsregime in diesen 13 Jahren ca. eine Million Menschen.[130] Die Resolution 687 vom 3. April 1991 enthält bereits Hinweise darauf, worum es den USA im Irak wirklich ging, nämlich um einen »Diktatfrieden, der in diesem Umfang und dieser Härte [...] keinem Land nach 1945 zugemutet worden ist«, wie es der Völkerrechtler Norman Paech formulierte.[131] Die UNO war zu jener Zeit zum Spielfeld der Großmacht USA und ihrer Partner geworden, während die potenzielle Vetomacht im Sicherheitsrat, die Sowjetunion, gerade mit ihrer Endzeit beschäftigt war und Boris Jelzin

128 Sidney Sauer, Die Wirksamkeit von Sanktionen anhand der Beispiele Südafrika, Irak und Kuba. Norderstedt 2015, S. 11

129 Ahtisaari-Report, in: S/22366 vom 20. März 1991; zit. in: Norman Paech, Das Scheitern der UNO im Irak-Konflikt und Möglichkeiten ihrer Stärkung; in: Rüdiger Göbel u. a. (Hg.), Der Irak. Krieg, Besetzung, Widerstand. Köln 2004, S. 78

130 https://www.reuters.com/article/world/middle-east/iraq-conflict-has-killed-a-million-says-survey-idUSL30488579/ (5.7.2024)

131 Paech in: Göbel u. a., S. 79

darum rang, die Präsidentschaft der Russischen Föderation zu erlangen. Es waren ideale geopolitische Voraussetzungen, um mittels fortgesetzter und verschärfter Sanktionen das Öl-reiche Land als Quasi-Protektorat unter die Kontrolle Washingtons zu stellen.

Besonders zynisch wirkte sich die UN-Resolution 986 aus, auf deren Grundlage im April 1995 das sogenannte Oil-for-Food-Programm aufgelegt wurde. Darin wurde dem Irak – unter ständiger Überwachung durch UN-Beamte und Bedrohung durch US-Militär – erlaubt, eine bestimmte Menge Erdöl (20 % der Exporte von vor dem Golfkrieg) auszuführen, um mit dem auf einem Treuhand-Konto befindlichen Geld Lebensmittel einzukaufen. Alle Einnahmen liefen über die Banque Nationale de Paris und von den 54 Milliarden US-Dollar, die im Zeitraum bis 2003 für Ölverkäufe eingegangen waren, kamen Lebensmittel für 28 Milliarden US-Dollar im Irak an. Hans-Christof von Sponeck, seit 1998 Leiter des Oil-for-Food-Programms, machte sich die Mühe, diese Summe in »Lebensqualität« – oder besser: in Sterberate – zu übertragen. Bei einer damaligen Bevölkerungszahl von 23 Millionen IrakerInnen entsprachen die Auszahlungen des UN-Programms 163 Euro pro Person und Jahr, davon 69 Euro für Nahrungsmittel, 15 Euro für Gesundheit und 4 Euro für Bildung. »Diese Beträge sind so erschreckend niedrig, dass man sie kaum glauben möchte«,[132] beschreibt von Sponeck das Sanktionsdesaster. Wie sein Vorgänger als Leiter des UN-Programms, Denis Halliday, trat auch von Sponeck aus Protest gegen die Sanktionspolitik des UN-Sicherheitsrates von seinem Posten zurück.

Wenn es ein Beispiel gibt, das die Wirkung von internationalen Wirtschaftssanktionen auf schaurige Weise zeigt, dann ist es der von Schießkriegen umrahmte 13-jährige Wirtschaftskrieg gegen den Irak des Saddam Hussein. Bereits bis Mitte der 1990er Jahre war das Bruttoinlandsprodukt in fünf Jahren um 76 % eingebrochen. Anfang 1994 lag die Inflationsrate bei 15.000 Prozent, nur jeder Vierte hatte Arbeit und zwei Millionen IrakerInnen verließen fluchtartig das Land.[133]

In einem *CBS*-Interview antwortete US-Außenministerin Madeleine Albright am 12. Mai 1996 auf die Frage, ob der Tod von mutmaßlich

132 Hans-Christof von Sponeck, Alternativen hat es gegeben! Die Irak-Politik der Vereinten Nationen 1990 bis 2003; in: Göbel u. a., S. 110

133 Sauer, S. 13

500.000 Kindern im Irak – mehr als in Hiroshima, wie die Moderatorin noch hinzufügte – es wert gewesen sei, die Sanktionspolitik zu betreiben. Albright antwortete, ohne zu zögern: »Es war eine schwierige Entscheidung, aber ich glaube, es war den Preis wert.«[134] Die ökonomische und soziale Zerstörung eines Landes, und darauf bezog sich Albright, denn der große Krieg 2003 stand noch bevor, inkludierte für Washington die Vernichtung einer ganzen Generation bereits im Kindesalter. Die Kindersterblichkeit im Irak stieg zwischen 1990 und 1999 einem UNICEF-Bericht zufolge um 160 %, die höchste Rate von den 188 untersuchten Ländern.[135]

Am 20. März 2003 überfiel dann die US-Army mit 300.000 Soldaten einer »Koalition der Willigen« ohne UN-Mandat den bereits wirtschaftlich völlig am Boden liegenden Irak und installierte bis 2011 ein Besatzungsregime, von dem sich das Land für Generationen nicht erholen wird.

Der Fall des Youssef Nada

Er war erschöpft, als er spätabends im Herbst 2002 in die Suite eines Londoner Hotels zurückkehrte. Über eine Stunde hatte er im Studio des katarischen TV-Senders *Al Jazeera* Rede und Antwort gestanden und sich danach über den stockenden Verkehr in der englischen Hauptstadt aufgeregt. Die Debatte im Fernsehen ging um seine Erfahrungen als Buhmann der US-Behörden, die ihn als Terrorfinancier von al Kaida hinzustellen versuchten. Auf der Liftfahrt nach oben kramte er den digitalen Türöffner aus seiner Jackentasche, um ihn schnell bei der Hand zu haben. Doch die Tür zu seiner Suite ging nicht auf. Verärgert fuhr er zur Rezeption hinunter, wo ihm die Concierge einen Ersatzschlüssel übergab. Als er wieder in den Aufzug stieg, um in den fünften Stock zu fahren, erwarteten ihn bereits vier Männer, stürzten sich auf ihn und drängten ihn in sein Zimmer. Dort angekommen, durchsuchten die Männer,

134 Madeleine Albright im CBS-Interview am 12. Mai 1996, siehe: https://www.youtube.com/watch?v=1T5JRVR53Eo (18.12.2023)

135 Deutsches Komitee für UNICEF (Hg.), Der Start ins Leben: zur Situation der Kinder in der Welt 2001. Frankfurt/Main 2001, zit. in: Hans-Christof von Sponeck, Ein scharfes Schwert trifft die Falschen: Wirtschaftssanktionen in den internationalen Beziehungen. In: Ulrich Albrecht u. a., Das Kosovo-Dilemma. Schwache Staaten und Neue Kriege als Herausforderung des 21. Jahrhunderts. Münster 2002, S. 157

die sich als Agenten von Scotland Yard ausgaben, alle seine Sachen und stellten ihn unter Arrest.[136]

Youssef Nada war Bankier und besaß mehrere Firmen, die sich mit dem Export von Zement nach Libyen und Saudi-Arabien beschäftigten. Seine Al-Taqwa-Bank hatte ihn zu einem reichen Mann gemacht. Geboren 1931 im ägyptischen Alexandria, schloss er sich als 17-jähriger Student der Muslimbruderschaft an, wofür er Mitte der 1950er Jahre im nasseristischen Ägypten ins Gefängnis ging. Nach seiner Emigration nach Europa widmetet er sich, sehr erfolgreich, den Geschäften.

An diesem besagten Tag seiner Festnahme im Londoner Hilton-Hotel musste er erfahren, dass die USA ihn auf eine Sanktionsliste gesetzt hatten, von deren Existenz er – und die allermeisten anderen Menschen auf der Welt – nichts wusste. Es war eine Liste der UNO, auf die UN-Mitgliedsstaaten Personen setzen konnten, die sie des Terrors oder der Terrorunterstützung verdächtigten. Die USA machten immer wieder mal davon Gebrauch. Bevor Youssef Nada auf diese schwarze Liste kam, hatte ihn US-Präsident George Bush der Ältere am 7. November 2001 öffentlich vor Fernsehkameras beschuldigt, über seine Bank al Kaida finanziell zu unterstützen. Der Wink dazu kam vom »Office for Foreign Assets Control« (OFAC), das die Schweiz und Italien bereits wenige Tage nach dem 11. September 2001 aufforderte, die Guthaben der Al-Taqwa-Bank einzufrieren und die Unterlagen zu beschlagnahmen.[137]

Ein Verdacht reichte aus, für OFAC sowieso, aber auch dafür, um auf die UN-Sanktionsliste zu kommen. Man hätte sich ja fragen können, warum ein gläubiger Sunnit, der den Muslimbrüdern nahestand, ausgerechnet al Kaida, einen irredentistischen Ableger des Salafismus, unterstützen sollte. Doch für Nachdenken war im Furor des »Kampfes gegen den Terror« keine Zeit. Ein Verfahren gab es nicht, weder bevor noch nachdem man auf die Liste gesetzt worden war. Zum Zeitpunkt, als Youssef Nadas Name dort auftauchte, existierte nicht einmal eine Stelle, bei der man sich darüber beschweren konnte. Die UNO ist eine Staatengemeinschaft, einzelne Personen konnten keine Eingaben machen. Aufgedeckt wurde dieser Missstand übrigens vom Tessiner Ständerat Dick Marty,

136 Victor Kocher, Terrorlisten. Die schwarzen Löcher des Völkerrechts. Wien 2011, S. 27f.

137 Ebd., S. 34

der sich als Sonderbeauftragter des Europarates, dem er auch als Abgeordneter angehörte, bei den Ermittlungen gegen geheime Gefängnisse und Transporte der CIA, in denen verdächtige Muslime von US-Schergen gefoltert wurden, einen Namen gemacht hatte.

Während seiner Festnahme informierten die Beamten von Scotland Yard Youssef Nada darüber, dass er auf der schwarzen Liste der UNO stünde und aus Großbritannien ausgewiesen werde. Sein Pass wurde ihm entzogen, was die Rückkehr in seinen italienischen Heimatort Campione zu einer abenteuerlichen Reise machte. Und als er an der Rezeption des Hilton-Hotels seine Rechnung bezahlen wollte, musste er feststellen, dass auch seine Kreditkarten gesperrt worden waren. Einzig das Flugticket nach Mailand hatte er in der Tasche. Von dort nahm er seinen Pkw und hoffte darauf, an der italienisch-schweizerischen Grenze keine Schwierigkeiten zu bekommen. Sein Wohnort Campione d'Italia liegt nämlich als italienische Exklave mitten im Schweizer Tessin. Die Schweiz ließ Nada durchreisen, befolgte aber anschließend die durch die UN-Sanktionen vorgegebenen Reisebeschränkungen, was den Bankier, der freilich auch seine Bank verlor, in der italienischen Exklave festsetzte. Ein fünf Jahre später, 2007, eingebrachtes Ansuchen um Aufhebung der Reisebeschränkungen, wurde vom schweizerischen Bundesgericht abgelehnt. Erst 2009 strich die UNO Youssef Nada von der schwarzen Liste, ohne dass je eine Anhörung oder Sonstiges stattgefunden hätte. Der Europäische Gerichtshof für Menschenrechte verurteilte im Jahr 2012 die Schweiz, weil sie Nadas Recht auf Achtung des Privat- und Familienlebens verletzt hätte und sprach ihm 30.000 Schweizer Franken als Entschädigung zu.[138]

Im Jahr 2024 bewirbt der mittlerweile 93-jährige Youssef Nada seine auf Englisch erschienene Autobiographie »Inside Muslim Brotherhood«.[139]

Im Visier des Wertewestens: Jugoslawien

Im Zerfallsprozess der Sozialistischen Föderativen Republik Jugoslawien setzte der Westen, angetrieben durch die Bundesrepublik Deutschland

138 https://jusletter.weblaw.ch/juslissues/2012/678/_10628.html__ONCE&login=false (18.1.2024)
139 http://www.youssefnada.ch/ (18.1.2024)

und Österreich, auf die sezessionistischen Kräfte Kroatiens und Sloweniens, später der bosnischen Muslime und der Kosovoalbaner. Dies ist insofern bemerkenswert, als es in anderen Fällen postkommunistischer staatlicher Auflösungserscheinungen völlig umgekehrt war. So unterstützten die USA und Westeuropa die georgische Zentralgewalt gegen abtrünnige Bewegungen in Abchasien, Südossetien und Adscharien. Auch im kleinen Moldawien positionierte sich der Westen von Anfang an gegen die transnistrischen Sezessionisten; ganz zu schweigen von der massiven Unterstützung der Kiewer Regierung durch USA und EU im Kampf um abtrünnige Regionen im Donbass und auf der Krim.

Die Werte des Westens orientieren sich also nicht daran, grundsätzlich jenen zu Hilfe zu kommen, die unter zentralstaatlicher Gewalt leiden, weil diese ethnisch und/oder kulturell motivierte Repression gegen Minderheiten ausübt. Vielmehr sind es geopolitische und wirtschaftliche Interessen, denen der Wertewesten folgt, wenn er in fremden Gegenden interveniert.

Im Falle Jugoslawiens drängte vor allem Berlin darauf, alle nationalen und religiösen Gruppen, die eine Zerschlagung des Vielvölkerstaates anstrebten, zu unterstützen.[140] Das kleine Österreich leistete dazu außenpolitische Schützenhilfe, während die USA und Frankreich im Laufe des Jahres 1991 erst davon überzeugt werden mussten, sich eindeutig gegen Serbien zu stellen.

Die Geschichte der anti-serbischen Wirtschaftssanktionen beginnt im Jahr 1991. Bereits Anfang März, noch Monate vor der am 25. Juni 1991 erklärten kroatischen (und slowenischen) Unabhängigkeit, kam es zu militärischen Auseinandersetzungen. Schauplatz war die auf kroatischem Staatsgebiet liegende Stadt Pakrac. Anfang des 18. Jahrhunderts errichteten die Habsburger in dieser Gegend die slawonische Militärgrenze gegen das Osmanische Reich und siedelten dort serbische Bauern an. Pakrac war also fast 300 Jahre lang von SerbInnen bewohnt, als nationalistische Kroaten am 2. März 1991 in die Stadt eindrangen und örtliche Polizisten dazu zwingen wollten, auf ihrem Gebäude die kroatische Schachbrettfahne zu hissen. Als sich diese weigerten, ihre Polizeistation mit der noch aus der faschistischen Ustascha-Ära bekannten

140 Vgl. dazu: Hannes Hofbauer, Balkankrieg. Zehn Jahre Zerstörung Jugoslawiens. Wien 2001

Flagge zu versehen, eröffneten die Männer der »kroatischen Nationalgarde« das Feuer. Die ersten Verwundeten in den Kriegen um Jugoslawien waren serbische Polizisten aus Pakrac.[141] Daraufhin rückte die jugoslawische Volksarmee in Pakrac ein und besetzte die neuralgischen Punkte des Städtchens.

In den Folgemonaten eskalierten die Kämpfe zwischen der »kroatischen Nationalgarde« und Einheiten der »Republik Serbische Krajina«, die sich aus Serben der ehemaligen Militärgrenze rekrutierten. Die jugoslawische Volksarmee, die sich anfangs noch um Schlichtung bemüht hatte, stellte sich nach der Demobilisierung nicht-serbischer Soldaten bald gegen die (kroatischen und später bosnisch-muslimischen) Sezessionisten. Der Schießkrieg um den Zerfall Jugoslawiens sollte acht Jahre, bis Juni 1999, andauern.

Am 8. November 1991 war es die Europäische Gemeinschaft (EG) mit ihren zwölf Mitgliedern, die erste Sanktionen gegen Jugoslawien verhängte. Deutschland hatte zu diesem Zeitpunkt die Unabhängigkeit Kroatiens und Sloweniens noch nicht einmal anerkannt, als Handelssanktionen vor allem den serbischen Textilsektor trafen. Am 30. Mai 1992 verabschiedete der UNO-Sicherheitsrat die Resolution 757,[142] die ein allgemeines Embargo vorsah. Damit wurde Jugoslawien in wirtschaftlicher, verkehrstechnischer, kultureller und sportlicher Hinsicht isoliert. Ab sofort mussten alle UN-Mitgliedsstaaten ein vollständiges Ein- und Ausfuhrverbot nach und von Jugoslawien (Serbien und Montenegro) beachten und durften keine Finanz- und Wirtschaftsbeziehungen mit dem sanktionierten Staat aufrechterhalten. Wieder einmal trug die Schwäche Russlands unter Boris Jelzin zu den Sanktionen bei, der es versäumte, das Vetorecht seines Landes gegen die transatlantische Hegemonie zum Einsatz zu bringen.

Die Auswirkungen der Sanktionen gegen Jugoslawien waren drastisch und betrafen auch Hunderttausende Gastarbeiter. Da keine Banktransfer-Möglichkeiten nach Jugoslawien mehr existierten, waren alle Serbinnen und Serben, die ihr Arbeitsleben oder Teile davon in Deutschland oder Österreich verbracht hatten, gezwungen, auf Bargeldtransporte

141 https://devedesete.vip/en/events/clash-in-pakrac/ (4.1.2024)

142 https://unsanctionsapp.com/cases/former-yugoslavia-i/episodes/formeryugoslavia1-ep-2 (4.1.2024)

umzusteigen, wenn sie beispielsweise ihre Familien in Belgrad, Novi Sad oder Budva unterstützen wollten. Insbesondere für RentnerInnen, die ihren Lebensabend in Serbien oder Montenegro verbrachten, war die Erschwernis extrem. Sie hatten von dort aus keinen Zugriff auf ihre Konten in der Europäischen Gemeinschaft und mussten Monat für Monat die Reise – oft durchs Kriegsgebiet – in Bussen oder mit der Bahn antreten, um z. B. in Wien ihre monatliche Pensionszahlung abzuheben. Die Züge von Wien nach Belgrad waren gefürchtet, denn in Ungarn galten sie kriminellen Gruppen als leichte Beute. Überfälle auf serbische Pensionisten waren an der Tagesordnung bzw. fanden meist in der Nacht statt. Die ungarischen Behörden schauten weg. Das UN-Embargo traf die Schwächsten.

Aber nicht nur. Eingefrorene Konten, gestrandete Schiffe der jugoslawischen Handelsmarine in den Häfen der Welt, ein rapide fallendes BIP (von 24 Milliarden US-Dollar im Jahr 1990 auf 10 Milliarden US-Dollar im Jahr 1993) und eine um sich greifende Armut, die Hunderttausende mehrheitlich gut ausgebildete Menschen in die Emigration trieb, waren sichtbare Zeichen eines durch die Sanktionspolitik betriebenen Zusammenbruchs. Im Januar 1994 erreichte die monatliche Inflation die Weltrekordmarke von 313 Millionen Prozent. Der 500-Millionen-Dinar-Schein mit elf Nullen ging in die Geschichte ein.

Nach der Unterzeichnung des Abkommens von Dayton im Dezember 1995, mit dem der Krieg in Bosnien-Herzegowina beendet wurde, hob die UNO die Sanktionen gegen Belgrad auf, allerdings nur für kurze Zeit. Denn in der ersten Jahreshälfte 1998 gingen die wirtschaftlichen Zwangsmaßnahmen wieder los. Diesmal blies Brüssel zum Angriff auf Belgrad. Wegen Unruhen im Kosovo verordnete die Europäische Union ein Flugverbot für die serbische Airline JAT. Kurz darauf griffen die 19 NATO-Staaten unter der Führung der USA (Rest)Jugoslawien am 24. März 1999 an und bombardierten das Land während 78 Tagen und Nächten. Weil es nicht gelang, damit den serbischen Präsidenten Slobodan Milošević zu stürzen, blieben die Sanktionen auch nach dem Ende der westlichen Militärintervention aufrecht. Den ganzen Sommer 2000 hindurch wurde von der EU an schwarzen Listen für unliebsame Personen und Unternehmen gebastelt, Handelsverbote ausgesprochen und jeder ökonomische Kontakt zum (ehemaligen) Kriegsfeind mit Argusaugen überwacht.

Zusätzlich zu den schwarzen Listen erstellte man weiße Listen mit Menschen und Firmen, denen man eine Westorientierung zugestand. Nur wenige Personen fanden Eingang in diese »Liste der Braven«.[143]

Wie unwichtig das Gerede von der nationalen Selbstbestimmung (der Kroaten, Muslime und Kosovoalbaner) war – mittlerweile hatten alle ihre Staatlichkeit durchgesetzt oder zumindest wie im Falle des Kosovos die serbische Oberhoheit abgestreift –, zeigte sich dann in dem Moment, als die Sanktionen beendet wurden. Drei Tage, nachdem Milošević in Folge von Massendemonstrationen am 6. Oktober 2000 zurückgetreten war, hoben die Granden der Europäischen Union die Sanktionen gegen Serbien auf. Milošević verstarb am 11. März 2006 – nachdem ihm medizinische Hilfe verweigert worden war – in der Haftanstalt des Jugoslawien-Tribunals im niederländischen Den Haag, wohin er fünf Jahre zuvor verbracht worden war.

Brüssel folgt Washington: Die versuchte Isolierung des Iran

Zigtausende Gefangene, Tausende Getötete. Der iranische Geheimdienst SAVAK unterdrückte in den 1960er- und 1970er Jahren jede politische Opposition im Keim. Das Schah-Regime sollte nie wieder durch sozialistische oder nationalistische Bewegungen in Bedrängnis geraten. Dafür war im August 1953 der gewählte Premierminister Mohammad Mossadegh mit Unterstützung US-amerikanischer und britischer Geheimdienste gestürzt und vor Gericht gestellt worden, weil er es gewagt hatte, die wichtigste Ressource des Landes, das Erdöl, zu verstaatlichen. Der Streit ging um die »Anglo-Persian Oil Company« (APOC), in die sich die britische Regierung 1914 mit 51 % eingekauft hatte. Die APOC handelte sich in der Zwischenkriegszeit schier unglaubliche Bedingungen für die Ausbeutung der persischen Ölfelder aus. Der Vater des von 1941 bis 1978 regierenden Schahs, Reza Schah Pahlavi (1878–1944), war den im Kolonialstil auftretenden Briten großzügig entgegengekommen. Ganze 4 % Gewinnsteuer musste die APOC im Iran abführen; und die 1933 vereinbarte »Konzession« war auf 60 Jahre ausgelegt. Nachdem sich die

143 Hofbauer, Balkankrieg, S. 205/206

britischen Eigentümer weigerten, den Iran prozentuell mit Anteilen an der Ölförderung zu beteiligen, verstaatlichte die Regierung Mossadegh im Jahr 1951 den britischen Ölmonopolisten. Der daraufhin 1953 durchgeführte Putsch gegen den Ministerpräsidenten brachte ihn ins Gefängnis und später in den Hausarrest, den er zeitlebens nicht mehr verlassen durfte. Die Ölfördergesellschaft kam wieder unter britische Kontrolle. Ihr Name wurde auf »British Petroleum« (BP) geändert.

Soweit die kurze Vorgeschichte zur »Islamischen Revolution«, die 1978 mit dem Schah-Regime Schluss machte und statt einer sozialistischen oder nationalistischen eine islamische Republik gründete. Schah Mohammad Reza Pahlavi floh am 16. Januar 1979 außer Landes und fand in den USA einen großräumigen Unterschlupf. Die Forderung der neuen, islamischen Führung in Teheran, den für Tausende politische Morde verantwortlichen Monarchen auszuliefern, unterstrichen Ajatollah-treue Studenten im November 1979 mit der Besetzung der US-Botschaft in der iranischen Hauptstadt. Ein militärischer Befreiungsversuch der als Geiseln genommenen Amerikaner durch US-Soldaten – die »Operation Adlerkralle« – scheiterte im Wüstensand. Unmittelbar darauf, im Mai 1980, startete Washington den Wirtschaftskrieg gegen die Islamische Republik.[144] Seit damals überziehen US-Amerika und später EU-Europa das Land mit Sanktionen und Blockaden. Dazu gehören das Einfrieren von staatlichen und privaten Vermögen, Einreisesperren (auch zu UN-Versammlungen in Washington), Handelsboykotte und vor allem Sekundärsanktionen gegen europäische Partner, die sich den US-Zwangsmaßnahmen nicht anschließen woll(t)en.

Besonders drastisch trafen diese Sekundärsanktionen, die US-Recht über alle anderen Rechtssysteme stellen, die französische Großbank »BNP Paribas«. Weil die französischen Banker das US-Embargo gegen den Iran ignoriert hatten (und auch jenes gegen Kuba und den Sudan), wurden sie Ende Juni 2014 zu einer Rekordstrafe in der Höhe von 8,9 Milliarden US-Dollar verdonnert.[145] US-Justizminister Eric Holder zeigte sich zufrieden: »Wir ziehen die Bank zur Verantwortung«, meinte er. »Das

144 https://iranjournal.org/dossiers/iranische-wirtschaft-unter-sanktionen (6.1.2024)

145 https://www.handelsblatt.com/finanzen/banken-versicherungen/banken/rekordstrafe-in-den-usa-bnp-paribas-zahlt-fast-neun-milliarden-dollar/10130738.html (6.1.2024)

ist ein starkes Signal an alle Institutionen, die Geschäfte in den USA machen: Illegales Verhalten wird nicht geduldet.«[146]

Nach wochenlangen Verhandlungen mit der US-Justiz hatten die Franzosen der Erpressung nachgegeben, die ihr Bankhaus vom US-Markt ausgeschlossen und wohl auch zur Beschlagnahme ihrer Einlagen geführt hätte. Paribas-Chef Jean-Laurent Bonnafé kroch vor dem US-Justizminister zu Kreuze und erklärte: »Wir bedauern die zurückliegenden Verfehlungen sehr.«[147] Im Falle der Nichteinigung hätten dem französischen Chefbanker auch persönliche Konsequenzen gedroht. Die Höchststrafe für Vergehen gegen US-Wirtschaftssanktionen beträgt 30 Jahre Haft. Wer einmal ins Visier des »Office of Foreign Assets Control« (OFAC),[148] die dem Washingtoner Finanzministerium unterstehende Einrichtung zur Durchsetzung von Wirtschaftssanktionen, gekommen ist, tut gut daran, dem Druck nachzugeben und um Verzeihung zu bitten.

Ein souveräner, von transatlantischen Interessen unabhängiger Iran, wurde von Washington mit aller Vehemenz bekämpft. War es in den 1950er Jahren die »Nationale Front« des Mohammed Mossadegh und in den 1980er Jahren die islamistische Ausrichtung des von Mullahs geführten Gottesstaates, die Geheimdienste und Wirtschaftskrieger auf den Plan riefen, so zeigte sich das Weiße Haus ab den 2000er Jahren besorgt um die fortschreitende ökonomische und technologische Unabhängigkeit des Landes. Ab 2006 begannen die USA, iranische Handels- und Finanzbeziehungen in der Welt zu torpedieren. Als Argument diente ihnen dabei eine angebliche Terrorfinanzierung durch das iranische Außenministerium. Das führte u.a. dazu, dass die großen westlichen Versicherungsgesellschaften Lloyd's, Munich Re und Allianz keine Verträge mehr mit iranischen Schifffahrtsgesellschaften abschlossen.[149]

Zum Vorwurf der Terrorunterstützung, mit dem die Wirtschaftssanktionen gerechtfertigt wurden, kam bald das Gerücht, Teheran wolle die Atombombe bauen. Als wichtige Zäsur dafür mag die Eröffnung des Kernkraftwerkes Buschehr im August 2010 gelten. Sogleich wurde von

146 Zit. in: https://www.zeit.de/wirtschaft/unternehmen/2014-07/bnp-paribas-muss-zahlen (6.1.2024)

147 https://www.compliancedigital.de/ce/rekordstrafe-gegen-bnp-paribas-verhaengt/detail.html (6.1.2024)

148 https://www.swp-berlin.org/publikation/extraterritoriale-us-sanktionen (10.1.2024)

149 Nils Ole Oermann/Hans-Jürgen Wolff, Wirtschaftskriege. Geschichte und Gegenwart. Freiburg/Br. 2019, S. 165/166

US-Seite der Verdacht ausgestreut, mit der Entwicklung der Kernenergie könnten die Mullahs waffenfähiges Plutonium herstellen und würden – im Geheimen – an einem Atomwaffenprogramm arbeiten. Um dies zu verhindern, wurde mit Teheran nach jahrelangen Verhandlungen 2015 ein Atomabkommen abgeschlossen, in dem sich der Iran verpflichtete, engmaschige Kontrollen seitens der in Wien ansässigen Internationalen Atomenergiebehörde zuzulassen und damit seine atomare Forschung auf die friedliche Nutzung zu beschränken. Neben dem Iran stimmten die USA, Frankreich, Großbritannien, Deutschland, Russland und China dem Deal zu, der auch vom UN-Sicherheitsrat in der Resolution 2231 (2015) angenommen wurde. Die USA unter Barack Obama setzten daraufhin die Sanktionen außer Kraft.

Mit der Amtseinführung von Donald Trump zog ein neuer, rauer Wind durchs Weiße Haus. Trump ließ sich bereits in seinem Wahlkampf vom israelischen Ministerpräsidenten Benjamin Netanjahu inspirieren, der den Atomdeal mit dem Iran von Anfang an als höchst gefährlich bezeichnet und den Iran als Terrorstaat denunziert hatte. Die am 8. Mai 2018 erfolgte Kündigung des Atomabkommens durch Trump brachte neue Wirtschaftssanktionen gegen Teheran mit sich. Auch die Sekundärmaßnahmen gegen europäische Firmen traten wieder in Kraft. Mühsam aufgebaute Handelsbeziehungen und erste Auslandsinvestitionen, die seit dem Atomdeal wieder möglich geworden waren, standen plötzlich wieder unter dem Damoklesschwert Washingtons. Das Wirtschaftsembargo galt unter anderem für folgende Sektoren: Banken und Versicherungen, den gesamten Energiesektor (Erdöl, Erdgas, Petrochemie), Automobil, Häfen, Schifffahrt, Schiffbau und viele andere Bereiche.[150] Auf Wunsch der nun von Trump geführten US-Politik sollte der Iran ausgehungert und damit das iranische Regime gestürzt werden. Die Massenproteste ließen zwar auf sich warten, eskalierten aber im September 2022, konnten den Sturz der Mullahs jedoch nicht bewirken.

Die Reaktion der Europäischen Union auf den neuerlichen von den USA ausgerufenen Wirtschaftskrieg gegen den Iran und insbesondere dessen Auswirkungen auf die mittlerweile in Gang gekommenen europäisch-iranischen Beziehungen war überraschend, wenngleich in der

150 *Börsen-Zeitung* vom 30. Juni 2018

Folge wirkungslos. In einer gemeinsamen Erklärung der »Hohen Vertreterin für die EU-Außenpolitik«, Federica Mogherini, sowie den Außenministern Frankreichs, Deutschlands und Großbritanniens hieß es am 6. August 2018 in Richtung Washington: »Wir bedauern es zutiefst, dass die USA aufgrund ihres Rückzugs aus der Nuklearvereinbarung mit Iran (JCPoA) nun erneut Sanktionen verhängen. Wie die Internationale Atomenergie-Organisation (IAEO) in elf aufeinanderfolgenden Berichten bestätigt hat, funktioniert das Nuklearabkommen und erfüllt seinen Zweck, nämlich zu gewährleisten, dass das iranische Programm weiterhin ausschließlich friedlichen Zwecken dient. [...] Wir sind entschlossen, europäische Wirtschaftsakteure, die in Iran rechtmäßig und im Einklang mit EU-Recht und der Resolution 2231 des UN-Sicherheitsrats tätig sind, zu schützen. Deshalb tritt am 7. August (2018, d. A.) die überarbeitete Blocking-Verordnung der Europäischen Union in Kraft, um EU-Unternehmen, die in Iran rechtmäßig geschäftlich tätig sind, vor den Auswirkungen der extraterritorialen US-Sanktionen zu schützen. [...] Die Aufrechterhaltung des Nuklearabkommens mit Iran ist eine Frage der Achtung internationaler Vereinbarungen und der internationalen Sicherheit.«[151]

Die EU und ihre wichtigsten Mitgliedsländer waren also entschlossen, ihre im Iran tätigen Unternehmen »vor den Auswirkungen der extraterritorialen Sanktionen zu schützen«. Das erinnert ein wenig an das Jahr 1982, als die Europäische Gemeinschaft US-amerikanische Wirtschaftssanktionen gegen die Sowjetunion ablehnte. 1982 setzte sich Brüssel mit seinem Widerstand durch, 2018 sollte dies nicht gelingen.

Die Rettung des Atomdeals mit Teheran scheiterte ebenso wie die Versuche wirtschaftlicher Selbstbehauptung der Europäischen Union. Und das, obwohl die EU mit Verve, Gesetzen und sogar – geringen – finanziellen Mitteln gegen die Sekundärsanktionen der USA vorging. In seiner Verordnung 2271/96 untersagte es der Europäische Rat Unternehmen und Einzelpersonen, die US-Sanktionen gegen den Iran zu befolgen.[152] Das war eine weitreichende, direkt gegen den in Brüssel ungeliebten Donald Trump gerichtete Maßnahme. Mit einem Hilfspaket in der

151 https://at.ambafrance.org/Gemeinsame-Erklarung-zur-Wiedereinfuhrung-von-US-Sanktionen-gegen-Iran (10.1.2024)

152 https://www.swp-berlin.org/publikation/extraterritoriale-us-sanktionen (10.1.2014)

Größenordnung von 50 Millionen Euro sollte konkreten iranisch-europäischen Wirtschaftsprojekten unter die Arme gegriffen werden, damit sie die Drohungen Washingtons, vom US-Markt ausgeschlossen und mit hohen Geldstrafen belegt zu werden, überstehen konnten. Wie sich herausstellte, verhielt es sich damit wie mit einem Tropfen auf den heißen Stein. Und die Versuche Frankreichs und Deutschlands, einen Zahlungsmechanismus jenseits des US-Dollars für Iran-Geschäfte aufzubauen, versandeten bald. All diese Maßnahmen waren dem Druck der USA nicht gewachsen, deren Wirtschaftskrieg gegen missliebige Regierungen vom »Trading with the Enemy Act« aus 1917 bis zum »Export Controls Act« aus 2018 auf einer Unzahl von gesetzlichen Grundlagen beruhte, die dem Präsidenten alle Vollmachten in die Hand gab (und gibt).[153]

Anfang 2024 ist die auch von der EU geführte Liste der Iran-Sanktionen mehrere Seiten lang und umschließt Dutzende Verordnungen. Unternehmensverbände und Wirtschaftskammern sind damit beschäftigt, die jeweiligen Verschärfungen zu publizieren und ihre Mitglieder zu beraten.[154]

Der Iran bewegt sich mittlerweile, nicht zuletzt durch die transatlantisch verordneten antirussischen Sanktionen, von Europa weg hin zum eurasisch-chinesischen Raum. Seit dem 1. Januar 2024 ist er Mitglied der Staatenvereinigung BRICS+.

153 Ebd.

154 Siehe z. B. hier: https://www.wko.at/aussenwirtschaft/sanktionen-iran#heading_personenlisten_finanzsanktionen (12. 1. 2024)

Russland ruinieren

Europas und Amerikas neuer wirtschaftlicher Feldzug

Westliche Wirtschaftssanktionen gegen Russland sind seit über hundert Jahren zu einer historischen Konstante geworden. Waren es unmittelbar nach der Oktoberrevolution die USA, die den Kommunismus auf diese Weise niederringen wollten, so wiederholte sich der Versuch des ökonomischen Aushungerns nach dem Zweiten Weltkrieg mit den COCOM-Maßnahmen auf höherem Niveau. Später kämpfte Washington mittels Boykotts deutsch-sowjetischer Erdgas-Röhren-Geschäfte oder einem Weizenembargo gegen das größte Land der Welt. Im sowjetischen Zerfallsprozess der 1990er Jahre bedurfte es keiner weiteren Störfeuer von außen, bis sich Russland im neuen Jahrtausend unter Präsident Wladimir Putin wieder einigermaßen konsolidierte.

Die ersten Schritte neuerlicher ökonomischer Angriffe gegen Moskau kamen auf ganz leisen Sohlen und waren als solche kaum erkennbar. Auch gingen sie nicht von den USA aus, sondern von EU-Europa, wobei sich insbesondere Schweden und Polen ins Zeug legten, um Russland zu schwächen.

Als sich am 7. Mai 2009 anlässlich der tschechischen Ratspräsidentschaft die Granden der Europäischen Union in Prag trafen, dachte kaum jemand daran, dass dereinst dieses Datum als Auftakt zu einem wahrhaften Wirtschaftskrieg gegen Russland in das eine oder andere Geschichtsbuch eingehen könnte. Wiewohl, ahnen hätte man es bereits können, dass die dort gefassten Beschlüsse des EU-Rats unruhige Zeiten heraufbeschwören würden. An diesem 7. Mai 2009 fand der Gründungsgipfel der »Östlichen Partnerschaft« statt, die ein Jahr zuvor von Brüssel aus in die Wege geleitet worden war.

Nach der Eingliederung Rumäniens und Bulgariens in die Europäische Union im Jahre 2007 plante die »Östliche Partnerschaft« weitere wirtschaftliche Ausgriffe in Richtung Osten. Konkret sollten sechs exsowjetische Republiken aus dem Einflussbereich Moskaus herausgelöst werden, indem man ihnen Angebote zu einer wirtschaftlichen – und teilweise militärischen – Anbindung an die EU machte, ohne vorerst eine

Mitgliedschaft ins Auge zu fassen. Das Format der »Östlichen Partnerschaft« sollte in bilaterale Assoziationsabkommen zwischen der EU als Block und dem jeweiligen Staat münden. Im Visier der Brüsseler Erweiterer standen Moldawien, Georgien, Armenien, Aserbaidschan, Belarus und die Ukraine.

Nach vierjährigen Verhandlungen waren die Papiere für vier der sechs Assoziierungskandidaten unterschriftsreif. Aserbaidschan und Belarus hatten zwar an Gesprächen teilgenommen, zeigten sich aber ökonomisch eher desinteressiert und waren in politischer Hinsicht für Brüssel nicht einnehmbar. Für die anderen vier Staaten – Moldawien, Georgien, Armenien und die Ukraine – plante man im November 2013 einen Festakt auf dem EU-Gipfel in Vilnius.

Die Assoziierungsabkommen bestanden im Kern aus drei EU-europäischen Angeboten, die wohl am besten unter den neu-deutschen Schlagwörtern »institution building«, »energy security« und »economic integration« zusammengefasst werden. Übersetzen kann man die drei Säulen der geplanten Abkommen mit der Errichtung einer EU-kompatiblen Administration, sprich: einem Elitentausch; einer von Russland unabhängigen Energieversorgung und einer Marktöffnung für Kapital und Waren für westliche Investoren, sprich: einem Eigentümerwechsel. Das Ganze stand dann noch unter militärischer Begleitung gemeinsamer Armeekooperationen.

Moskau warnte von Anbeginn vor diesem Vorhaben, hatte man doch mit Armenien, Moldawien, Belarus und der Ukraine (nebst Kasachstan, Kirgisien und Tadschikistan) im November 2011 die Bildung einer Freihandelszone vereinbart, die dem EU-Abkommen diametral widersprach. Um dem Abwerbeversuch der EU entgegenzuwirken, zog man mit Zuckerbrot und Peitsche durch die anvisierten ex-sowjetischen Republiken. Ein eigener Emissär des Kremls, Sergej Glasjew, drohte ihren Führern im Falle einer Unterwerfung unter die Regeln der »Östlichen Partnerschaft«, die einem Freihandelsabkommen ähnlich waren, mit Handelsboykotten oder peniblen Checks bei der Einfuhr von Gütern nach Russland. Als Zuckerbrot führte Glasjew die Energiepreise mit im Gepäck. Damals, Ende 2013, zahlte der engste Partner Moskaus, Belarus, 166 US-Dollar für 1000 Kubikmeter russisches Erdgas, die Ukraine musste mit 420 US-Dollar für dieselbe Menge zweieinhalb Mal so tief ins

Budget greifen.[155] Diese Rechnung, verbunden mit der Aussicht, im Falle eines »Nein« zum Assoziierungsvertrag der EU billiges Gas zu bekommen, überzeugte den ukrainischen Präsidenten Wiktor Janukowitsch. Er kam am 28. November 2013 zum Gipfel nach Vilnius, um dem Assoziierungsvertrag eine Absage zu erteilen, genau wie es eine Woche zuvor die Mehrheit der ukrainischen Abgeordneten in der Werchowna Rada, dem Parlament, getan hatten.

Man mag das wie die westlichen Medien unisono als Kniefall vor Moskau interpretieren und tatsächlich gab Janukowitsch dem Drängen Russlands, das einer Erpressung gleichkam, nach. Aber Erpressung gehört zum Spielgeld auf dem internationalen Parkett und auch die EU lockte mit einer privilegierten Marktöffnung, wenngleich diese aufgrund des ökonomischen Ungleichgewichts zwischen dem starken Europa und der schwachen Ukraine nur für wenige ukrainische Unternehmen lukrativ zu werden versprach. Janukowitsch handelte vernünftig, als er sich ausrechnete, wie viel die von Russland angebotene Differenz des Gaspreises der Ukraine ersparen könnte: pro Jahr 10 Milliarden US-Dollar. Sein Versuch, entsprechende »Adaptionshilfe«[156] von Brüssel locker zu machen, war im Vorfeld gescheitert.

Rat und Kommission der Europäischen Union ignorierten das Njet der Ukraine und unterstützten stattdessen die Protestbewegung auf dem Majdan. Enttäuschte Jugendliche, die sich von der EU ein Ende der ukrainischen Oligarchenherrschaft erhofft hatten, machten im Zentrum Kiews ihrem Ärger Luft. Bald übernahmen rechte Gruppen das Kommando. Der amtierende deutsche Außenminister Guido Westerwelle warf sich am 3. Dezember 2013 gemeinsam mit den Klitschko-Brüdern zwischen Tausende Demonstranten gegen Janukowitsch in die Schlacht. Er gehörte damit zu den ersten ausländischen Politikern, die die Stimmung in Kiew gegen die gewählten Organe – Präsident und Parlament – aufheizten; bis die USA in geübter Manier Flagge zeigten.[157] Als das US-amerikanische Raubein, Vietnamkriegsveteran und Präsidentschaftskandidat John McCain, am 15. Dezember 2013 die protestierende

155 https://www.rferl.org/a/russian-gas-how-much-gazprom/25442003.html (27.1.2024)

156 https://www.diepresse.com/1491739/ukraine-janukowitsch-will-mit-eu-ueber-hilfsgelder-feilschen (6.6.2024)

157 https://www.infosperber.ch/politik/welt/ukraine-chronik-der-westlichen-einmischung/ (27.1.2024)

Menge mit dem Spruch »Die freie Welt ist mit Euch, Amerika ist mit Euch«[158] adressierte, war die Frontlinie geklärt. Aber McCain konkretisierte diese noch mit den Worten: »Es gibt keinen Zweifel, dass die Ukraine von vitalem Interesse für Putin ist. Ich denke, es war Kissinger – bin aber nicht sicher –, der sagte, Russland ohne Ukraine ist eine östliche Macht, mit der Ukraine eine westliche Macht. Hier beginnt Russland, genau hier in Kiew.«[159]

Der Rest ist Geschichte. Janukowitsch wurde unter Bruch der ukrainischen Verfassung aus dem Amt gejagt;[160] für seine legale Absetzung hätte es einer Dreiviertelmehrheit im Parlament bedurft. Diese kam deshalb nicht zustande, weil rechte Schlägertrupps Janukowitsch-treue Abgeordnete in der Stadt jagten und sie – so sie sich dem Parlament näherten – am Betreten des Gebäudes hinderten. Daraufhin wollten viele Menschen im Osten und Süden des Landes, in dem anlässlich der Präsidentenwahlen 2012 übergroße Mehrheiten für Janukowitsch gestimmt hatten, den Verfassungsbruch nicht hinnehmen. Sie gingen gegen die neue Regierung, die in ihren Augen aus Putschisten bestand, auf die Straße. In den Oblasten Lugansk und Donezk votierten im Jahr 2012 91 % bzw. 93,5 % für Janukowitsch, auf der Krim waren es 81 %.[161] In der Folge zerfiel das Land; die Krim schloss sich nach einem Referendum Russland an und im Donbass entstanden zwei sezessionistische Volksrepubliken. Washington und Brüssel nahmen dies zum Anlass, Russland mit Sanktionen zu belegen.

Erste Zwangsmaßnahmen im Jahr 2014

Zeitgleich über den Atlantik hinweg verhängten Brüssel und Washington am 6. März 2014 die ersten Sanktionen.[162] Das Referendum auf der Krim hatte noch nicht einmal stattgefunden, den Machthabern in der

158 https://www.youtube.com/watch?v=93eyhO8VTdg (27.1.2024)

159 *Guardian* vom 15. Dezember 2013

160 Siehe: https://www.rada.gov.ua/en/news/88480.html (27.1.2024)

161 https://de.m.wikipedia.org/wiki/Datei:Ukraine_einfach_Wahlen_3WG.png (27.1.2024) Im Westen des Landes war es umgekehrt: Dort bekam der westorientierte Wiktor Juschtschenko in vier Oblasten zwischen 90 % und 96 %.

162 Amtsblatt vom 5. März 2014, Verordnung der EU Nr. 208/2014, siehe: https://eur-lex.europa.eu/legal-content/DE/TXT/PDF/?uri=CELEX:32014R0208&rid=7 (9.2.2024)

EU und den USA genügte jedoch dessen Ankündigung, um missliebige Personen zu sanktionieren. Im ersten Anlauf betraf dies 18 ukrainische Politiker, die sich gegen den Machtwechsel in Kiew gestemmt hatten. Angeführt von – nun – Ex-Präsident Wiktor Janukowitsch, fanden sich auf der Liste sein Innenminister, der Generalstaatsanwalt, der Leiter des Sicherheitsdienstes, die Justizministerin, der Premierminister, die Gesundheitsministerin, der Sohn des Präsidenten und andere; mithin: Die Führungsgarnitur der letzten Wahlen, die damals auch vom Westen als demokratisch einwandfrei bezeichnet worden waren. An sie alle erging ein Einreiseverbot in die EU und in die USA und man sperrte ihnen etwaige Vermögenswerte wie Konten. Auch wurde es EU-Bürgern nicht erlaubt, diesen Personen in welcher Form auch immer Hilfe zukommen zu lassen. Zehn Tage später erweiterte die Europäische Union die Sanktionsliste um weitere 133 Personen. Diesmal fanden sich bereits mehrheitlich russische StaatsbürgerInnen darunter. Neben den Honoratioren der Krim wie Premierminister Sergej Aksjonow und Ratspräsident Wolodymyr Konstantynow landeten erste prominente Russen auf der schwarzen Liste: Putins Berater Sergej Glasjew, der letzte sowjetische Regierungschef Nikolai Ryschkow, die Vorsitzende des russischen Föderationsrates Walentina Matwijenko, der Vorsitzende der Staatsduma Sergej Narischkin, der Chef der russischen Nachrichtenagentur *Rossija Sewodnja* Dmitri Kisseljow, sowie eine Reihe von Militärs, angeführt vom Generalstabschef der russischen Streitkräfte Waleri Gerassimow. Freilich durfte auch der tschetschenische Präsident Ramsan Kadyrow nicht fehlen, der in Südböhmen eine eigene Pferdezucht besaß. Die Geschichte seiner beschlagnahmten Rennpferde, die an großen Preisen in Europa wie dem »Prix de l'Arc de Triomphe«[163] in Paris teilgenommen hatten, sorgte in Sportkreisen für Schmunzeln.[164]

Weniger lustig waren und sind die Auswirkungen der Personensanktionsliste für eine etwaige zukünftige Gesprächsbasis zwischen EU/USA und Russland. Wenn die politisch und militärisch verantwortlichen Russen sanktioniert sind, also an Einreisen in den Westen gehindert werden,

163 https://deutsch.radio.cz/russland-sanktionen-kadyrow-zieht-rennpferde-aus-tschechien-ab-8241532 (29.1.2024)

164 https://www.t-online.de/nachrichten/ukraine/id_100315032/ukraine-krieg-kadyrow-will-seine-pferde-zurueck-und-und-schlaegt-deal-vor.html

heißt das nicht weniger, als dass in Brüssel und Washington die Gesprächskanäle mutwillig zerstört wurden. Und das bereits am 17. März 2014. Mit der Bestellung der estnischen Ministerpräsidentin Caja Kallas zur EU-Außenbeauftragten im Juli 2024 signalisierte Brüssel dann endgültig, mit Moskau nicht mehr reden zu wollen. Kallas steht wegen der Schändung von sowjetischen Befreiungsdenkmälern in ihrer Heimat Estland auf einer russischen Fahndungsliste.

Die Krim-Frage, deretwegen letztlich die ersten Sanktionspakete geschnürt worden waren, entschied sich abseits davon mittels Referendum am 16. März 2014. 95,5 % der Krim-BewohnerInnen votierten für eine Wiedervereinigung mit der Russländischen Föderation.[165]

Nun mag man einwenden, dieses Referendum fand unter großem (geo)politischem Druck statt und dieser war tatsächlich nicht unerheblich. Die EinwohnerInnen der Schwarzmeer-Halbinsel sprachen sich allerdings nicht das erste Mal gegen eine Zugehörigkeit zur Ukraine aus. Bereits am 20. Januar 1991, als ukrainische Nationalisten immer stärker ein Herauslösen der Republik aus dem sowjetischen Verband forderten, kam es zu einer Volksbefragung auf der Krim, in der 93,2 % für einen autonomen Status der Halbinsel innerhalb der Sowjetunion votierten[166] und damit bekundeten, nicht in einem ukrainisch-national geprägten Land leben zu wollen. Das Jahr 1994 sah dann mehrere demokratische Bekundungen für eine Unabhängigkeit der Krim bzw. einen Anschluss an Russland, die auf Druck Kiews und wegen der desinteressierten Haltung der russischen Seite unter Boris Jelzin nicht zustande kamen. So wurden beispielsweise im Januar 1994 Präsidentschaftswahlen auf der Krim abgehalten, die Juri Meschkow mit seinem Versprechen, die Krim in die Russische Föderation zu führen, haushoch gewann. Er errang damals 72,9 % der Stimmen.[167] Kiew erklärte die Wahl für illegal und Meschkow musste außer Landes fliehen. Noch 15 Jahre später verweigerte ihm Kiew die Einreise auf die Krim.[168]

165 Vgl. dazu: Hannes Hofbauer, Im Wirtschaftskrieg mit Russland. Folgen der westlichen Sanktionspolitik. In: Bruder/Bruder-Bezzel/Lemke/Strahmer-Weinandy (Hg.), Die Neue Normalität. Auf dem Weg in die Dystopie. Wien 2024, S. 167–178

166 https://www.sudd.ch/event.php?lang=de&id=ua031991 (29.12.2023)

167 https://tkp.at/2023/12/25/hintergruende-des-ukraine-krieges-ueber-jahrzehnte-wollte-die-krim-unabhaengig-von-der-ukraine-sein/ (29.12.2023)

168 https://hmn.wiki/de/Yuriy_Meshkov (29.12.2023)

Der kleine Wirtschaftskrieg

Einen ökonomischen Effekt hatten die Personensanktionen kaum. Doch einen solchen leitete die Europäische Union dann am 28. April 2014 ein, als erstmals seit dem Ende von COCOM wieder Wirtschaftssanktionen gegen Russland verhängt wurden. Sie betrafen drei Sektoren: Militärausrüstung und Dual-Use-Güter, Technologien für die Erdgasförderung und fünf große, teilweise in Staatsbesitz befindliche Banken, allen voran die Sberbank. Damit war der kleine Wirtschaftskrieg eröffnet.

Zwischen der Aufnahme der Russischen Föderation in die Welthandelsorganisation WTO am 22. Dezember 2012, mit der das Land ökonomisch der sogenannten freien Welt zugehörte, und dem Ausschluss aus derselben, lagen gerade einmal 16 Monate. Das vom Westen ständig vor sich hergetragene Trugbild eines angeblich grenzenlosen globalen Wirtschaftslebens entlarvt sich bei genauerer Beobachtung.

Wer durch diese destruktiven Wirtschaftsmaßnahmen geschädigt wurde, zeigt ein Blick auf die Außenhandelsstatistik. In erster Linie sollte es freilich Russland treffen, was auf mittlere Sicht – wie wir noch sehen werden – nicht gelungen ist. Auf die sanktionierenden Blöcke USA und EU wirkten die Sanktionen jedoch sehr unterschiedlich. Denn während Länder wie Deutschland zu diesem Zeitpunkt starke ökonomische Bindungen mit Russland aufwiesen, stellte sich das für die USA gänzlich anders dar. Im Jahr 2013 – also vor dem Beginn des kleinen Wirtschaftskrieges – nahmen die EU-Staaten 51 % der russischen Exporte ab und waren für 36 % der Importe nach Russland zuständig. Die Vergleichszahlen der USA lauteten 2,5 % bzw. 4,8 %.[169] In Worten: Im Kampf gegen Russland haben die USA kaum etwas zu verlieren, während manche EU-Länder stark betroffen sind.

In der Folge brachen die EU-Exporte nach Russland in rasender Geschwindigkeit ein. Allein zwischen 2014 und 2016 – die Sanktionen wurden immer wieder verlängert und verschärft und Russland schränkte im Gegenzug Anfang August 2014 europäische Agrargüterimporte ein – gingen sie um fast die Hälfte zurück. Laut dem österreichischen

169 Amat Adarov u. a., *How to Stabilise the Economy of Ukraine* (Background Study des Wiener Instituts für internationale Wirtschaftsvergleiche). Wien, 15. 4. 2015, S. 33ff.

Wirtschaftsforschungsinstitut WIFO büßten die EU-Länder in diesem Zeitraum 30 Milliarden Euro im Handel ein. In Österreich sanken die Exporte sanktionsbedingt (zwischen 2014 und 2016) um 9,5 %, in Deutschland verzeichneten sie ein Minus von 13,4 %. Zypern schoss den Vogel mit einem Exportverlust von 34,5 % ab.[170]

Der Plan des 45. Präsidenten der USA, Donald Trump, die Russlandsanktionen schrittweise zurückzufahren, ging mächtig schief. Trump war im Dezember 2016 von 306 republikanischen Wahlleuten zum mächtigsten Mann der Welt gewählt worden. Sein Versprechen, mit Russland eine neue Gesprächsbasis aufbauen zu wollen, wurde vom US-Kongress sogleich unterlaufen. Sechs Monate nach seiner Wahl votierten beide Kammern Ende Juli 2017 mit großer Mehrheit – also auch mit den Stimmen der Republikaner – für das Gegenteil: für eine Verschärfung der Maßnahmen gegen Russland und jene europäischen Firmen, die mit Russland Geschäfte machten. Moskau, so lautete die Argumentation der antirussischen Hardliner, müsse für die Einmischung in die US-Präsidentschaftswahlen, die Unterstützung der syrischen Regierung und die Annexion der Krim bestraft werden. Der erste Vorwurf blieb über Jahre ein beliebtes Narrativ der Anti-Trumpisten, wie später umgekehrt die Trumpisten von einer gestohlenen Wahl im Jahr 2020 sprachen.

Die neue Sanktionsspirale von 2017, die auch Nordkorea und Iran umfasste, war rein US-amerikanischer Natur. Und sie griff neben Russland auch Teile der EU-europäischen Wirtschaft an. Insbesondere ging es dem Kongress darum, die in Bau befindliche Gaspipeline durch die Ostsee zu verhindern. Damals ermahnten deutsche Politiker wie die Bundeskanzlerin Angela Merkel (CDU) und Außenminister Sigmar Gabriel (SPD) Washington noch, nicht exterritorial ohne Absprache mit Berlin zu agieren und damit die Energiesicherheit Europas zu gefährden.[171]

Noch deutlicher gegen den neuen antirussischen Schwung aus den USA ließen sich Manager aus den ins Visier geratenen europäischen Energiekonzernen vernehmen. Der Generaldirektor des größten österreichischen Unternehmens, der »Österreichischen Mineralölverwaltung« (OMV), Rainer Seele, meinte in seiner Funktion als Präsident der

170 *Die Presse* vom 7. Oktober 2017
171 *Der Standard* vom 26. Juli 2017

deutsch-russischen Handelskammer trocken: »Die deutsche Wirtschaft in Russland lehnt das unilateral beschlossene US-Sanktionsgesetz ab.«[172] In einem Gastbeitrag für die *Frankfurter Allgemeine* legte Seele nach: »Es muss klar sein, und Bundesaußenminister Gabriel spricht es prägnant aus: Europas Energieversorgung ist immer noch eine europäische Angelegenheit und nicht eine der Vereinigten Staaten [...]. Amerika sowie Polen und die baltischen Staaten im Schlepptau haben kein Veto- und Blockaderecht gegen europäisch-russische Erdgasbeziehungen, Pipelines eingeschlossen.«[173] In seinem »immer noch eine europäische Angelegenheit« schwingt bereits die Ahnung mit, dass es so nicht bleiben würde.

Der Russland-Chef von Siemens, Dietrich Möller, kämpfte zur selben Zeit an einer anderen Front. Sein Konzern hatte zwei Gasturbinen ins südrussische Krasnodar geliefert, die dort allerdings nicht ankamen und stattdessen auf der Halbinsel Krim Strom erzeugten. Das war, so die deutsche Journaille, glatter Sanktionsbruch, galten doch Wirtschaftsbeziehungen mit der an Russland angeschlossenen Halbinsel als illegal. Möller machte den Kotau vor den Sanktionswächtern und versuchte glaubhaft zu vermitteln, von der Verbringung der Turbinen auf die Krim nichts gewusst zu haben. Siemens konnte sich in letzter Sekunde den US-Sanktionen entziehen, stattdessen landete der russische Partner des deutschen Technologieriesens, Power-Machines, auf der schwarzen Liste Washingtons, inklusive seinem Präsidenten Alexei Mordaschow.[174] An ihm, einem der reichsten Männer Russlands, kühlten die USA ihr Mütchen; und die EU doppelte Jahre später nach, belegte Mordaschow mit einem Einreiseverbot und fror alle seine Vermögenswerte ein.

In den Jahren 2016/2017 war die Welt noch eine andere. Da getrauten sich europäische Politiker gegen die ihrer Meinung nach kontraproduktiven Russland-Sanktionen anzureden; und sie schoben den schwarzen Peter Washington zu. Souveräne nationale Taten folgten der Kritik am Sanktionen-Karussell freilich nicht. Insbesondere im formal neutralen Österreich konnte man Stimmen der Vernunft vernehmen, die fünf

172 *Deutsche Wirtschaftsnachrichten* vom 13. September 2027

173 *Frankfurter Allgemeine Zeitung* vom 27. Juni 2017

174 https://www.handelsblatt.com/unternehmen/industrie/industriekonzern-siemens-droht-das-aus-fuer-gasturbinen-geschaeft-in-russland-partner-droht-mit-rueckzug-aus-kooperation/25259152.html (30.1.2024)

Jahre später nicht mehr zu hören waren. Da war z. B. der in konservativen Kreisen weit über sein Heimatland hinaus beliebte Sebastian Kurz (ÖVP) in seiner Rolle als Außenminister. Der damals 30-Jährige ließ sich anlässlich der Übernahme des EU-Vorsitzes durch Österreich im deutschen *Spiegel* mit den Worten vernehmen, sein Land werde sich »für eine schrittweise Lockerung der Sanktionen« einsetzen.[175] Ein halbes Jahr zuvor, im April 2016, weilte der österreichische Bundespräsident Heinz Fischer (SPÖ) als einer der raren Staatsgäste in Moskau; der kleine Wirtschaftskrieg gegen Russland ging bereits ins dritte Jahr. Gemeinsam mit dem ihn begleitenden Generalstabschef Othmar Commenda wetterte er gegen die von Brüssel verhängten Sanktionen. So las man es zumindest im russischen Nachrichtenportal *Sputnik*; und die Kritik hatte ihre Logik, stand doch Österreichs (nach Umsatz) größter Konzern, die OMV, in engster Verbindung zu Gazprom. Zuhause in Wien dementierten die beiden »Mutigen« ihre Aussagen, die sie in Anwesenheit des russischen Generalstabschefs Waleri Gerassimow gemacht hatten.[176] Sein österreichisches Pendant hatte von »Vertrauensbruch« gesprochen, was seinen Furor gegen die EU-Sanktionen indirekt bestätigte. Auch auf dem der Wiener *Presse* zugespielten Tonbandmitschnitt konnte man Töne vernehmen, die in Brüssel nicht gerne gehört wurden.

Aus der politisch weit rechts stehenden FPÖ wagten sich österreichische Mandatsträger im Herbst 2017 gar auf die Krim, was seit der Eingliederung der Halbinsel in die Russische Föderation, die im Westen als Annexion bezeichnet wird, für EU-Europäer ein absolutes No Go war. Der damalige Linzer Vizebürgermeister Detlef Wimmer und der Nationalratsabgeordnete Hans-Jörg Jennewein (beide FPÖ) nahmen am 8. November 2017 an der Gründung der Vereinigung »Freunde der Krim« teil, die sich für die internationale Anerkennung der Aufnahme der Krim ins russische Staatsgefüge einsetzte.[177] Außenminister Kurz »was not amused«, weitere negative Folgen hatte ihr Besuch in Jalta allerdings nicht für sie. Auch schlug sich ihr Vormarsch nicht in der österreichischen Politik nieder.

175 https://www.spiegel.de/politik/ausland/oesterreich-will-osze-vorsitz-fuer-lockerung-der-russland-sanktionen-nutzen-a-1127914.html (3. 2. 2024)

176 *Kurier* vom 10. April 2016

177 *Die Presse* vom 9. November 2017

Der Fall Skripal

Als Mitte März 2018 in grünes Plastik gehüllte Männchen – oder verbarg sich auch eine Frau darunter? – durch einen Park im englischen Städtchen Salisbury streiften, fand der Kampf der Geheimdienste wieder einmal seinen Weg auf die Titelseiten der Weltpresse. In Chemieschutzanzügen schlichen die Spezialisten des britischen Abwehrdienstes rund um eine Parkbank in der Nähe eines Einkaufszentrums. Kurz zuvor waren dort zwei Körper in sich zusammengesackt. Bald stellte sich heraus, dass es sich um einen Anschlag mit dem Giftstoff Nowitschok auf den früheren russischen Geheimdienstler Sergej Skripal und seine Tochter Julia handelte. Das rasche medizinische Eingreifen der britischen Behörden rettete den beiden das Leben.

Allem Anschein nach kam der chemische Kampfstoff aus Russland. Mit ihm sollte der Überläufer Skripal beseitigt werden; ein Vorgang, der zum Berufsbild von Agenten gehört. Dass er dermaßen die Gemüter von westlichen Politikern und Medienmenschen erregte, war wohl eher den äußerst angespannten Beziehungen zwischen Russland und den NATO-Ländern zuzuschreiben, als dem versuchten Mordanschlag an sich. So einleuchtend die These von der Hand Moskaus ist, die hinter der Attacke stand, so klar war auch, dass die russische Seite dies abstritt.

Sergej Skripal[178] ist ein 1951 in Kaliningrad geborener russischer Staatsbürger, der seine Laufbahn als Oberst des sowjetischen und später russischen Militärnachrichtendienstes GRU absolvierte. Im Jahre 1995 rekrutierte ihn der britische Auslandsgeheimdienst MI6, der Skripals Informationen dazu nutzte, eine Reihe von russischen Agenten zu enttarnen. Wie viele davon physisch beseitigt wurden, ist nicht bekannt. Erst 2004 wurde Skripal als Überläufer enttarnt, in Moskau wegen Hochverrats und Spionage zu 13 Jahren Haft verurteilt und wanderte in die dafür vorgesehene russische Dunkelkammer, in seinem Fall in ein mordwinisches Arbeitslager. 2010 kam er dann im Zuge eines geheimdienstlichen Gefangenenaustausches frei und siedelte sich in Salisbury an. Welche Tätigkeiten er zwischen 2010 und 2018 ausführte, ist dem Autor nicht bekannt, Gerüchte aus der englischen Presse besagen,

178 https://de.wikipedia.org/wiki/Sergei_Wiktorowitsch_Skripal (3. 2. 2024)

er habe enge Verbindungen mit einem Ex-Agenten von MI6, Christopher Steele, gehabt. Das Magazin *Focus* wollte herausgefunden haben, dass Skripal von seiner neuen englischen Heimat aus jahrelang für vier Geheimdienste von NATO-Staaten arbeitete.[179] Russische Stellen dürften mehr gewusst haben und beschlossen offensichtlich, den neuerlich für westliche Dienste tätig gewordenen Agenten aus dem Weg zu räumen. Das Ziel wurde verfehlt. Zwei Monate nach dem Anschlag konnten Sergej und Julia Skripal das Spital geheilt verlassen.

Großbritannien, die USA und eine Reihe weiterer NATO-Verbündeter reagierten unmittelbar auf die Nowitschok-Attacke mit der Ausweisung russischer Diplomaten. Der französische Präsident Emanuel Macron wiederholte die Worte der britischen Premierministerin Theresa May, wonach der Giftanschlag eine »schwerwiegende Herausforderung für unsere Sicherheit«[180] darstelle. Demgegenüber bremsten Österreich, Griechenland und Bulgarien und forderten klare Beweise, dass es sich bei der Tat um eine russische Aktion handeln würde, bevor sie sich dem diplomatischen Affront anschließen wollten. Washington preschte wieder einmal vor und nahm den Giftanschlag zum Anlass, neue Sanktionspakete gegen Russland zu schnüren. Diesmal kamen die reichsten Männer Russlands dran, die bislang den Maßnahmen noch entgangen waren: der in vielen westlichen Unternehmen wie z. B. dem Bauriesen Strabag investierte Oleg Deripaska, u. a. Miteigentümer des weltweit zweitgrößten Aluminiumproduzenten Rusal; weiters der aus Dagestan stammende Suleiman Kerimov, gegen den in Frankreich bereits ein Verfahren wegen Geldwäsche lief; der aus einem jüdisch-russischen Clan stammende Igor Rotenberg,[181] Aktionär u. a. bei Gazprom; und der Ukrainer Wiktor Wekselberg, der ein Konglomerat mit Beteiligungen an Öl- und Energiegeschäften sowie Firmen der Telekommunikation sein Eigen nennt.

Die Benennung der antirussischen Sanktionen als »Wirtschaftskrieg« war erstmals vom damaligen russischen Ministerpräsidenten Dmitrij

179 https://www.dw.com/de/bericht-sergej-skripal-lieferte-agenten-ans-messer/a-45680527 (3.2.2024)

180 *Die Welt* vom 24. März 2018

181 Gemeinsam mit Vater Arkady und Onkel Boris Rotenberg wird der Familie ein Reichtum von mehr als 5 Mrd. US-Dollar zugeschrieben, siehe: https://diemaechtigstenfamilienderwelt.ch/2020/11/28/rotenberg-familie/ (2.2.2024)

Medwedew zu vernehmen. Am 10. August 2018 sprach die raue Stimme Moskaus, als die sich Medwedew zunehmend verstand, von einer »Kriegserklärung an die russische Wirtschaft«.[182] Er bezog sich damit auf weitere Sanktionsschritte Washingtons, die als Antwort auf die fehlgeschlagene Vergiftung des geheimdienstlichen Überläufers Sergej Skripal im britischen Salisbury gedacht waren.

Washingtons Kampf gegen russisches Kapital

Nach den ersten Personensanktionen der EU und den USA, die am 6. März 2014 die führenden politischen Gegner des ukrainischen Staatsstreiches im Anschluss an den Majdan trafen, kamen ab Mitte März russische Unternehmerfiguren auf die schwarzen Listen der Europäischen Union, der USA, Kanadas und Australiens. Die Begründung dafür mutete seltsam an, wenn man berücksichtigt, wie sehr der liberal-kapitalistische Westen darauf schaut, dass Eigentum nicht angetastet wird – und zwar egal, unter welchen historischen Umständen es erworben wurde.

Bei den politischen Verantwortlichen aus der Ukraine und Russland, die man in Brüssel und Washington loswerden wollte, wurden Vermögensentzug und Einreiseverbot damit begründet, sie würden »die Stabilität und Sicherheit der Ukraine gefährden«, wiewohl gerade umgekehrt die neue Majdan-Regierung dies tat und die Staatlichkeit untergrub. Den wichtigsten russischen Kapitalisten hingegen warf man ihre Nähe zum politischen System bzw. zu Wladimir Putin vor; das reichte, um sie zu sanktionieren. Nun kann aber in keinem kapitalistischen Land, auch nicht in Russland, jemand zu markantem Reichtum kommen, wenn er das politische System bekämpft. Die Allianz zwischen Staat und Kapital nutzten schon die Fugger im 16. Jahrhundert. Auch das Vermögen der vielleicht reichsten Familie der Welt, der Rothschilds, wurzelte Ende des 18. Jahrhunderts in deren enger politischer Beziehung zum hessisch-kasseler Landgrafen Wilhelm IX., seinerseits der damals reichste Fürst im Heiligen Römischen Reich Deutscher Nation. Der Rothschild'sche Soldatenhandel für Amerika und das

182 https://www.faz.net/aktuell/wirtschaft/neue-sanktionen-russland-spricht-von-wirtschaftskrieg-15731564.html (3.2.2024)

erste große Wechselgeschäft waren ohne staatliche Unterstützung nicht möglich. Knapp 17.000 Männer aus Hessen-Kassel wurden in den Jahren 1776 bis 1783 über Rothschild an den englischen König verkauft, der mit diesen Soldaten die amerikanische Unabhängigkeitsbewegung bekämpfen ließ. 7000 von ihnen blieben auf den Schlachtfeldern in Übersee zurück. Der deutsche Jurist und Schriftsteller Friedrich Kapp (1824–1884) schrieb dazu: »Der erste Ursprung des Reichtums und der Weltstellung der Familie Rothschild läßt sich indirekt auf diesen Handel zurückführen.«[183]

Wenig Differenzen mit der staatlichen Autorität gibt es auch bei den jüngsten Kapitalanhäufungen, die neureiche US-Amerikaner wie Jeff Bezos oder Bill Gates hervorgebracht haben; von der chinesischen Kapitalistenklasse und ihrer Beziehung zu den KP-Granden ganz zu schweigen. Die fallweise sich auch politisch äußernde Eigensinnigkeit des Tesla- und X-Chefs Elon Musk mag die berühmte Ausnahme von der Regel sein, könnte aber im Zwei-Parteien-System der USA auch als kompatibel mit den politischen Verhältnissen interpretiert werden.

Sich mit den Herrschenden gut zu stellen, gehört also seit jeher zum Grundgerüst erfolgreicher wirtschaftlicher Profiteure. Dass diese in Russland – und anderen sowjetischen Nachfolgestaaten – im Zuge der Privatisierung in rasender Geschwindigkeit extrem viel Kapital ansammeln konnten, hat mit der Struktur der vormaligen Staatsbetriebe und dem Fehlen eines Mittelstandes zu tun. Es kann also nicht verwundern, dass die russischen Oligarchen der politischen Macht nahestehen, weil diese sie und ihren großteils durch Diebstahl am postkommunistischen Volksvermögen zustande gekommenen Reichtum schützt. Dass gerade diese Allianz von Kapital und Staat von der westlichen Kapitalistenklasse mit ihren politischen und medialen Helfern als Argument benützt wird, um die erfolgreichsten Kapitalisten des post-sowjetischen Systems zu brandmarken, ist bemerkenswert; und verfolgt offensichtlich weitreichende Ziele im geopolitischen Ringen um Kapitalvorherrschaft.

Wer sind nun diese auffälligen russischen Oligarchen, denen der Westen ihre Vermögenswerte einfriert, um sie – wie in den USA bereits

183 https://www.projekt-gutenberg.org/kapp/soldaten/chap011.html (10.2.2024)

geschehen[184] und auch in Kanada gesetzlich möglich[185] – dereinst enteignen zu können? Sehen wir uns einige Biografien an.

Roman Abramowitsch[186] wurde im Jahr 1966 in der Wolga-Stadt Saratow geboren. Seine jüdischen Vorfahren lebten in Belarus und Litauen. Nach der Gründung der Litauischen SSR im Juli 1940 wurde die Familie nach Sibirien deportiert, wo Romans Großmutter starb. Er wuchs bei seinem Onkel auf, nachdem auch seine Mutter (als er eineinhalb Jahre alt war) und sein Vater (zwei Jahre später) verstorben waren. Als einer der ersten nützte der damals 21-jährige Roman Abramowitsch die chaotische Perestroika-Zeit, um ein kleines Unternehmen für den Handel mit Fußbällen aufzuziehen. Im Moskauer Büro des Schweizer Rohölhändlers Runicom verdiente er sich 1993 seine Sporen im internationalen Business. 20 Jahre später klagte ihn die Europäische Bank für Wiederaufbau und Entwicklung auf die Rückzahlung von 47 Millionen Schweizer Franken, die als Kredit an Runicom unter seiner Geschäftsführung vergeben worden waren; mittlerweile war die Firma längst in Konkurs gegangen.[187] In den 1990er Jahren baute Abramowitsch, nicht zuletzt mithilfe von Jelzin-Intimus Boris Beresowski, ein weitverzweigtes Firmenimperium auf. Die ökonomischen Leckerbissen waren durch Billigankäufe aus dem Staatsbesitz zustande gekommen, wobei hilfreiche Hände in der entsprechenden Verwaltung die Deals vorbereiteten, und das nicht uneigennützig. Auf diese Weise hielt der Oligarch Anteile an Sibneft (ab 2006: Gazprom Neft), am Aluminiumkonzern Rusal, der Fluggesellschaft Aeroflot und mehreren Ölraffinerien. Am Höhepunkt seines unternehmerischen Schaffens tauchte Abramowitsch im Jahr 2010 auf der Liste der reichsten Männer der Welt auf Platz 50 auf – mit einem Wert von 11,1 Milliarden US-Dollar.[188] Die lukrative Freundschaft zwischen dem Jelzin-Einsager Beresowski und Abramowitsch zerbrach ein Jahr später, als ihn der zwischenzeitlich aus Russland geflohene Beresowski auf 5,5 Milliarden US-Dollar verklagte; beim

184 https://www.berliner-zeitung.de/wirtschaft-verantwortung/us-justiz-macht-ernst-erster-russischer-oligarch-enteignet-li.348010 (5.2.2024)

185 https://www.cbc.ca/news/politics/c19-russia-sanctions-asset-seizures-test-case-1.6496047 (5.2.2024)

186 https://de.wikipedia.org/wiki/Roman_Arkadjewitsch_Abramowitsch (5.2.2024)

187 https://www.handelszeitung.ch/unternehmen/abramowitsch-distanziert-sich-von-operativer-rolle-bei-runicom-170791 (5.2.2024)

188 http://stats.areppim.com/listes/list_billionairesx10xwor.htm (5.2.2024)

Verkauf von Sibneft war der Jelzin-Intimus leer ausgegangen, ein Gericht in London sprach Abramowitsch vom Vorwurf der Veruntreuung frei. Nach der Verhaftung von Michail Chodorkowski im Oktober 2003, die als Mahnung des Kremls an allzu raffgierige und politisch unbotmäßige Kapitalsammler verstanden werden konnte, trennte sich Abramowitsch von den meisten seiner Firmen und veräußerte sie unter anderem an Gazprom, Oleg Deripaska und andere Oligarchen. Er zog sich auf den Immobilienmarkt zurück, kaufte den Londoner Fußballklub Chelsea und lebte die längste Zeit auf seinem Anwesen nahe Tel Aviv. Sein Ansuchen um eine Schweizer Aufenthaltsbewilligung lehnte Bern mit dem Hinweis ab, Abramowitsch gefährde die öffentliche Sicherheit und die Reputation der Alpenrepublik und es bestünde der Verdacht auf Geldwäsche im großen Stil. Also nahm der mittlerweile 52-Jährige im Mai 2018 die israelische Staatsbürgerschaft an, die ihm das Rückkehrgesetz als Kind jüdischer Eltern ermöglichte. Zudem besitzt Abramowitsch noch einen portugiesischen Pass, der ihm aus ähnlichen Gründen ausgehändigt wurde. Portugal verleiht die Staatsbürgerschaft an Menschen, deren jüdische Vorfahren in den 1490er Jahren vom katholischen König Manuel I. vertrieben worden waren.

Am 14. März 2022, drei Wochen nach dem russischen Einmarsch in die Ukraine, setzte die Europäische Union Roman Abramowitsch auf die Sanktionsliste. Auch im Vereinigten Königreich wurde sein Vermögen beschlagnahmt. Die Verwaltung der Kanalinsel Jersey tat Mitte April 2022 kund, umgerechnet 6,5 Milliarden Euro des Oligarchen festgesetzt zu haben.[189] Seinen Fußball-Klub Chelsea hat sich mittlerweile eine Investorengruppe rund um den US-Oligarchen Todd Boehly angeeignet. Nachdem die britische und andere NATO-Regierungen im Februar 2022 damit gedroht hatten, im Falle eines russischen Einmarsches in die Ukraine russische Vermögenswerte zu beschlagnahmen, war Abramowitsch hastig darangegangen, mehrere Milliarden Euro und britische Pfund über Offshore-Konten an seine sieben Kinder – das jüngste war gerade mal neun Jahre alt – zu übertragen; auch Flugzeuge, Luxusimmobilien und Jachten fanden neue Eigentümer in der verzweigten

189 https://www.merkur.de/wirtschaft/abramowitsch-offenbar-haelfte-seines-milliarden-vermoegens-eingefroren-zr-91480226.html (5.2.2024)

Familie.[190] Wie viel seines Besitzes er dadurch vor dem Zugriff der Sanktionierer retten konnte, ist schwer zu schätzen, einige Milliarden dürften es jedoch gewesen sein. Am 20. Dezember 2023 verlor der Oligarch einen Prozess vor dem Gericht der Europäischen Union (EuG), in dem er gegen die Verhängung der Sanktionen geklagt hatte. Das Gericht entschied, dass das Einfrieren seines Vermögens »seine Grundrechte nicht unverhältnismäßig einschränkt«.[191] Auch seine portugiesische Staatsbürgerschaft konnte ihn nicht vor der Logik der westlichen Sanktionen bewahren, er sei ein Gehilfe des Kremls und damit wäre der Zugriff auf sein Eigentum gerechtfertigt. Roman Abramowitsch lebt mittlerweile wieder in Moskau.

Oleg Deripaska[192] wurde 1968 in Dserschinsk im Oblast Nischni Nowgorod geboren. Seine Vorfahren stammten aus dem Nordkaukasus. Beide Großväter kämpften im Zweiten Weltkrieg gegen die Wehrmacht, einer von ihn fiel nahe der Stadt Laa an der Thaya (Reichsgau Niederdonau, heute: Niederösterreich). Deripaska ließ für seinen in einem Massengrab verscharrten Großvater im Ort ein Denkmal errichten. Nach einer Lehre als Elektriker und einem dreijährigen Wehrdienst begann er das Studium der Physik an der Moskauer Lomonossow-Universität, promovierte mit Auszeichnung und hängte noch ein Wirtschaftsstudium dran. Da es in den Jelzin-Jahren für Forschung kein Geld gab, widmete sich der mittlerweile 28-Jährige dem Geschäftsleben und profitierte von hohen Preisunterschieden zwischen dem billigen russischen und dem teuren europäischen Metallwarenmarkt. Über das eben erst unabhängig gewordene Estland liefen die ersten einträglichen Geschäfte. Von da an ging es Richtung großer Investments. Die südsibirische Aluminiumhütte in Saganogorsk begründete seinen Reichtum und war der erste Schritt zum Aluminiumbaron, dem 2010 der weltweit zweitgrößte Aluminiumkonzern Rusal gehörte. Mitte der 2010er Jahre hielt Deripaska Anteile in vielen Branchen, von Luftfahrtunternehmen über die Bauwirtschaft bis zum Autohersteller Gaz Group, dem Energieriesen Eurosibenergo, der 18 Wasserkraftwerke sein Eigen nennt, und dem Landwirtschaftsbetrieb

190 https://www.manager-magazin.de/politik/europa/russischer-oligarch-roman-abramowitsch-uebertrug-milliarden-auf-seine-kinder-a-f504309a-4d2d-4dd9-a6ec-876c0d474f30 (5.2.2024)

191 https://www.tagesschau.de/ausland/europa/eu-abramowitsch-100.html (5.2.2024)

192 https://de.wikipedia.org/wiki/Oleg_Wladimirowitsch_Deripaska (5.2.2024)

Kuban Agro Holding. Als Bauunternehmer kaufte er sich beispielsweise auch beim österreichischen Strabag-Konzern ein, der vom Unternehmer und liberalen Politiker Hans Peter Haselsteiner geführt wurde. Am geschäftlichen Zenit wog der Oligarch laut Forbes-Waage 28 Milliarden US-Dollar und nahm damit den Rang 9 in der Liste der reichsten Männer der Welt ein. 2017 gelang es ihm, über ein sogenanntes »goldenes Visum« die zypriotische Staatsbürgerschaft zu erhalten und damit auch EU-Bürger zu werden.

Am 6. April 2018 verhängte Washington Sanktionen gegen Deripaska. Er habe, so die Begründung, in den US-Präsidentenwahlkampf 2016 eingegriffen und die syrische Regierung unterstützt sowie von der russischen Annexion der Krim profitiert. Die damit angekündigte Beschlagnahmung des Aluminiumkonzerns Rusal ließ die Preise für den Rohstoff dermaßen rasant in die Höhe schießen, dass große Einkäufer von Aluminium wie der Luftfahrtriese Boeing oder die Bergbaufirma Rio Tinto bei US-Stellen vorsprachen und diese zwangen, die Sanktionen gegen Deripaskas Firma zurückzunehmen. Ihm wurde ein halbes Jahr Zeit gegeben, um Rusal zu verkaufen.[193] Sein persönliches Vermögen in den USA blieb eingefroren. Seinen dadurch erlittenen Vermögensverlust gibt Deripaska mit 6,7 Milliarden Euro an.[194] Zudem wird er seit damals vom US-Justizministerium als »Special Designated National« geführt, was den Effekt hat, dass auch Personen, die mit ihm Geschäfte machen, Sanktionen drohen.[195] Die EU hatte sich 2018 noch geweigert, den US-Sanktionen gegen Deripaska Gefolgschaft zu leisten. Dies auch deshalb, weil der europäische Aluminium-Markt im Jahr zuvor noch zu 42 % von Deripaskas Rusal abhängig war.[196] Nach dem Vorstoß der russischen Armee in die Ukraine im Februar 2022 landete der Oligarch dann auch auf der EU-Sanktionsliste. Dies ist insofern interessant, weil er einer der wenigen Ultrareichen war, wenn nicht der einzige, der sich gegen Putins Krieg ausgesprochen hatte. Der Bau- und Aluminium-Tycoon bezeichnete die »Sonderoperation« als

193 https://www.wvmetalle.de/presse/artikeldetail/?tx_artikel_feartikel%5Bartikel%5D=6441&tx_artikel_feartikel%5Baction%5D=show (5. 2. 2024)

194 *Die Presse* vom 30. Mai 2019

195 *Die Presse* vom 18. November 2023

196 *Die Presse* vom 29. Jänner 2019

»kolossalen Fehler«,[197] nannte sie auch offen und mehrmals »Krieg«, was in Russland nicht gewünscht war. Doch Brüssel und Washington bzw. die dahinterstehenden Kapitalgruppen, so hatte es den Anschein, waren dermaßen darauf erpicht, einen Konkurrenten am Weltmarkt loszuwerden, dass sie völlig auf ihren Rechtfertigungssermon vergaßen, wonach Sanktionen als Bestrafung von Putinisten erfolgten. Deripaska ist jedenfalls kein solcher.

Ein Husarenstück, wie EU-Sanktionen umgangen werden könnten, versuchte Anfang 2024 ein Dreigestirn bestehend aus Raiffeisen Bank International, Baukonzern Strabag und Oleg Deripaska. Als treibende Kraft eines Rundtausches zwischen diesen Dreien trat die österreichische Raiffeisen auf.[198] Ihr Russland-Geschäft läuft seit Jahren gut und hat sich in der Sanktionszeit noch verbessert. Als größtes ausländisches Bankinstitut bleibt sie von direkten Westsanktionen wie dem Ausschluss aus dem SWIFT-System, das weiter unten noch behandelt wird, verschont. 60 % ihres Gewinns erwirtschaftet die Raiffeisen zwischen Moskau und Wladiwostok, das sind in blanken Zahlen allein für die Jahre 2022 und 2023 2,7 Milliarden Euro. Diese Summe liegt allerdings in den Tresoren oder auf den Rechnern der russischen Tochter AO Raiffeisenbank. Weil die Duma nach dem westlichen Sanktionsrausch im Gegenzug ein Verbot von Dividenden- und Kapitaltransfers für ausländische Unternehmen aussprach, die aus »unfreundlichen Ländern« kommen, kriegt Raiffeisen die 2,7 Milliarden Euro nicht aus Russland hinaus. Also entwickelte man einen Plan, wie sowohl die EU-Sanktionen gegen Deripaska als auch das russische Kapitalexportverbot in die EU zu umgehen seien. Und der hätte so ausgesehen: Die russische Raiffeisentochter kauft die Deripaska-Anteile von 27,7 % am Strabag-Konzern von der in Russland ansässigen »Raseria Trading Ltd.«, die dem russischen Oligarchen gehört. Dann sollen im Rahmen eines Vermögenstausches, der technisch »Sachdividende« genannt wird, die Strabag-Aktien von der russischen Raiffeisen an den österreichischen Mutterkonzern überwiesen werden. Weil bei diesem Geschäft das Risiko bestand, dass die Sanktionswächter

197 https://www.spiegel.de/ausland/ukraine-krieg-oleg-deripaska-bezeichnet-invasion-als-kolossalen-fehler-a-cb8ca6c3-8993-42e7-9879-601c0c750701 (5.2.2024)

198 Siehe dazu: https://www.derstandard.at/story/3000000200455/trotz-sanktionen-so-wie-die-raiffeisen-einen-teil-ihrer-milliardengewinne-aus-russland-bekommen-will (5.2.2024)

der EU die Sache vereiteln könnten – immerhin war daran eine Deripaska-Firma beteiligt – schob man sicherheitshalber noch einen Händler zwischen die russische Raika und die Raseria Trading.

Alle waren zufrieden ... bis sich das US-Finanzministerium meldete. In einem persönlichen Brief wandte sich Wally Adeyemo, stellvertretender US-Finanzminister, am 6. Mai 2024 an die Geschäftsleitung von Raiffeisen. Sollte der Dreieckshandel mit Deripaska und dem Strabag-Konzern durchgeführt werden, so der Mann aus Washington, dann würde die Bank aus dem internationalen Zahlungsverkehr, der über den US-Dollar abgewickelt wird, ausgeschlossen. Die selbst gebastelte rechtliche Grundlage dafür bildete eine kurz zuvor von den USA publizierte »Tri-Seal Compliance Note«. Sie richtete sich insbesondere an europäische Banken mit dem Verweis, sich strikt an das US-Sanktionsregime zu halten. Am 8. Mai 2024, zwei Tage nach Erhalt des Drohbriefes aus Washington, ließ die Raiffeisen-Zentrale wissen, dass man den Deal mit Deripaska und Strabag abgeblasen habe. Bank-Chef Johann Strobl verkündete kleinlaut eine deutliche Reduktion des Russlandgeschäftes ab dem dritten Quartal 2024.[199] Mit dem 10. Juni 2024 ließ die Raika auch keine Dollarüberweisungen aus dem Ausland mehr zu.[200] Die antirussischen EU-Sanktionen hätte man umgehen können, an den USA ist die größte ausländische Bank, die noch in Russland tätig ist, gescheitert. Die US-Sanktionsbehörde »Office of Foreign Assets Control« feierte ihren Sieg damit, weitere Personen und Unternehmen im Umfeld von Deripaska auf die schwarze Liste zu setzen. Die Raiffeisenbank International bleibt bis auf Weiteres in Russland, weil sie ihre Milliardengewinne wegen des russischen Gewinntransferverbots nicht außer Landes schaffen kann und darauf nicht verzichten will.

Dem Vernehmen nach lebt Oleg Deripaska Mitte 2024 in Moskau. Seine harsche Kritik am Kreml, dem er die Zerstörung der russischen Wirtschaft vorgeworfen hatte, ist mittlerweile sanfteren Tönen gewichen. In der *Financial Times* vom 25. September 2023 meinte er:[201] »Der private Sektor erwies sich indessen als robuster, als ich es noch vor einigen Monaten erwartet hatte. Ich war überrascht, dass die Privatwirtschaft

199 *Die Presse* vom 16. Mai 2024
200 *Die Presse* vom 31. Mai 2024
201 https://www.ft.com/content/3652bbb5-a0f9-4d54-adc6-03b645a44306 (5. 2. 2024)

so flexibel sein würde. Ich war mehr oder weniger sicher, dass bis zu 30 Prozent der Wirtschaft zusammenbrechen würden, aber es waren weit weniger.« Und mit den westlichen Sanktionen geht er hart ins Gericht: »Wir haben so viele Anstrengungen unternommen, um die Welt global zu machen, in Bezug auf Handel, Investitionen, Informationsflüsse. [...] Das ist vorbei, wenn man Sanktionen einsetzt. Sie sind ein Instrument des 19. Jahrhunderts und ich kann nicht verstehen, wie sie im 21. Jahrhundert effizient sein sollen.«

Wladimir Potanin[202] wurde 1961 in Moskau geboren. Nach einer Ausbildung an der Diplomatenschule für internationale Beziehungen arbeitete er im sowjetischen Handelsministerium, pflegte engste Beziehungen in politische Kreise rund um Präsident Jelzin und schaffte es 1995 für zwei Jahre auf den Posten des stellvertretenden Ministerpräsidenten der Russischen Föderation. Dieser Position verdankte er seinen Sprung auf das Podest der reichsten Männer Russlands. In dem von ihm administrierten »Kredite-für-Aktien-Programm« errang er Pfandrechte in der Höhe von 38 % des zur Privatisierung ausgeschriebenen Metallkombinats Norilsk Nickel, die er bald darauf in Aktienpakete umwandeln konnte. Das in den 1930er Jahren mehrheitlich von Zwangsarbeitern aus einem nahen Gulag erbaute Bergbauunternehmen fördert und produziert seither Nickel, Kupfer, Kobalt, Palladium und Platin. Es gehört zu den größten Unternehmen in Russland. Potanin ist weiters im Bankensektor und in der Telekommunikationsbranche investiert. Nach der Ära Jelzin liierte er sich gesellschaftlich und sportlich – über das Eishockey – mit dem neuen Herrn im Kreml, Wladimir Putin. Sein geschätztes Vermögen von 25 Milliarden US-Dollar hievte ihn im Jahr 2020 auf Platz 47 der reichsten Menschen der Welt.

Im Jahr 2022 setzten ihn die USA, Kanada und Australien wegen seiner Nähe zum Kreml-Chef auf die Sanktionslisten. Die Europäische Union vermied diesen Schritt bis zu Redaktionsschluss dieses Buches im Sommer 2024. Dies ist insofern bemerkenswert, als Potanin – anders als Deripaska – sich nie kritisch zum russischen Feldzug in der Ukraine geäußert hat und er alle Kriterien eines »Feindbildes« erfüllt: Putin-Freund, zweifelhafte Aneignung eines riesigen Vermögens und

202 https://de.wikipedia.org/wiki/Wladimir_Olegowitsch_Potanin#Sanktionen (7.2.2024)

Hersteller von Grundstoffen für die Waffenindustrie. Gerade Letzteres, sein Nickel-Werk im mittelsibirischen Norisk, ist es aber auch, warum ihn Brüssel bislang nicht sanktioniert. Potanins Rohstoffe werden in der EU gebraucht, mehr noch: Ohne Nickel hätten die großen Pkw-Hersteller keine Batterien für ihre E-Autos. Als Weltmarktführer für dieses Metall hat Potanin also gute Karten in der Auseinandersetzung mit Brüssel. Auch sein Platin und Kupfer sowie Kobalt wird in EU-europäischen Unternehmerkreisen geschätzt. Deshalb, so *Business Insider* Ende Dezember 2023, »braucht die EU den Nickel-König«.[203]

Konstantin Malofejew[204] wurde 1974 in einer Kleinstadt südlich von Moskau geboren. Er stammt aus einfachen Verhältnissen und studierte Rechtswissenschaften an der Moskauer Lomonossow-Universität. Sein Geschäftsleben verbrachte er von Anfang an im Finanzsektor, indem er Privatisierungen begleitete. Mit der Gründung des Marshall Capital Fonds, einer Private-Equity-Firma, wurde er zu einem der reichsten Finanzjongleure Russlands. Später stieg Malofejew in die Medien- und Telekommunikationsbranche ein; sein Fernsehsender *Tsargrad TV* ist für seine monarchistisch-konservative Schlagseite bekannt und stellt sich als russisches Äquivalent von *Fox News* dar. Malofejews Vermögen wird auf zwei Milliarden US-Dollar geschätzt.

Er war einer der ersten russischen Oligarchen, der auf den transatlantischen Sanktionslisten landete. Bereits seit dem 20. April 2014 bzw. seit dem 30. Juli 2014 ist sein Vermögen in den USA und der EU konfisziert. Und das nicht, weil seine wirtschaftliche Macht ihn in den Augen Washingtons oder Brüssels gefährlich macht, sondern aufgrund seiner politischen Ansichten. Malofejew macht kein Hehl aus seiner Begeisterung für die Wiedererrichtung Neurusslands, einem zaristischen Gouvernement aus dem 18. Jahrhundert, das von Lugansk im Osten bis Kischinew (Chișinău) im Westen reichte. Der damals dünn besiedelte Landstrich würde heute grob die vier von Russland inkorporierten Oblaste Donezk, Lugansk, Charkow und Saporoschschja umfassen, weiters die Krim sowie Odessa und Moldawien. Neben seinen expansiven russisch-nationalen

203 https://www.businessinsider.de/wirtschaft/das-ist-der-einzige-russische-oligarch-der-keine-eu-sanktionen-fuerchten-muss/ (7.2.2024)

204 https://illicitedge.com/illicit-edge-insights-who-is-russian-oligarch-konstantin-malofeyev/; https://de.wikipedia.org/wiki/Konstantin_Walerjewitsch_Malofejew (7.2.2024)

Ansichten gibt sich Malofejew als strenggläubiger Anhänger der russisch-orthodoxen Kirche. Auch seine Verbindung zum eurasischen Philosophen Alexander Dugin wird ihm im Westen übel genommen. Ukrainische Häscher haben offensichtlich mehrmals versucht, Malofejew aus dem Weg zu räumen. Anfang März 2023 soll der russische Inlandsgeheimdienst einen Mordanschlag auf ihn im letzten Moment vereitelt haben.[205]

In die antirussische Sanktionsgeschichte könnte Malofejew eingehen, weil er der erste Reiche ist, dem die eingefrorenen Gelder von Staats wegen gestohlen wurden; und zwar in den USA. Nach einem Treffen mit dem ukrainischen Generalstaatsanwalt Andriy Kostin im Februar 2023 genehmigte US-Justizminister Merrick Garland die Beschlagnahme von 5,4 Millionen US-Dollar von Konten des russischen Oligarchen und ließ sie in die Ukraine überweisen, »zur Beseitigung der Schäden des ungerechten Krieges Russlands«,[206] wie es hieß. Eine Einrichtung mit dem seltsamen Namen Kleptocapture Task Force nahm den Geldtransfer vor. Damit war ein Tabu gebrochen. Bis dahin wurden Milliarden von russischen Geldern zwar eingefroren, aber nicht beschlagnahmt bzw. gestohlen. Dass dies ausgerechnet mit Besitzungen eines geopolitisch und ökonomisch vergleichsweise unbedeutenden Reichen geschah, ist bemerkenswert. Es sollte an einem Ideologen, der der transatlantisch-liberalen Blase nicht passte, ein Exempel statuiert werden.

Konkurrenten aus dem Feld schlagen

Bei der Durchsicht der ersten Personensanktionslisten ab 2014 wird bald klar, dass sich hinter der offiziellen Botschaft, wonach die sanktionierten Menschen – meist Männer – die »territoriale Unversehrtheit, die Souveränität und die Unabhängigkeit der Ukraine bedrohen«,[207] andere Interessen verbergen.

Da geht es zum einen um geopolitische Herrschaftsansprüche, die der Westen über die seit 1999 betriebene NATO-Osterweiterung offensiv

205 https://www.n-tv.de/politik/Russland-will-Attentat-auf-Oligarchen-vereitelt-haben-article23964813.html (7.2.2024)

206 https://www.berliner-zeitung.de/wirtschaft-verantwortung/us-justiz-macht-ernst-erster-russischer-oligarch-enteignet-li.348010 (7.2.2024)

207 https://www.consilium.europa.eu/de/meetings/fac/2014/03/17/ (9.2.2024)

vorantreibt und die vielfach dokumentiert sind. Russland war die längste Zeit nicht in der Lage, darauf zu reagieren. Seit seiner territorialen und wirtschaftlichen Konsolidierung unter Wladimir Putin bemühen sich die einschlägigen Büros von Washington und Brüssel darum, Moskau zu schwächen, seinen Einfluss in den anderen ehemaligen Sowjetrepubliken zurückzudrängen und das Land wirtschaftlich zu schädigen, zu »ruinieren«, wie sich die deutsche Chefdiplomatin im Februar 2022 ausdrückte.

Dann sind bei der Suche nach den Hintergründen noch ideologische Grabenkämpfe zu berücksichtigen, die das Ringen um Hegemonie kulturell begleiten. Das Moskauer Regime in Form von Kreml und orthodoxem Patriarchat zieht sich dabei zunehmend auf die Verteidigung konservativer Gesellschaftsbilder zurück, während im Westen Kapital und Politik dazu übergehen, ihren gesellschaftlichen Rückhalt linksliberal-grün mit dem Weltbild individualisierter Diversität zu unterfüttern.

Als dritte wesentliche Triebkraft für die schwarzen Listen kann unschwer die ökonomische erkannt werden. Der mit allen Mitteln geführte Kampf um die Ukraine ist auch – wenn nicht sogar in erster Linie – ein Kampf um das große Geschäft. In seinem Verwertungshunger drängt westliches Kapital seit dem Zusammenbruch des Ostblocks in östliche Gefilde. Die weiter oben beschriebene »Ostpartnerschaft« mit den von der EU angebotenen Assoziierungsabkommen sollte dafür ein Türöffner in Richtung Ex-Sowjetunion sein. Dies betrifft in der Ukraine Nutzung und Eigentum von 33 Millionen Hektar – das ist fast die Größe Deutschlands – an fruchtbarsten Schwarzerde-Böden genauso wie Unternehmen aus sämtlichen industriellen Branchen, die nach der ukrainischen Unabhängigkeit 1991 bereits mehrfache Besitzerwechsel über sich ergehen haben lassen. Das transatlantische Sanktionsregime fügt sich in diesen ökonomischen Wettstreit um die besten Profit-Positionen ein, indem es das aus ehemaligem Volksvermögen zusammengeraubte russische Kapital möglichst von weiterer Expansion ausschließen will. Mit der (berechtigt) abschätzigen Bezeichnung als »Oligarchen« werden die neureichen Milliardäre aus Russland aus den Hochämtern EU-europäischer und US-amerikanischer Börsen vertrieben. Ihr eingefrorenes Vermögen ist zum Sinnbild einer Demütigung geworden. Dass der Reichtum der allermeisten ihrer Kapital-Gegner dies- und jenseits des Atlantiks auf ebenso fragwürdige Weise zustande kam, tut deren selbstgerechtem

Auftreten keinen Abbruch. Die Verwalter von Kapital, das sich je nach Alter und Herkunft aus Sklavenhandel, Diebstahl und weltweiter Ausbeutung speist, versuchen im neuen Wirtschaftskrieg gegen Russland ihre führende Position zu halten und jene auszusperren, die sich mit ebenfalls unlauteren Methoden während des Zusammenbruchs der Sowjetunion bereichert haben. Dass sich Letztere nach ihrem Ausschluss aus westlichen Kapitalverbindungen in Richtung Osten, insbesondere nach China, wenden, darf niemanden verwundern. Dies könnte, anders als von den Wirtschaftskriegern in Brüssel oder Washington gedacht, zu einer Aufteilung der ökonomischen Einflusssphären auf der Welt führen. Damit wäre das Zeitalter der Globalisierung unter einem unipolaren Hegemon beendet.

Bis zum Einmarsch Russlands in der Ukraine am 24. Februar 2022 fanden sich 1000 Super-Reiche auf den westlichen Sanktionslisten, insbesondere jenen der USA, aber auch der EU, des Vereinigten Königreichs und Kanadas. Sie alle verloren den Zugriff auf ihre Vermögenswerte, ob das nun Kapital, Unternehmen, Immobilien oder Fußballklubs waren. Am Tag vor dem Einmarsch, dem 23. Februar 2022, sanktionierte die Europäische Union weitere 351 Russinnen und Russen. Diesmal waren es keine Oligarchen, sondern die Mitglieder der Duma, die für die Anerkennung der Volksrepubliken Lugansk und Donezk gestimmt hatten. Der Hohe Vertreter der EU für Außen- und Sicherheitspolitik, Josep Borrell, erklärte dazu: »Derartige Entscheidungen sind rechtswidrig und nicht hinnehmbar. Sie stellen einen Verstoß gegen das Völkerrecht dar.«[208] Der katalonische Sozialdemokrat blieb sich in der Einschätzung von Sezessionen zumindest treu. Denn in Spanien gehörte er zu jenen Politikern, die an vorderster Front gegen die Unabhängigkeit seiner katalonischen Heimat vom Königreich kämpften. Und während die Mehrheit der EU-Mitgliedsstaaten in der spiegelbildlichen Abtrennung des Kosovo von Serbien im Jahre 2008 anders als im Fall der ostukrainischen Volksrepubliken sich auf die Seite der Sezessionisten schlug und die kosovarische Staatlichkeit anerkannte, verweigert Spanien diesen Schritt.

208 https://www.consilium.europa.eu/de/press/press-releases/2022/02/23/russian-recognition-of-the-non-government-controlled-areas-of-the-donetsk-and-luhansk-oblasts-of-ukraine-as-independent-entities-eu-adopts-package-of-sanctions/ (10.2.2024)

Seit März 2014 sind Hunderte Beamte in Brüssel damit beschäftigt, Strafmaßnahmen gegen Russland zu administrieren. Und in den einzelnen Nationalstaaten sitzen Tausende hinter ihren Schreibtischen, um die EU-Beschlüsse zu exekutieren; ganz zu schweigen von den Industrie- und Handelskammern, die Spezialisten für die jeweiligen sanktionierten Branchen bereitstellen, um den örtlichen Betrieben Leitfäden zu ihren Geschäften mit russischen und belarussischen Partnern in die Hand zu geben bzw. Pläne zu entwickeln, wie das Russland-Engagement möglichst verlustarm zu Ende gebracht werden kann.

Die Sanktionen werden halbjährlich verlängert und ständig kommen neue hinzu. Der aus den Staatschefs der Mitglieder zusammengesetzte Europäische Rat veröffentlicht all diese Beschlüsse. Mit Inkrafttreten der jeweiligen EU-Rechtsakte wird jede Sanktion unmittelbar zu geltendem Recht in allen Mitgliedsstaaten.[209] Im Rahmen einer »Zeitleiste« mit dem Untertitel »Restriktive Maßnahmen der EU gegen Russland aufgrund der Krise in der Ukraine« wird jede Verordnung veröffentlicht.[210] Sie ist in 24 Sprachen abrufbar, was wiederum Hunderte Arbeitsplätze für Menschen sichert, die anderweitig produktiver oder sozialer einsetzbar wären.

Die »Zeitleiste« beginnt bereits am 3. März 2014, als Brüssel das »Vorgehen Russlands in der Ukraine verurteilt«. Gemeint kann dabei nur die Autonomieerklärung des Parlaments der Krim sein, eine Reaktion auf den verfassungswidrigen Regimewechsel in Kiew. Für den Schritt in Richtung Autonomie machte man Moskau verantwortlich, ohne den EinwohnerInnen der Krim eine Stimme zuzubilligen. Das Referendum fand dann am 16. März statt. Die erste Maßnahme der EU gegen Russland war die Ankündigung eines Boykotts des G8-Gipfels, der rotationsmäßig in Sotschi hätte stattfinden sollen.[211] Stattdessen fand ein G7-Gipfel in … Brüssel statt. Damit waren am 3. März 2014 auf höchster wirtschaftlicher Ebene die Bande zu Russland durchschnitten. Seit damals verging kein Monat, in dem nicht neue schwarze Listen geschrieben und

209 https://www.bmwk.de/Redaktion/DE/Downloads/U/umsetzung-der-russland-sanktionen-kurzuberblick.pdf?__blob=publicationFile&v=4 (2.6.2024)

210 https://www.consilium.europa.eu/de/policies/sanctions/restrictive-measures-against-russia-over-ukraine/history-restrictive-measures-against-russia-over-ukraine/ (10.2.2024)

211 https://www.consilium.europa.eu/en/meetings/fac/2014/03/03/ (10.2.2024)

Verschärfungen beschlossen wurden. Den Abschuss eines malaysischen Passagierflugzeugs über der Ostukraine nahm der EU-Rat zum Anlass, am 25. Juli 2014 seine Personensanktionsliste von 15 auf 87 und die Liste der zu bestrafenden Unternehmen auf 20 zu erhöhen.[212] Und weiter ging es Schlag auf Schlag. Entsprechende Erklärungen wurden mit Standardformeln wie »zusätzliche restriktive Maßnahmen gegen Russland« eingeleitet. Am 28. November 2014 verkündete Brüssel voll Stolz, die 100er-Marke an sanktionierten Personen überschritten zu haben.[213]

Ab 20. März 2015 widmeten sich die EU-Granden dann »Russlands anhaltenden Kampagnen der öffentlichen Desinformation«. Unter der Schirmherrschaft der neuen Hohen Vertreterin Federica Mogherini gründete Brüssel ein »Strategisches Kommunikationsteam Ost«, auch »East StratCom Task Force« genannt. Dies war der Vorläufer für spätere Zensurmaßnahmen,[214] die nach sieben Jahren nicht nur in der erzwungenen Schließung aller russisch finanzierten Medien in der EU mündeten, sondern auch eine darüber hinausgehende Maschine für Publikationsverbote in Gang setzten. Die immer stärkere Verengung des öffentlichen Diskursraumes über wesentliche weltpolitische Fragen nahm mit der Etablierung der East StratCom Task Force ihren Anfang.

In den Jahren 2016 und 2017 beschäftigten sich Europas Wirtschaftskrieger vornehmlich mit der Verlängerung bestehender Sanktionen. Wie ukrainisch die führenden Figuren in der Europäischen Union mittlerweile dachten und welchem Wahn die zuständigen Personen im Rat und in der Kommission bereits verfallen waren, zeigt die Steigerung des Sanktionsrausches am 31. Juli 2018.[215] Da beschloss Brüssel tatsächlich, jene Firmen zu sanktionieren, die am Bau der Kertsch-Brücke beteiligt waren. Diese insgesamt 18 Kilometer lange Straßen- und Eisenbahnbrücke stellt eine Verbindung des russischen Festlandes mit der Halbinsel Krim dar. Pläne für ein solches Projekt gab es bereits am Ende der Zarenzeit. Auch die Wehrmacht beschäftigte sich nach ihrem Vormarsch

212 https://www.consilium.europa.eu/media/22025/144144.pdf (10. 2. 2024)

213 https://www.consilium.europa.eu/media/21991/145571.pdf (10. 2. 2024)

214 Siehe weiter: Hannes Hofbauer, Zensur. Publikationsverbote im Spiegel der Geschichte. Vom kirchlichen Index zur YouTube-Löschung. Wien 2022, S. 129f.

215 https://www.consilium.europa.eu/de/press/press-releases/2018/07/31/ukraine-eu-adds-six-entities-involved-in-the-construction-of-the-kerch-bridge-connecting-the-illegally-annexed-crimea-to-russia-to-sanctions-list/ (10. 2. 2024)

auf die Krim mit der Idee, eine Brücke bei der Taman-Bucht zu schlagen; im Rahmen der Operation Gotenkopf wurde mit dem Bau dafür begonnen. Nachdem Stalin jede Bombardierung verboten hatte, sprengten die Nazis bei ihrem erzwungenen Rückzug die Brücke selbst in die Luft. Im Dezember 2013, also noch vor dem Regime-Change in Kiew, startete dann der nächste Anlauf, die Krim nach Osten hin verkehrstechnisch zu öffnen. Eine gemeinsame russisch-ukrainische Regierungskommission schloss entsprechende Vorverträge ab.[216] Am 19. März 2014 begann die russische Seite mit dem Vorhaben, aber Kiew betrachtete dies mittlerweile als feindselige Bautätigkeit, weil dadurch – rein geografisch – der ukrainische Druck auf die Krim geschwächt wurde und im Gegenteil sich die Halbinsel in Richtung Osten orientieren konnte. Die Feier zur Eröffnung der Straßenbrücke am 16. Mai 2018 beantwortete die Europäische Union sechs Wochen später damit, die daran beteiligten Firmen zu sanktionieren. Das war vier Jahre, bevor Russland seine Truppen gegen die Ukraine in Bewegung setzte; ein ungeheuerlicher Vorgang, der zeigt, wie der Westen an allen Fronten – auch an der verkehrstechnischen – gegen Moskau kämpft.

Doch nicht nur gegen Russland waren die EU-Vertreter unterwegs. Wie stark sie sich in ihrer Rolle als Wirtschaftskrieger verrannt haben, zeigt beispielhaft das Resultat der Ratssitzung vom 21. Februar 2022. Der Termin ist insofern interessant, als wir uns zu diesem Zeitpunkt drei Tage vor dem russischen Einmarsch in die Ukraine befinden, der als Reaktion darauf eine neue Kaskade von antirussischen Sanktionen auf viel höherer Stufe mit sich brachte. An diesem 21. Februar 2022, einem ganz normalen Tag in Brüssel mit einem normal gewordenen Umsichschlagen gegen missliebige Regierungen und Organisationen wurden vier Verordnungen zu deren Niederringen erlassen. Die dahinterstehende Routine verströmt eine atemberaubende Selbstgerechtigkeit. Es lohnt sich, diesen Vorgang im Original anzusehen – das Beamtendeutsch liest sich etwas mühsam.[217] Als erstes steht die »Durchführungsverordnung (EU) 2022/235 des Rates vom 21. Februar 2022 zur Durchführung der Verordnung (EU) 2016/1686 über die Anwendung zusätzlicher restriktiver

216 Hans-Joachim Hoppe, Die Brücke von Kertsch. In: *Eurasisches Magazin* vom 1. Januar 2016.
217 https://eur-lex.europa.eu/legal-content/EN/TXT/?uri=OJ:L:2022:040:TOC (10.2.2024)

Maßnahmen gegen ISIL (Da'esh) und Al-Qaida und die mit ihnen verbundenen natürlichen und juristischen Personen, Organisationen und Einrichtungen«; dann folgt die »Durchführungsverordnung (EU) 2022/236 des Rates vom 21. Februar 2022 zur Durchführung der Verordnung (EU) Nr. 269/2014 über restriktive Maßnahmen gegen Handlungen, die die territoriale Unversehrtheit, Souveränität und Unabhängigkeit der Ukraine untergraben oder bedrohen«; zum Dritten geht es um die »Durchführungsverordnung (EU) 2022/237 des Rates vom 21. Februar 2022 zur Durchführung der Verordnung (EU) Nr. 36/2012 über restriktive Maßnahmen angesichts der Lage in Syrien«; und weil man schon in Asien ist, gibt es noch eine Verordnung zum Drüberstreuen, nämlich die »Verordnung (EU) 2022/238 des Rates vom 21. Februar 2022 zur Änderung der Verordnung (EU) Nr. 401/2013 über restriktive Maßnahmen angesichts der Lage in Myanmar/Birma«.

Al-Qaida, Russland, Syrien und Myanmar. Viel mehr als eine Stunde wird es die RatsmitarbeiterInnen nicht gekostet haben, um die richtige Nummerierung im Verordnungsreigen aufzusetzen. Und sollte dabei ein Fehler passiert sein, konnte man diesen bei nächster Gelegenheit ausbessern. Weniger als eine Woche später befand man sich im großen Wirtschaftskrieg gegen das größte Land der Welt.

Der große Wirtschaftskrieg gegen Russland

Mit zwei EU-Ratsbeschlüssen an einem Tag, dem 23. Februar 2022, trat Brüssel in eine neue, fundamentale Gegnerschaft zu Moskau ein. Einen Tag vor dem Einmarsch der russischen Armee in die Ukraine sanktionierte die Europäische Union damit einen Gutteil des politischen, militärischen und medialen Personals der Russländischen Föderation. Gedacht war diese Eskalation als Antwort auf die Anerkennung der beiden Volksrepubliken Lugansk und Donezk durch Moskau, weshalb sämtliche Duma-Abgeordnete, die dafür gestimmt hatten, auf die schwarze Liste kamen. Dazu schloss Brüssel noch Politiker wie Verteidigungsminister Sergei Schoigu, den Minister für wirtschaftliche Entwicklung Maxim Gennadjewitsch und drei weitere höchstrangige Amtsinhaber von jedem möglichen zukünftigen Vermittlungsgespräch aus, desgleichen die Oberbefehlshaber aller Streitkräfte (wohlgemerkt: einen Tag vor der Invasion) sowie JournalistInnen wie die Chefredakteurin von *RT*, Margarita Simonjan.

Zwei Tage nach dem Einmarsch russischer Truppen in die Ukraine gab EU-Kommissionspräsidentin Ursula von der Leyen auf einer Pressekonferenz bekannt, die in der EU angelegten Vermögen der russischen Zentralbank einzufrieren. Dieselbe Aussage hörte man zeitgleich aus Washington, London und Ottawa. Der Paukenschlag vom 26. Februar 2022 ist präzedenzlos. Er beendete eine jahrzehntelang währende Epoche, in der auf Basis von Vereinbarungen und Vertrauen ein weitgehend global aufgestellter, zwischenstaatlicher Anlage- und Kapitalmarkt existierte. Zwei Tage später wurde mit der EU-Verordnung 2022/334 das Verbot jeglicher Transaktion mit der russischen Zentralbank in einen Gesetzestext gegossen.[218] Laut Europäischem Rat beliefen sich zu diesem Zeitpunkt die auf ausländischen Kapitalmärkten befindlichen russischen Reserven auf insgesamt 643 Milliarden US-Dollar.[219] 300 Milliarden davon lagern innerhalb der G7-Staaten, wurden also dem Zugriff Moskaus entzogen. 191 Milliarden davon soll die in Belgien ansässige

218 https://eur-lex.europa.eu/eli/reg/2022/334/oj/deu (5.3.2024)

219 https://www.consilium.europa.eu/de/policies/sanctions/restrictive-measures-against-russia-over-ukraine/sanctions-against-russia-explained/ (5.3.2024)

Aktiengesellschaft »Euroclear«, die weltweit Forderungen und Verbindlichkeiten von Finanzgesellschaften verwaltet, unter Kontrolle haben.[220] Geschätzte 6 Milliarden sind in den USA blockiert. Seltsam mutet allerdings an, dass auch zwei Jahre nach der größten jemals getätigten Kapitalblockade noch immer nicht alle russischen Werte identifiziert sind. Einzig die Schweiz, die sich spät aber doch den EU-Maßnahmen anschloss, machte ihren Anteil an staatlichen russischen Geldern transparent. Dort sollen 7,4 Milliarden Schweizer Franken eingefroren sein.[221]

Die russische Zentralbankchefin Elwira Nabiullina reagierte umgehend auf die Kapitalblockade. Bereits am Nachmittag nach der Ankündigung von der Leyens verkündete sie auf einer Pressekonferenz die Anhebung des Leitzinssatzes von 10 auf 20 % sowie ein Verbot von Dividendenzahlungen und Kreditgeschäften mit Ausländern aus »unfreundlichen Staaten«,[222] so das neue Wording des Moskauer Establishments für die westlichen Wirtschaftskrieger.

Das Einfrieren der 300 Milliarden hatte von Anfang an nicht den gewünschten Effekt. Und dies nicht so sehr wegen der sogleich eingeleiteten Gegenmaßnahmen, sondern vor allem deshalb, weil russische Energie weiter in Westeuropa benötigt wurde. Dass sich zeitgleich EU-europäische Unternehmen fluchtartig aus dem russischen Markt zurückzogen, erhöhte den Exportüberschuss des sanktionierten Landes. Bei russischen Energiekonzernen sammelten sich große Mengen an Währungsreserven in Euro und Dollar an. Auch hier handelte Zentralbankchefin Nabiullina umgehend, indem sie die russischen Unternehmen zwang, binnen drei Tagen 80 % ihrer Währungseinnahmen auf dem Devisenmarkt gegen Rubel zu verkaufen. Das bewirkte einen Nachfrageboom für Rubel und stützte den Kurs der russischen Währung.[223] Die westlichen Energieeinkäufer mussten sich diesem Vorgang zähneknirschend beugen und in Rubel zahlen, wollten sie weiterhin russisches Gas beziehen. Im Juni 2024 meldete dann das russische Portal RBK unter Berufung auf staatliche Statistiken, dass der Anteil des Rubels an den Exportgeschäften

220 https://qoshe.com/berliner-zeitung/michael-maier/eu-schopft-russische-zentralbank-gelder-fur-ukraine-ab/169768202 (5.3.2024)

221 https://www.nau.ch/news/europa/74-milliarden-franken-der-russischen-zentralbank-in-der-schweiz-66492043 (5.3.2024)

222 Vgl. Maurice Höfgen, Der neue Wirtschaftskrieg. Berlin 2022, S. 77

223 Ebd., S. 78

mit europäischen Unternehmen einen neuen Rekord erreichte und auf 58,5 % anstieg.[224]

Die Debatte um die Beschlagnahme eingefrorener russischer Vermögen ging indes weiter. Washington drängte, Brüssel bremste, zog aber immer wieder nach. Die Maßnahme erinnert ein wenig an den Goldraub nach dem Ende des Zweiten Weltkrieges, als die Westalliierten im Ausland gelagertes baltisches Gold einbehielten und damit dem Zugriff der neuen – kommunistischen – Regierung entzogen. 50 Jahre später, im Jahr der baltischen Unabhängigkeit 1991, war von den 25 Tonnen Gold nicht mehr viel übrig. Die Briten hatten damit ihre Landsleute entschädigt, die durch Enteignungen ihre Immobilien in der Sowjetunion verloren hatten; die USA verbrauchten das Gold für die exilbaltische Opposition; nur Frankreich konnte noch magere 2,3 Tonnen Gold an die nun nationalen, antikommunistischen Regierungen zurückgeben.[225]

Die Liste der Sanktionspakete

Am 23. Februar 2022 begann die Europäische Union mit der Zählung von Sanktionspaketen, obwohl bereits acht Jahre zuvor wirtschaftliche Zwangsmaßnahmen gegen Russland und russische Betriebe verhängt worden waren; allerdings, ohne diese zu nummerieren. Das 1. Sanktionspaket vom 23. Februar 2023 reagierte auf die Anerkennung der zwei Volksrepubliken Donezk und Lugansk durch Moskau. Dies geschah einen Tag vor dem Einmarsch der russischen Armee. Am 25. Februar erfolgte bereits das 2. Sanktionspaket mit der Verordnung 2022/328,[226] die umfassende Beschränkungen im Güterverkehr, in der Luft- und Seeschifffahrt sowie auf dem Kapitalmarkt einführte. Auch die zwei höchstrangigen russischen Politiker landeten auf der schwarzen Liste der Europäischen Union: Präsident Wladimir Putin und Außenminister Sergej Lawrow. Das war zu diesem Zeitpunkt nicht mehr als ein symbolischer Akt, denn die damit einhergehenden Vermögenssperren scheiterten daran, dass die beiden in der EU keine Konten besaßen, und

224 https://freedert.online/europa/208723-rubel-anteil-im-russisch-europaeinsche/ (22.6.2024)

225 https://www.spiegel.de/wirtschaft/wo-ist-das-gold-geblieben-a-e622ed8d-0002-0001-0000-000013492213 (24.7.2022)

226 https://eur-lex.europa.eu/eli/reg/2022/328/oj/deu (9.3.2024)

für etwaige diplomatische Verhandlungen blieb das ansonsten übliche Einreiseverbot aufgehoben – für Putin allerdings nur bis zum 17. März 2023. Seit damals hat er eine wirr klingende Anklage wegen Kinderverschleppung durch den Internationalen Strafgerichtshof am Hals. Jene Länder, die diesen Gerichtshof anerkennen,[227] könnten ihn bei der Einreise verhaften lassen.

Das 3. Sanktionspaket wurde in zwei Verordnungen vom 28. Februar und vom 1. März 2022 verpackt.[228] Es kam einem ökonomischen (und auch kulturellen) Generalangriff gegen Russland gleich. Brüssel schloss erstmals sechs große russische Banken aus dem SWIFT-System aus, einem seit 1973 bestehenden Telekommunikationsnetzwerk, das weltweit den Zahlungsverkehr zwischen 10.000 Kreditinstituten regelt. Ohne Zugang zu diesem System sind Finanztransaktionen mit dem Westen nicht mehr und auch sonst nur erschwert durchführbar. Im EU-Beamtendeutsch liest sich diese schwerwiegende Maßnahme in der Verordnung 2022/345 folgendermaßen: »Am 1. März 2022 hat der Rat den Beschluss [...] zur Verhängung weiterer restriktiver Maßnahmen im Hinblick auf die Bereitstellung von spezialisierten Nachrichtenübermittlungsdiensten für den Zahlungsverkehr für bestimmte russische Kreditinstitute und deren russische Tochterunternehmen, die für das russische Finanzsystem von Bedeutung sind und bereits restriktiven Maßnahmen der Union oder von Partnerländern unterliegen, [...] angenommen. Durch den Beschluss wird ferner [...] die Lieferung von Euro-Banknoten an Russland verboten.«[229]

Darüber hinaus verbot das 3. Sanktionspaket den Überflug des EU-Luftraumes durch Maschinen russischer Fluggesellschaften sowie deren Landung in der Europäischen Union und erwirkte ein Sendeverbot für *RT* und *Sputnik* im gesamten EU-Raum. Damit war zum einen die wichtigste zivile Verkehrsader zwischen Westeuropa und Russland gekappt und zum anderen europaweit ein Zensurregime etabliert. Serbien hielt sich an beides nicht und die Schweiz kam (zumindest bis zu Redaktionsschluss dieses Buches) ohne ein Sendeverbot russischer Medien aus.

227 Der Internationale Strafgerichtshof (IStGH) wird von Russland, den USA, China, Israel, Iran, Indonesien und vielen anderen Staaten nicht anerkannt.

228 https://eur-lex.europa.eu/eli/reg/2022/334/oj/deu;

229 https://eur-lex.europa.eu/legal-content/DE/TXT/PDF/?uri=CELEX:32022R0345 (9.2.2024)

Das 5. Sanktionspaket vom 8. April 2022 zielte unter anderem auf die Schiffe russischer Reedereien. Sie durften keine Häfen mehr in der Europäischen Union anlaufen. Darüber hinaus schotteten sich die Brüssel unterstehenden Staaten von »fossilen festen Brennstoffen« aus Russland ab, was ein Einfuhrverbot für russische Kohle bedeutete. Weiters wurden mit der Verordnung 2022/576 vom 8. April russische Speditionen auch von den Straßen der EU verbannt. Selbst Einzelpersonen war die Beförderung von Gütern aus Russland in die Europäische Union nun untersagt. Diese Klausel in Artikel 1/w [230] führte später in einer Reihe von Ländern zur Beschlagnahmung von russisch immatrikulierten Pkw, auf die wir weiter unten noch zu sprechen kommen werden. Das 5. Sanktionspaket zeichnete sich auch durch eine besonders lange Liste von Anhängen aus, die eine Reihe von Ein- und Ausfuhrverboten enthält, u.a. zu Eisen- und Stahlerzeugnissen, Kraftstoffen, Luxusgütern, Gütern aus dem Hightech-Bereich und »weiteren Gütern«.

Sieben Wochen später ging es im 6. Sanktionspaket vom 3. Juni 2022 russischem Erdöl und Erdölerzeugnissen an den Kragen. In Punkt 15 der Verordnung 2022/879 heißt es dazu: »Der Beschluss enthält auch ein Verbot, Rohöl und bestimmte Erdölerzeugnisse, die ihren Ursprung in Russland haben oder aus Russland ausgeführt wurden, unmittelbar oder mittelbar zu kaufen, einzuführen oder in Mitgliedstaaten zu verbringen sowie ein Verbot der Versicherung oder der Rückversicherung des Transports dieser Güter auf dem Seeweg in Drittländer.«[231] Weil jedoch einige EU-Mitgliedsstaaten über Pipelines mit russischem Erdöl versorgt werden und dieses nicht rasch anderswoher beziehen können, macht Punkt 16 für diese Länder eine Ausnahme. Das Erdöl-Einfuhrverbot, heißt es, gilt für »Mitgliedsstaaten, die aufgrund ihrer geografischen Lage besonders von über Pipelines aus Russland eingeführtem Rohöl abhängig sind, [...] vorübergehend nicht.« Im Wörtchen »vorübergehend« schwang bereits die Drohung mit, sich möglichst rasch von russischem Erdöl unabhängig zu machen.

Das 6. Sanktionspaket erweiterte die Verbotsliste insbesondere auf Dienstleistungen. Dementsprechend stehen seit dem 3. Juni 2022 unter

230 https://eur-lex.europa.eu/legal-content/DE/TXT/PDF/?uri=CELEX:32022R0576 (9.3.2024)

231 https://eur-lex.europa.eu/eli/reg/2022/879/oj/deu (9.3.2024). Nach einer Übergangsfrist ist dieses Gesetz im Dezember 2022 in Kraft getreten.

Strafe: Wirtschaftsprüfung und Buchhaltung für russische Betriebe sowie Werbemaßnahmen von EU-Unternehmen in Russland. Letzteres hat eine Reihe von westeuropäischen Handels- und Gastronomieketten (genauso wie ihre US-amerikanischen Konkurrenten) vom russischen Markt vertrieben, konnte doch die Bewerbung ihrer Produkte in Russland vor heimischen Gerichten enden.

Im 7. Sanktionspaket vom 21. Juli 2022 setzten die Brüsseler Wirtschaftskrieger russisches Gold auf die schwarze Liste. Das führte am Goldmarkt zu Turbulenzen, da Russland nach China und Australien der drittgrößte Goldschürfer weltweit ist. Die auch unter der Bezeichnung »Korrekturpaket« gelisteten Strafmaßnahmen betreffen erstmals auch einen EU-europäischen Staatsbürger, womit eine neue Qualität erreicht wird. Zwar kamen bereits zuvor, wie oben erwähnt, zwei Russen mit portugiesischen bzw. zypriotischen Pässen auf die schwarze Liste Brüssels, was für sie Vermögensentzug bedeutete. Aber die beiden Oligarchen waren als Doppelstaatsbürger auch mit einem russischen bzw. einem israelischen Dokument ausgestattet. Damit waren sie weder geschäftlich handlungsunfähig noch in ihrer Existenz bedroht. Der Versuch des EU-Parlaments im Mai 2022, mit Gerhard Schröder und Karin Kneissl zwei prominente Ex-Politiker sanktionieren zu lassen, scheiterte an der Ohnmacht der zwischen Straßburg und Brüssel pendelnden Hundertschaften.

Der Fall Jozef Hambálek

Am 21. Juli 2022 war es soweit. Im 7. Brüsseler Sanktionspaket wurde erstmals das Vermögen eines EU-Bürgers eingefroren bzw. – genauer – die Slowakei, dessen Staatsangehöriger der Mann ist, wurde aufgefordert, das Sanktionsedikt aus Brüssel umzusetzen. Es handelt sich dabei um Jozef Hambálek. Er ist Europapräsident des russischen Motorradclubs »Nachtwölfe«. Dessen führende Funktionäre wurden in eine 54 Personen und zehn Organisationen umfassende neue Sanktionsliste aufgenommen, womit diese zum 21. Juli 2022 auf 1212 Individuen und 108 Einrichtungen anwuchs.[232]

232 https://www.faz.net/aktuell/politik/ausland/eu-geht-gegen-putins-motorradclub-nachtwoelfe-vor-18192923.html (14. 3. 2024)

Die »Nachtwölfe« entstanden in der Zeit der Gorbatschow'schen Perestrojka im Jahr 1989 als Ausdruck einer neuen Freiheitsbewegung … von Motorradfans. Erste Westkontakte z. B. zu den dänischen Hells Angels spickten sie mit antisowjetischer Orientierung, die dort willkommen war. Auffällig war ihre Nähe zum russischen Präsidenten Boris Jelzin sowie die damit verbundene Staatstreue, die nahtlos auf dessen Nachfolger Wladimir Putin überging. Ihr Präsident Alexander Saldostanow, der ebenfalls von Brüssel sanktioniert worden ist, versteht sich als patriotischer russisch-orthodoxer Biker. Glühender Nationalismus gehört zu seinen ideologischen Grundlagen. Innenpolitisch machte der knapp 10.000 Mitglieder starke Motorradclub mit einer Veranstaltung zum 70. Jahrestag der Schlacht um Stalingrad Furore. Damals, im Februar 2013, kamen 200.000 Menschen zur Bike-Show nach Wolgograd, die ganz im Zeichen des großen sowjetischen Sieges und seines Feldherrn, Josef Stalin, stand.[233] Eineinhalb Jahre später tourte eine Abordnung der »Nachtwölfe« mit ihren schweren Maschinen über die Krim, die sich kurz zuvor Russland angeschlossen hatte. Die PR-Abteilung des Kremls zeigte damals auch Bilder von Wladimir Putin auf einer schweren Maschine. Außenpolitisch fielen die mit russischen Fahnen geschmückten Motorräder in den 2010er Jahren am 9. Mai, dem Tag der Niederringung des Hitlerismus, vor den Ehrendenkmälern des sowjetischen Soldaten in Berlin und Wien auf, wo sie den Sieg der Roten Armee feierten.

Den EU-Behörden waren die Umtriebe der »Nachtwölfe« offensichtlich zu viel und zu erfolgreich. Als offizieller Grund für die Sanktionierung des Vereins wird seine Verstrickung in den Ukraine-Krieg angegeben. Die Motorradgang betreibt angeblich Trainingscamps für russische Kämpfer, was ihrer politischen Überzeugung durchaus entsprechen würde. Die Strafe aus Brüssel ähnelt darüber hinaus aber auch einem Akt der Zensur. Man will keine russisch-nationalen Töne in EU-Europa vernehmen, schon gar nicht solche mit brummenden Motoren. Und man hat damit ein deutliches Zeichen gegen Rechts gesetzt. Aber während es sich für die russischen Exponenten des Clubs um ein schmerzliches, aber verkraftbares Einreiseverbot in die EU handelt, sollte dem slowakischen Vertreter der »Nachtwölfe« mit der Nennung auf der

233 https://de.wikipedia.org/wiki/Nachtw%C3%B6lfe (14.3.2024)

Sanktionsliste die Existenzgrundlage entzogen werden. Das Einfrieren seiner Konten und Vermögenswerte sollte ihn handlungsunfähig machen, aus der Gesellschaft ausschließen. Inwieweit dieses Ziel im ersten Anlauf erreicht werden konnte, ist schwer einschätzbar. Wie immer bei Sanktionen gibt es Umgehungsmöglichkeiten, ob diese – z. B. die Überschreibung eines Unternehmens an einen nahen Verwandten – gelungen sind, konnte nicht eruiert werden. Doch auch aus einem solchen Akt dürfte Hambálek keinen Vorteil ziehen, ist es den Sanktionsregeln zufolge doch verboten, sanktionierten Personen finanziellen oder juristischen Beistand zu leisten.

Der Skandal und die Rechtswidrigkeit des ganzen Sanktionsregimes wird am Fall »Jozef Hambálek« besonders deutlich. Man mag den Mann und seine Ansichten zu Russland, Nation, Kampf und Krieg nicht teilen, ja sie abscheulich finden, aber der Kern des Problems besteht darin, dass es für ihn kein Anrecht auf ein Verfahren gibt. Laut Brüssel ist es verboten, Russlands Feldzug in der Ukraine zu unterstützen. Wenn nun die »Nachtwölfe« genau dies taten, so müsste doch darüber in einem normalen, sich nicht im Krieg und damit im Kriegsrecht befindlichen Land ein juristisches Verfahren eröffnet werden, ob die jemandem vorgeworfene Tat diesen inkriminierten Tatbestand (die Unterstützung Russlands) erfüllt oder nicht. All das gibt es nicht. Sondern eine Behörde in Brüssel nimmt Zurufe auf, geht diesen vielleicht auch penibel nach (was in der allgemeinen russophoben Stimmung nicht sehr wahrscheinlich ist) und listet Personen und Organisationen aus, so wie ein Supermarkt Produkte aus dem Regalen verbannt. Wenn ein auf diese Weise ausgelisteter Mensch seinen Lebensmittelpunkt in einem Drittstaat hat, ist eine Sanktionierung für ihn unangenehm und er kann sehr viel verlieren, aber sie ist nicht existenzbedrohend. Ein EU-Bürger ohne andere Staatsbürgerschaft verliert damit allerdings alles: seine Lebensgrundlage und seine Bürgerrechte – und das ohne jedes gerichtliche Verfahren.

Jozef Hambálek ging gegen seine »Auslistung« in die Offensive, unter anderem mit Interviews auf unterschiedlichen slowakischen Kanälen.[234] Auch eine kleine Gruppe rund um die Aktivistin Slávka Pokorná startete eine Petition an das Europäische Parlament, die auf den mehr als

234 Siehe hier: https://www.youtube.com/watch?v=BUlsvBFQpYU (14.3.2024)

ungewöhnlichen Eingriff in die Bürgerrechte hinweist: »Die Auswirkungen von Sanktionen auf Einzelpersonen sind schwerwiegend«, heißt es dort, »sie führen zum Verlust der Existenzgrundlage, von Vermögenswerten und sogar von grundlegenden Menschenrechten – wie im Fall Hambálek. Einem Bericht des Menschenrechtsrats der Vereinten Nationen aus dem Jahr 2019 zufolge können Sanktionen erhebliche negative Auswirkungen auf die Wahrnehmung der Menschenrechte des Einzelnen haben – insbesondere auf wirtschaftliche Rechte wie das Recht auf Arbeit.«[235]

Außerhalb der Slowakei hat Hambáleks Fall kaum Niederschlag gefunden; bis ihn niemand Geringerer als der Ende September 2023 ins Amt des slowakischen Ministerpräsidenten gewählte Robert Fico in Berlin zur Sprache brachte. Bei seinem Treffen mit dem deutschen Bundeskanzler Olaf Scholz am 24. Januar 2024 setzte sich Fico für alle Anwesenden überraschend für seinen Motorrad-fahrenden Landsmann ein, indem er meinte: »Er (Hambálek, d. A.) hat nichts getan, was den nationalen Interessen der Slowakei schadet, und es ist ein Novum, dass ein Bürger der Slowakei und der EU auf eine Sanktionsliste gesetzt wurde, nur weil er gerne Motorrad fährt.«[236] Etwas flapsig formuliert, trifft der auf der Pressekonferenz in Berlin vom slowakischen Ministerpräsidenten geäußerte Satz den Kern des Problems: Von Brüssel verordnete Sanktionen missachten rechtsstaatliche Grundlagen; ohne Gerichtsverfahren ist Jozef Hambálek tatsächlich nichts weiter als ein Motorradfahrer. Am 13. März 2024 konnte Robert Fico dann vermelden: »Als wir unsere Regierung gebildet hatten, war klar, dass eine unserer Prioritäten sein muss, unsere Bürger zu verteidigen […]. Und heute kann ich der slowakischen Öffentlichkeit mitteilen, dass Herr Hambálek von der Sanktionsliste gestrichen wurde.«[237]

Soviel zum 7. Sanktionspaket. Knapp vor Weihnachten 2022 beschließen dann die längst in Fahrt gekommenen Sanktionierer in Brüssel am 16. Dezember mit der Verordnung 2022/2474[238] das 9. Paket. Es gehört

235 https://www.change.org/p/stop-sanctions-against-jozef-hamb%C3%A1lek-the-only-european-citizen-sanctioned-by-the-eu (14. 2. 2024)

236 https://enrsi.rtvs.sk/articles/news/351833/fico-defends-jozef-hambalek (14. 2. 2024)

237 https://www.politico.eu/article/slovakia-robert-fico-night-wolves-mc-europe-head-from-sanctions-list/ (14. 3. 2024)

238 https://eur-lex.europa.eu/legal-content/DE/TXT/?uri=CELEX%3A32022R2474 (9. 3. 2024)

mit mehr als 100 Seiten zu den voluminösesten Elaboraten. Allein die Liste der bis zu diesem Zeitpunkt sanktionierten russischen Unternehmen umfasst mehr als 400. Auch ein neuer Schub von Vermögenssperren für 200 missliebige russische Personen und Organisationen ist im 9. Sanktionspaket enthalten. Dazu wird die Zensurschraube weiter angezogen, um auch in russischer Sprache sendende Portale im Brüsseler Einflussbereich mundtot zu machen. Das betrifft die Fernsehsender *Rossija 1, REN TV, Perwij Kanal* und *NTV/Mir*.

Um dieses Paket wurde in Brüssel heftig gestritten. Ungarn, das sich schon länger weiteren antirussischen Sanktionen widersetzte, musste für seine Zustimmung zum 9. Paket über den Tisch gezogen werden. Es ging dabei um viel Geld, insgesamt um 22 Milliarden Euro. Wegen der Weigerung Budapests, seine Rechtsprechung voll und ganz dem EuGH zu unterwerfen sowie insgesamt seiner EU-kritischen Politik hielt Brüssel Mittel aus dem Kohäsionsfonds und dem Coronahilfsfonds zurück, die Ungarn zustehen würden. Als nun Ministerpräsident Viktor Orbán ein Tauschgeschäft vorschlug – Freigabe der EU-Gelder gegen Zustimmung zu weiteren Russland-Sanktionen –, willigte der EU-Rat ein und versprach, nur 6,3 Milliarden von den 22 Milliarden weiter blockieren zu wollen. Nach der Abstimmung über das 9. Sanktionspaket gegen Russland, an der sich Budapest wie vereinbart beteiligte, erklärte die EU-Kommission den EU-Ratsbeschluss für nicht bindend. Die Kommission ließ den Rat im Regen stehen. Die Gelder für Budapest blieben blockiert.

Mit dem 11. Sanktionspaket ist eine weitere, bislang in der Europäischen Union nicht gekannte, ja zuvor sogar bekämpfte Eskalation verbunden. Erstmals werden im Brüsseler Wirtschaftskrieg extraterritoriale Sanktionen eingesetzt; diese zielen nicht mehr nur auf EU-Unternehmen sowie natürlich auf Russland, sondern auch auf jede Organisation, jeden Staat oder jedes Unternehmen irgendwo auf der Welt, das sich nicht an die EU-Verbote hält. Damit stülpt Brüssel seinen Rechtsbestand auf Drittländer über und unterwirft diese in kolonialer Manier der eigenen Jurisdiktion. So schließt die Europäische Union am 23. Juni 2023 zur US-amerikanischen Praxis auf, die seit dem Ende des Zweiten Weltkriegs vom Bewusstsein weltweiter Vorherrschaft geprägt ist.

Noch 2017 – der Sanktionsreigen gegen Moskau drehte sich bereits seit drei Jahren – hatte die damalige deutsche Bundesjustizministerin

Brigitte Zypries scharfe Worte gegen US-Präsident Donald Trump gefunden, der wie seine Vor- und Nachgänger mit dem Instrument der extraterritorialen Sanktion die ganze Welt unter die Vorgaben aus Washington zwingen wollte; und dies bei Russland auch praktizierte. Eine nationale Regierung, so die SPD-Ministerin, dürfe wohl eigene Unternehmen und Bürger sanktionieren, wenn sie sich nicht an Gesetze halten, nicht aber ausländische. Dies sei völkerrechtswidrig, gab Zypries im August 2017 zu Protokoll.[239] Ihr Nachfolger im Amt, Marco Buschmann, hat zusammen mit EU-Justiz-Kommissar Didier Reynders mittels der Verordnung 2023/1214[240] das Völkerrecht über Bord geworfen. Dass man sich dabei im Juni 2023 noch auf unsicherem Neuland bewegte, zeigen die vorsichtigen und geschwurbelt daherkommenden Formulierungen, mit denen die extraterritorialen Sanktionen für jene Staaten und Unternehmen angekündigt wurden, die sich dem antirussischen Wirtschaftskrieg nicht angeschlossen haben. In den Punkten 12 und 13 heißt es noch nicht ganz sattelfest: »Wenn nach der Annahme der individuellen Maßnahmen und weiteren Gesprächen mit dem Drittland angesichts des Umfangs, der Art oder des systematischen Charakters der fortgesetzten Umgehung offensichtlich ist, dass diese Schritte nicht ausreichen oder nicht dazu geeignet sind, zu verhindern, dass eine solche Umgehung in dem betreffenden Drittland oder über das betreffende Drittland erfolgt, sollte die Union in der Lage sein, weitere Maßnahmen zu treffen. Zu diesem Zweck wurde […] die Möglichkeit eingeführt, bei Gütern und Technologien […], die zur Stärkung der militärischen, technologischen oder industriellen Kapazitäten Russlands […] beitragen könnten, die seine Fähigkeit zur Kriegsführung stärkt, und deren Ausfuhr nach Russland gemäß der Verordnung Nr. 833/2014 verboten ist, außerordentliche Maßnahmen als letztes Mittel zu ergreifen, die den Verkauf, die Lieferung, die Verbringung oder die Ausfuhr solcher Güter und Technologien in Drittländer beschränken, in deren Rechtsraum nachweislich ein anhaltendes und besonders hohes Risiko der Umgehung der restriktiven Maßnahmen besteht.«[241] Im Februar 2024 war es dann so weit. Auf dem 13. Sanktionspaket der EU fanden sich

239 *Handelsblatt* vom 3. August 2017
240 https://eur-lex.europa.eu/legal-content/DE/TXT/PDF/?uri=CELEX:32023R1214 (9.3.2024)
241 Ebd.

erstmals konkrete Firmen aus Drittstaaten, drei aus China, eine aus Indien und eine aus der Türkei.[242] Der Computerchip-Hersteller 3HC Semiconductors sowie der Finanzdienstleister KingPai Technology, beide aus Shenzhen, gaben die ersten Opfer ab.[243] Ihre Vermögenswerte, so sie welche in EU-Europa hatten, wurden eingezogen, Geschäftskontakte mit ihnen unter Strafe gestellt. Pekings unmittelbare Reaktion fiel harsch aus: »China lehnt illegale Sanktionen gegen die Volksrepublik, die durch Chinas Zusammenarbeit mit Russland verursacht werden, entschieden ab«, hieß es aus dem Außenministerium, das sich vorbehielt, Gegenmaßnahmen zu ergreifen.[244]

Zusätzlich zur extraterritorialen Ausweitung des Wirtschaftskrieges enthielt das 11. Sanktionspaket auch noch die »Erstreckung des Ölembargos auf die Lieferung von Öl durch die Druschba-Pipeline«,[245] wobei kasachisches Öl explizit von der Sperre ausgenommen wurde. Damit war nach der bereits im September 2022 durchgeführten Sprengung der Gaspipeline Nord Stream Deutschland von russischer Energie abgekoppelt.

Wem das alles noch nicht zu viel geworden ist, der kann dann im 12. Sanktionspaket über eine Passage schmunzeln, die die ganze Absurdität des Sanktionsregimes offenlegt. Da wird es den einzelnen Mitgliedsstaaten anheimgestellt, persönliche Güter russischer Staatsbürger NICHT zu beschlagnahmen. Diese Großzügigkeit reagiert auf das zunehmende Einkassieren von Personenkraftwagen in Polen, den baltischen Republiken und anderen Staaten, wenn diese russische Autokennzeichen aufweisen. Im Text des Paketes liest sich das in Punkt 9 folgendermaßen: »Ferner erlaubt der Beschluss den Mitgliedstaaten den Eingang in die Union von persönlichen Gegenständen, bei denen keine erheblichen Bedenken hinsichtlich der Umgehung bestehen, wie etwa persönliche Hygieneartikel oder von Reisenden getragene oder in ihrem Gepäck enthaltene und eindeutig für den ausschließlich persönlichen Gebrauch oder den ausschließlich persönlichen Gebrauch ihrer

242 https://www.euractiv.de/section/eu-aussenpolitik/news/chinesische-firmen-und-nordkorea-ziel-neuer-eu-sanktionen-gegen-russland/ (9.3.2024)

243 https://tass.com/world/1614767 (6.6.2024)

244 https://de.rt.com/international/196202-peking-eu-sanktionen-gegen-mit/ (9.3.2024)

245 https://www.bafa.de/DE/Aussenwirtschaft/Ausfuhrkontrolle/Embargos/Russland/Restriktive_Massnahmen_Russland/restriktive_massnahmen_russland_node.html (9.3.2024)

Familienangehörigen bestimmte Kleidung.«[246] Man darf also als Russe oder Russin angezogen mit Zahnbürste in die Europäische Union einreisen, sofern das dem Land, in das man reist, genehm ist. Ansonsten geht es beim 12. Paket in der Hauptsache gegen den weltgrößten Diamantenschürfer Alrosa und seinen CEO Pawel Marinytschew, der auch als Person auf die schwarze Liste kommt und damit seine etwaigen Vermögenswerte in der EU verliert.[247]

Per 21. Februar 2024 hält Brüssel beim 13. Sanktionspaket gegen Russland. Weil es mittlerweile keine Unternehmen oder Branchen und kaum mehr Personen gibt, die Brüssel bestrafen kann, geht es diesmal in der Hauptsache um Verlängerungen und kleinere Verschärfungen der Maßnahmen. Doch dann hat man noch etwas – oder besser: jemanden – gefunden, dem man Vermögen entziehen kann, freilich mit dem Wermutstropfen, dass solches in der EU nicht mehr vorhanden sein wird. Sanktioniert werden im 13. Paket Russen und Russinnen, denen man die »Verschleppung von Kindern«[248] vorwirft. Damit folgt man der abstrusen Annahme des Internationalen Strafgerichtshofes (IStGH), mit dem dieser bereits am 17. März 2022 den russischen Präsidenten Wladimir Putin und die Verantwortliche für Kinderrechte Marija Lwow-Belowa angeklagt hatte. Ihnen wird Kindesentführung vorgeworfen, indem man ukrainische Waisen, die oft während der Kampfhandlungen ihre Eltern verloren haben, als Entführungsopfer darstellt. Tatsächlich dürfte es sich um eine Verbringung von elternlosen ukrainischen Kindern ins russische Hinterland gehandelt haben. Nach Kiew hätte man sie schwerlich mitten im Kugelhagel bringen können.

Am 24. Juni 2024 trat dann das 14. EU-Sanktionspaket in Kraft. Mit ihm will Brüssel sogenannte »Schlupflöcher« schließen, die zuhauf bestehen. Eine »No-Russia«-Klausel soll die bereits bestehenden extraterritorialen Sanktionen verschärfen. Unternehmen aus Drittstaaten dürfen, geht es nach dem Willen der Europäischen Union, keine Waren nach Russland liefern, die auf diversen schwarzen Listen stehen.

246 https://eur-lex.europa.eu/eli/reg/2023/2878/ (9. 3.)
247 *Die Presse* vom 4. Jänner 2024
248 *Der Standard* vom 21. Februar 2024

Hunderte von Milliarden Euro, Tausende von Menschen

Bis zum 5. Sanktionspaket der EU vom 8. April 2022 wurden knapp 1000 russische und belarussische Staatsbürger in die Liste der Sanktionierten aufgenommen. Mit Stolz berichtete die *Tageschau* am 12. April 2022 von einer Bilanz der EU-Kommission, nach der bereits in den ersten sechs Wochen nach dem russischen Einmarsch 29,5 Milliarden Euro an russischem Vermögen in der EU eingefroren werden konnten, darunter Immobilien, Schiffe, Flugzeuge, Unternehmensanteile und Kunstwerke.[249] Dass die Sanktionen nicht nur wohlhabende russische Oligarchen trafen und treffen, darüber weiß jeder Bescheid, der russische Bekannte hat, die seit Jahren in Deutschland oder Österreich leben. Vielen von ihnen wurden – in vorauseilendem Gehorsam der jeweiligen Bank und einer russophoben Grundstimmung folgend – die Konten gesperrt und es bedurfte großer Mühe, wieder Zugang zu ihren Geldern zu bekommen. Selbst österreichischen Staatsbürgern wie z. B. der Gattin des bekannten Wiener Verlegers Christian Mucha, die russische Wurzeln und einen russischen Namen aufweist, wurden auf Basis der EU-Sanktionen ihre Konten – in diesem Fall bei der Raiffeisen-Bank – gesperrt.[250] Es dauerte einige Tage, bis sie wieder Zugriff auf ihr Geld hatte.

Seit dem 5. Sanktionspaket hat sich die Dimension der von Brüssel sanktionierten russischen Vermögenswerte kaum geändert. Ein Zugriff auf die offizielle Seite des EU-Rates zum 2. Jahrestag des russischen Einmarsches in die Ukraine am 24. Februar 2024 weist 21,5 Milliarden Euro an eingefrorenen russischen Werten sowie 300 Milliarden von den G7-Ländern blockierte russische Zentralbankgelder aus.[251] Warum die Summe fast zwei Jahre zuvor 29,5 Milliarden Euro lautete, erschließt sich nicht.

Nach Berechnungen der EU-Kommission kostete das Ausfuhrverbot nach Russland bis Anfang 2024 die betroffenen Unternehmen 43,9 Milliarden Euro, während die Einfuhrverbote – insbesondere das Kappen

249 https://www.tagesschau.de/wirtschaft/weltwirtschaft/sanktionen-gegen-russland-eingefrorene-vermoegen-der-oligarchen-101.html (4. 1. 2023)

250 Georg Zanger, Neutralität und Sanktionen. In: *International* VI/2022

251 https://www.consilium.europa.eu/de/policies/sanctions/restrictive-measures-against-russia-over-ukraine/sanctions-against-russia-explained/ (24. 2. 2024)

der Energiezufuhr – mit 91,2 Milliarden Euro negativ zu Buche schlugen. Findige Brüsseler Statistiker haben daraus errechnet, dass verglichen mit 2021 drei Jahre später 49 % der EU-Ausfuhren aus der Union und 58 % der Einfuhren in die Union Sanktionen zum Opfer gefallen sind.[252] Im besagten EU-Papier steht dann noch ein skurriler Satz, der einen an der Erfassung der Wirklichkeit durch Brüsseler Bürokraten zweifeln lässt, verzweifeln lässt. »Darüber hinaus«, so vermerkt das offizielle EU-Portal in Hinblick auf den zuvor zusammengefassten Sanktionsreigen, »hat die EU in Zusammenarbeit mit anderen gleich gesinnten Partnern eine Erklärung angenommen, mit der sie sich das Recht vorbehält, Russland den Meistbegünstigungsstatus im Rahmen der WTO abzuerkennen.«[253] Nach 13 Sanktionspaketen und zehn Jahren Wirtschaftskrieg getraut sich hier jemand über Meistbegünstigung zu schwadronieren. Der Vernünftige bleibt ratlos.

Schröders Gattin

Man schrieb den 9. Mai 2023, Jahrestag des Sieges der Sowjetarmee über Nazi-Deutschland. Die russische Botschaft lud – wie zu diesem Anlass üblich – zur Feier. Das Ende des Hitlerismus lag 78 Jahre zurück. Die deutsche Bundesregierung sah keinen Anlass, sich dieses historischen Tages würdig zu zeigen und boykottierte den Festakt. Der russische Einmarsch in die Ukraine, so ihre Argumentation, lasse es nicht zu, mit dem aktuellen Feind, der so bislang zumindest offiziell nicht bezeichnet wurde, gemeinsam aufzutreten. 78 Jahre davor war dies freilich auch nicht möglich gewesen, damals stand der Feind, der als solcher genannt wurde, in Berlin.

Das Ehepaar Gerhard Schröder und So-yeon Schröder-Kim ließen es sich allerdings nicht nehmen, die Einladung des russischen Botschafters Sergej Netschajew anzunehmen. Für die aus Seoul stammende Gattin des deutschen Ex-Kanzlers hatte dies schwerwiegende Folgen. Sie war beim Unternehmen NRW.Global Business Services beschäftigt und dort für die Handelsbeziehungen zwischen dem deutschen Bundesland und

252 Ebd.
253 Ebd.

Südkorea zuständig. Das Unternehmen ist eine Agentur von Nordrhein-Westfalen und fühlt sich den antirussischen EU-Sanktionen verpflichtet. Was diese mit dem Besuch der Gedenkfeier zur Niederschlagung der Nazi-Herrschaft zu tun haben, erschließt sich einem nicht; muss es aber auch nicht. So-yoen Schröder-Kim wurde jedenfalls wegen ihres Besuchs in der russischen Botschaft fristlos entlassen, »mit sofortiger Wirkung freigestellt«, wie es im NRW-Amtsdeutsch heißt.[254]

Es gibt hunderte solcher »Kollateralschäden« des Wirtschaftskrieges, sei es auf kultureller, sportlicher oder rein persönlicher, das Berufsleben betreffender Ebene. Wir werden weiter unten noch darauf eingehen. Der Fall von Schröders Gattin hat aber noch einen besonders perfiden Beigeschmack; und zwar einen frauenfeindlichen. Denn mit der Entlassung von Schröder-Kim kühlt sich die schwarz-grüne Regierung in Düsseldorf ihr Mütchen an einer Frau, an deren Mann bislang niemand herankam. Der langjährige Bundeskanzler Gerhard Schröder hat ein halbes Dutzend SPD-Parteiausschlussverfahren überstanden und auch einen Teil seiner Bundesprivilegien – den Ruhegehalt – als Ex-Kanzler behalten. Und das, obwohl die politische Elite Deutschlands ihm schon jahrelang wegen seiner persönlichen Nähe zu Putin und seinem Engagement für eine Friedenslösung im russisch-ukrainischen Konflikt ans Zeug flicken will. Bereits im März 2018 forderte der damalige ukrainische Außenminister Pawlo Klimkin von Berlin, Strafmaßnahmen gegen Gerhard Schröder zu verhängen, weil dieser der »weltweit wichtigste Lobbyist« für Wladimir Putin sei.[255] Zwei Jahre später, Mitte Mai 2022, setzte dann sogar das EU-Parlament nach und forderte Sanktionen gegen den Ex-Kanzler, weil dieser für den russischen Energiekonzern Rosneft tätig war.[256] Was solche für einen deutschen Staatsbürger bedeuten würden, ist unklar, Vermögensentzug wäre möglich, Einreisesperre schwerlich vorstellbar. Allein die politische Ohnmacht der Abgeordneten – das EU-Parlament verfügt nicht einmal über ein klassisches Initiativrecht – ließ den Beschluss im Sand verlaufen.

Nach all den Niederlagen, die Regierung, EU-Parlament und SPD in ihrem Kampf gegen Gerhard Schröder haben hinnehmen müssen, kam

254 https://www.businessinsider.de/politik/deutschland/nach-feier-in-der-russischen-botschaft-land-nrw-entlaesst-soyeon-schroeder-kim/ (9.3.2024)

255 *Bild* vom 18. März 2028, siehe auch: *Die Presse* vom 20. März 2018

256 Mitte Mai 2022 legte Gerhard Schröder den Aufsichtsratsposten bei Rosneft zurück.

es den Behörden von Nordrhein-Westfalen gerade recht, zumindest Schröders Gattin zu demütigen. Und dies, ohne dass dafür eine gesetzliche Grundlage vorhanden gewesen wäre. Denn während die Tätigkeit in russischen Unternehmen EU-Bürgern per Sanktionspaket Nr. 9 vom Dezember 2022 verboten ist, stand und steht nirgends geschrieben, dass man an einer Gedenkfeier zum Sieg über Nazi-Deutschland nicht teilnehmen darf.

»Terrorstaat« Russland

EU-Europas Volksvertreter versuchen in ihrer absoluten Mehrheit den ohnehin bereits russophoben Rat sowie die Kommission vor sich her zu treiben. Ihr Russland-Hass trägt paranoide Züge. Warum vor allem Christdemokraten, Grüne, Liberale und Konservative, mit den meisten Sozialdemokraten im Schlepptau, ein extremes Feindbild Russland aufbauen, das auf die Zerstörung des größten Landes der Welt hinarbeitet, ist nur schwer begreiflich. Die materielle Grundlage ihres Handelns besteht darin, dass sich viele der Abgeordneten aus den erwähnten politischen Fraktionen als Kapitalvertreter verstehen, die den riesigen russischen Markt im Visier haben. Dieser hatte sich unter brutalen Bedingungen einer Phase der ursprünglichen Akkumulation in den 1990er Jahren durch Boris Jelzin und seine westlichen Berater für ausländische Investoren geöffnet. Mit dem Amtsantritt von Wladimir Putin zum 1. Januar 2000 wurde per Föderalreform im Mai 2000[257] zumindest der drohende Zerfallsprozess des Riesenlandes gestoppt. Später gelang es auch, strategische Wirtschaftssektoren wie den Energiebereich im Zuge von Renationalisierungen wieder der Staatsmacht anheimzustellen.

Russland zu »ruinieren«, wie dies die deutsche Außenministerin einmal als Ziel nannte, würde den ökonomischen Ausgriff westlicher Konzerne nach Osten erleichtern, wären doch dann die Filetstücke der russischen Wirtschaft billig zu haben. Zu den materiellen Gründen für die Politik des EU-Parlaments, die sicher nicht für alle Abgeordneten im Mittelpunkt ihres Handels steht, kommt eine immer offensichtlicher werdende koloniale Attitüde moralischer Überlegenheit. Der

257 Siehe: Hannes Hofbauer, Feindbild Russland. Geschichte einer Dämonisierung. Wien 2016, S. 128

durchschnittliche EU-Volksvertreter fühlt sich seinen russischen Kollegen, die er meist nie zu Gesicht bekommen hat, überlegen. Er trägt seine »europäischen Werte« vor sich her, die da lauten: sexuelle Diversität, Fahrradwege, Korrektsprech, fleischloses Essen und dergleichen mehr. Während zuhause in den Wahlbezirken die Mehrheit seiner WählerInnen diesen »Werten« keine besondere Aufmerksamkeit schenkt, dürfte sich in der Brüsseler und Straßburger Parlamentsblase die gegenseitige Beteuerung, die Welt auf Basis dieser Werte retten zu müssen, zur Selbsterhöhung gesteigert haben. Für das Russische bleibt nur noch kulturelle Verachtung, für die russische Politik politischer Hass.

Genau daraus speiste sich am 23. November 2022 die »Einstufung der Russischen Föderation als dem Terrorismus Vorschub leistender Staat«. Eine dahingehende Resolution wurde von 494 Abgeordneten angenommen und es fanden sich nur 58, die dagegen stimmten. Mit dieser Entschließung ist eine neue Qualität in den internationalen Beziehungen, ein weiterer Tiefpunkt erreicht. Denn das EU-Parlament hat sich nicht einmal darum geschert, dass eine Terrorliste, auf die man Staaten setzen könnte, in ihren eigenen gesetzlichen Grundlagen gar nicht existiert. Der Einmarsch Russlands in die Ukraine war ein völkerrechtswidriger Akt; daraus allerdings das Land zum Terrorstaat erklären zu wollen, hieße, Krieg mit Terror gleichzusetzen. Dem kann der Autor grundsätzlich etwas abgewinnen, wenn es nicht selektiv passieren würde. Wenn Krieg Terror ist, dann wären die USA, Großbritannien, Frankreich, Israel und viele andere schon längst dem »Terror Vorschub leistende Staaten«. Davon ist im EU-Parlament freilich keine Rede.

Ausformuliert sind stattdessen haarsträubende Forderungen an Rat und Kommission. Aufhänger für das am 23. November 2022 beschlossene Dokument sind in Punkt 2 »Angriffe und Gräueltaten [...], die Russland begangen hat, um seine zerstörerischen politischen Ziele in der Ukraine und im Hoheitsgebiet anderer Länder zu verfolgen«. Das EU-Parlament, so die Folgerung, »stuft vor diesem Hintergrund Russland als dem Terrorismus Vorschub leistenden Staat und als terroristische Mittel einsetzenden Staat ein.«[258] Daraus ergibt sich für 494 Abgeordnete die Notwendigkeit einer vollständigen Isolierung Russlands,

258 https://www.europarl.europa.eu/doceo/document/TA-9-2022-0405_DE.pdf (15.3.2024)

wie es im Punkt 5 heißt. Dort fordern die Parlamentarier »die Union und ihre Mitgliedstaaten auf, Maßnahmen zu ergreifen, mit denen eine vollumfängliche internationale Isolation der Russischen Föderation eingeleitet wird, auch im Hinblick auf die Mitgliedschaft Russlands in internationalen Organisationen und Gremien wie dem Sicherheitsrat der Vereinten Nationen.«[259] Das würde nicht weniger als den Ausschluss Russlands aus der UNO bedeuten.

Weiter unten wird der Text dann rassistisch und wendet sich offen gegen jeden Russen und jede Russin, die sich – noch – auf dem Territorium eines EU-Staates befinden. Es wird gefordert, »Verbände der russischen Diaspora, die unter dem Schutz und der Leitung russischer diplomatischer Vertretungen agieren und die russische Staatspropaganda unterstützen, zu schließen und zu verbieten.«[260] Mit anderen Worten: Russische Staatsbürger auf dem Boden der EU schutzlos zu machen und einem hasserfüllten Mob, der sich durch das EU-Parlament geradezu aufgefordert fühlen kann, auszuliefern.

Um etwaige zukünftige Nachkriegsideen wie einen gemeinsamen Wiederaufbau im Keim zu ersticken, fordern die EU-Parlamentarier dann in Punkt 9 die »vollständige Aufgabe der Erdgasfernleitungen Nord Stream 1 und 2«, um gleich anschließend daran die »öffentliche Billigung bzw. Leugnung der militärischen Aggression und der Kriegsverbrechen Russlands in jedweder Form zu untersagen.«[261]

Wes Geistes Kind die Entschließung vom 23. November 2022 ist, wird im Antragstext vom 16. November noch deutlicher, der offensichtlich in der Woche danach ein wenig entschärft worden ist. Darin beriefen sich die Abgeordneten noch auf eine Erklärung des ukrainischen Präsidenten »Wolodymyr Selenskyj vom 17. März 2022, in der die Welt aufgerufen wurde, die Russische Föderation als terroristischen Staat einzustufen«.[262] Die Antragsteller bemühten sich, diesem Aufruf eins zu eins nachkommen, indem sie das EU-Parlament in die Pflicht nehmen wollten, »den Europäischen Rat und die EU-Mitgliedstaaten aufzufordern, Russland als Terrorstaat einzustufen und wirksame Maßnahmen

259 Ebd.
260 Ebd.
261 Ebd.
262 https://www.europarl.europa.eu/doceo/document/B-9-2022-0487_DE.html (15.3.2024)

zu ergreifen, um das Land international umfassend zu isolieren, indem man jegliche Zusammenarbeit mit Russland beendet, Kontakte zu seinen Vertretern einfriert und russische Botschafter, auch bei internationalen Organisationen und Foren wie dem Sicherheitsrat der Vereinten Nationen und der G20, ausweist.«[263] Punktum. Teilung der Welt in Gut (Westen) und Böse (Russland). Die Entschließung des EU-Parlaments hatte – wie seine gesamte Tätigkeit – keinen bindenden Charakter; doch sie zeigt, wie die Volksvertreter von 480 Millionen Menschen dem größten Nachbarn gegenüber ticken.

Innerhalb der Europäischen Union sind bereits vier nationale Parlamente dem Entschluss gefolgt und brandmarken Russland als Terrorunterstützer. Es handelt sich dabei um Polen, Litauen, Estland und Lettland.

Einfrieren, beschlagnahmen, stehlen

Ende Februar 2022 begann der transatlantische Westen den großen Wirtschaftskrieg gegen Russland. Er tat dies mit dem weiter oben beschriebenen Paukenschlag, nämlich dem Einfrieren der russischen Zentralbankgelder. Für die Europäische Union, in der zwei Drittel der insgesamt 300 Milliarden Dollar russischen Geldes lagern, war die Kommissionschefin Ursula von der Leyen am 26. Februar 2022 vor die Kameras getreten, um diesen beispiellosen Akt zu verkünden. Noch nie zuvor war einer Weltmacht ihr Auslandsvermögen kassiert worden. Doch man schwor Stein und Bein, dass dies keinesfalls einer Beschlagnahme gleichkäme, würde dies ansonsten die Grundfesten des internationalen Zahlungs- und Finanzwesens, Eigentum zu achten und zu schützen, erschüttern. Wer heute im Ausland gehortete Vermögenswerte Russlands beschlagnahmt, kann morgen saudi-arabische Assets stehlen und übermorgen die Zentralbankgelder eines von Linken regierten Staates, weil ihm dieser nicht ins Konzept passt.

Keine zwei Jahre nach dem Einfrieren der russischen Staatsgelder begann die Diskussion um deren Beschlagnahmung. Die Ukraine war im Herbst 2023 gegenüber den russischen Truppen schwer in die Defensive

263 Ebd.

geraten, zig Milliarden westlicher Militärhilfe an Kiew hatten das nicht verhindern können, leere Munitionslager und ratlose Militärexperten bestimmten die Berichterstattung. Die laut proklamierte ukrainische Gegenoffensive, für die sich EU- und US-Minister, Präsidenten und Rüstungslobbyisten ins Zeug gelegt hatten, war kläglich gescheitert. Was tun?

Zum Einbekennen der geänderten Lage am Boden oder gar zur Einsicht, dass es sinnlos und unverantwortlich ist, Zigtausende Ukrainer auf Schlachtfeldern im Osten sterben zu lassen, für die Heimholung von Menschen, die in ihrer großen Mehrheit Russisch sprechen und sich als Russen verstehen und nicht in eine national verwaltete Ukraine »heimgeholt« werden wollen, war man nicht bereit. Auch einen von der politischen Rechten und Linken geforderten Waffenstillstand lehnten die Verantwortlichen aus Brüssel, Berlin und Washington zum zweiten Jahrestag des russischen Einmarsches ab. Stattdessen sollten und wurden mehr Waffen in den Krieg gepumpt; und vor allem noch mehr für die nahende Zukunft versprochen. Woher das Geld dafür kommen sollte, war unklar. Die Mehrheit der Bevölkerungen in den einzelnen westlichen Ländern wandte sich schon längst dagegen, Militärhilfe nach Kiew zu schicken[264] und zugleich die Infrastruktur im eigenen Land verkommen zu lassen. Die zunehmende Verarmung in den Straßen Berlins oder Kölns war greifbar und wer nicht vollkommen der Regierungspropaganda hörig war, dem konnte der Zusammenhang von Waffen dorthin und fehlende Mittel vor Ort nicht entgehen.

Es waren die USA, genauer gesagt die Legislative der Weltmacht Nr. 1, der US-Kongress, der sich Ende 2023 gegen weitere Waffenlieferungen an die ukrainische Ostfront aussprach, mehr noch: diese per Votum blockierte. Sich direkt gegen die gewählten VolksvertreterInnen zu stellen, konnte sich die Regierung in Washington nicht leisten, soviel Gesetzesbruch hätte den Staat, der bei vielen vor allem rechtsgesinnten Bürgern ohnedies an Legitimation stark verloren hatte, aus den Angeln gehoben. Also sann US-Finanzministerin Janet Yellen auf eine Alternative, um weiter die Rüstungslobby und den Militärsektor sowie den fordernden

264 Anfang März 2024 veröffentlichte »Statista Research Department« eine Umfrage, nach der sich 43 % der Deutschen gegen und 39 % für Waffenlieferungen an die Ukraine aussprachen, wobei die Sympathisanten der Grünen mit 72 % Ja-Stimmen den Vogel abschossen. Siehe: https://de.statista.com/statistik/daten/studie/1454716/umfrage/umfrage-zu-waffenlieferungen-von-deutschland-an-die-ukraine/ (15.3.2024)

ukrainischen Präsidenten zufriedenzustellen. Die 78-jährige ausgebildete Wirtschaftswissenschaftlerin kam mit dem Vorschlag, die eingefrorenen russischen Gelder zu beschlagnahmen, um damit den Krieg gegen Russland verlängern zu können. Am 27. Februar 2024 rief sie die G7 dazu auf, »Gewinne aus den vom Westen eingefrorenen russischen Vermögen an die Ukraine weiterzuleiten. Es sei ›dringend und notwendig‹ einen Weg zu finden, den Wert dieser stillgelegten Vermögenswerte freizusetzen, ›um den anhaltenden Widerstand und den langfristigen Wiederaufbau der Ukraine zu unterstützen‹«, meinte sie einen Tag vor einer großen Wirtschaftskonferenz, und weiter: »Die G7 sollten zusammenarbeiten, um eine Reihe von Ansätzen zu prüfen: Die Beschlagnahmung der Vermögenswerte selbst oder deren Verwendung als Sicherheiten für Kredite auf den globalen Märkten.«[265]

Yellens Aufforderung zur Beschlagnahme war zu diesem Zeitpunkt nicht sehr ausgegoren und an mehreren Stellen ihrer Rede blieb auch unklar, ob sie die gesamten eingefrorenen russischen Vermögenswerte, also das Kapital, oder die seit 2022 angelaufenen Zinsgewinne meinte, deren sie sich bedienen wollte. Aber der Bann in Richtung Diebstahl war damit von höchster Ebene gebrochen.

Die Europäische Union hatte sich bereits auf ihrem Ratsgipfel in Granada Anfang Oktober 2023 grundsätzlich dafür ausgesprochen, russisches Staatsvermögen an die Ukraine zu überweisen, damit diese Waffen kaufen kann. Sie tat dies wie immer ohne jede vorherige Absprache mit den Volksvertretern der einzelnen Mitgliedsstaaten. Das entspricht der grundsätzlich undemokratischen Struktur der Brüsseler Union, die hier nur mit einem Satz in Erinnerung gerufen werden soll. In ihr – der Union – erheben sich nämlich die nationalen Exekutiven, also die Kanzler oder Ministerpräsidenten, die von ihren Parlamenten, den Legislativen, zur dienenden (ministrierenden) Ausführung der Beschlüsse entsandt werden, auf EU-Ebene im Rat zur Legislative. Diese wurde von niemandem als solche gewählt. In diese Legitimitätslücke hinein lässt sich ideal und ohne großen Volkseinfluss Politik für Konzerne machen, die in Brüssel zu Tausenden ihre Lobbyisten beschäftigen.

265 Siehe: https://www.welt.de/politik/ausland/article250306616/Janet-Yellen-US-Finanzministerin-will-eingefrorene-russische-Vermoegen-an-Ukraine-weiterleiten.html (16.3.2024)

Die damals spanische Ratspräsidentschaft preschte im Oktober 2023 vor und brachte sogar einen Budgetvorschlag in Umlauf, in dem russische Gelder in der Höhe von 15 Milliarden Euro bereits eingepreist waren. Berlin ging das zu schnell, Kanzler Olaf Scholz bremste.

Das große Problem bei der Beschlagnahme von russischen Staatsgeldern ist die fehlende gesetzliche Grundlage. Denn in all den EU-Mitgliedsstaaten, in der Union selbst, aber auch in den USA und Kanada, ist Eigentum geschützt. Nicht einmal verurteilten Straftätern kann es üblicherweise entzogen werden.

Dass man sich in der Frage des Diebstahls russischen Eigentums auf sehr dünnem Eis bewegt, ist allen in Brüssel, Washington, London oder Ottawa – wo die Stimmen immer lauter werden, genau dies zu tun – klar. In London, so berichtete der *Guardian* bereits Ende Mai 2023, »arbeiten britische Beamte Tag und Nacht mit Kollegen aus EU-Staaten daran, wie das russische Vermögen beschlagnahmt werden kann«.[266] Dieselben Umtriebe fanden hinter den gläsernen Fassaden der Brüsseler Bürotürme statt. Am 21. Mai 2024 gab schließlich die EU-Kommission grünes Licht für die Beschlagnahme von Zinsen aus russischen Vermögenswerten.[267]

Bereits Ende 2023 hatte sich die EU-Kommission auf ein zweistufiges Verfahren geeinigt, um an das russische Geld zu kommen. Der belgische Clearing-Dienst »Euroclear«, der die meisten in EU-Europa blockierten Gelder aus Moskau unter seinen Fittichen hat, wurde aufgefordert, die Zinsgewinne und Einnahmen, die aus den 191 Milliarden US-Dollar schweren russischen Vermögenswerten anlaufen, auf ein separates Konto zu legen. An diese wollte man so schnell wie möglich heran, in der irrigen Meinung, sie seien kein russisches Eigentum, weil sie erst nach dem Einfrieren aufgelaufen sind. Zinsen auf Kapital werden in dieser Logik also nicht demjenigen zugerechnet, der das Kapital hält. Diese Art der Mathematik ist neu, sie würde überall dort, wo es in der Schule noch Noten gibt, mit einem Nicht Genügend abgestraft. Den EU-Behörden macht das nichts aus. Die seit zwei Jahren aufgelaufenen Zinserträge und andere Gewinne beliefen sich im Frühjahr 2024 auf satte

266 Zit. in: https://de.rt.com/europa/171067-bericht-london-behaelt-eingefrorenes-russisches/ (16.4.2024)

267 https://www.consilium.europa.eu/de/policies/sanctions-against-russia/timeline-sanctions-against-russia/ (6.6.2024)

3 Milliarden Euro, wofür »Euroclear« brav die entsprechenden Steuern in der Höhe von 800 Millionen Euro an den belgischen Staat abgeliefert hatte. An diesen 800 Millionen hat die EU kein Interesse, Recht ist Recht, so die fadenscheinige Begründung, und soll es bleiben, wenn es Belgien zugutekommt. Man will, so die EU-Kommission heuchlerisch, »nicht in nationales Steuerrecht eingreifen«,[268] sondern eben nur ans russische Vermögen ran.

»EU legt Plan für eingefrorenes russisches Staatsvermögen vor«, titelte das *Handelsblatt* am 12. Dezember 2023.[269] Damit war die Basis für den großen Diebstahl gelegt. Warnende Stimmen verhallten zunehmend. Solche kamen interessanterweise aus den internationalen Finanzorganisationen. So fragte die stellvertretende Geschäftsführerin des Internationalen Währungsfonds (IWF), Gita Gopinath, wie es um die fehlenden gesetzlichen Grundlagen für einen solchen Schritt bestellt sei. Und die IWF-Kommunikationschefin Julie Kozak formulierte Ende Februar 2024: »Für die Einziehung russischer Vermögenswerte ist eine solide Rechtsgrundlage erforderlich, um potenzielle rechtliche Risiken und Konsequenzen für das internationale Währungssystem zu vermeiden.«[270] Und die Europäische Zentralbank riet bereits im Sommer 2023 davon ab, auf staatliches russisches Vermögen zuzugreifen. Es bestehe, so ein Statement in einem internen Papier, »die Gefahr, dass die rechtlichen und wirtschaftlichen Grundlagen, auf denen die internationale Rolle des Euros beruht, untergraben werden.«[271]

Die Angst vor einem Präzedenzfall ging um. Wenn sich Brüssel zum blanken Diebstahl entscheidet, könnten viele Anleger kalte Füße bekommen und sich aus dem Euro-Raum zurückziehen. Das Vertrauen in die Währung wäre international gefährdet.

Am 22. März 2024 kündigte dann der Europäische Rat auf seinem Gipfel in Brüssel an, die Zinserträge aus den eingefrorenen Zentralbankgeldern zum Kauf von Waffen und Munition für die Ukraine nützen zu

268 https://www.handelsblatt.com/politik/international/ukraine-krieg-eu-legt-plan-fuer-eingefrorenes-russisches-staatsvermoegen-vor/100003116.html (15.3.2004)

269 Ebd.

270 https://newsyou.info/de/2024/02/u-mvf-rozpovili-pro-mozhlivi-riziki-konfiskaci%D1%97-rosijskix-aktiviv (16.3.2024)

271 https://www.handelsblatt.com/politik/international/ukraine-krieg-eu-legt-plan-fuer-eingefrorenes-russisches-staatsvermoegen-vor/100003116.html (14.3.2024)

wollen.[272] Im Beamtendeutsch der Übersetzerriege liest sich dieser Beschluss auf der offiziellen Webseite des Rats folgendermaßen: »Die Führungsspitzen forderten außerdem den Rat auf, am 8. Unterstützungspaket für die Ukraine im Rahmen der Europäischen Friedensfazilität zu arbeiten. Sie prüften ferner die Fortschritte hinsichtlich der nächsten Schritte, mit denen außerordentliche **Einnahmen aus Russlands immobilisierten Vermögenswerten** (fett im Original) zugunsten der Ukraine umgelenkt werden sollen, einschließlich der Möglichkeit der Finanzierung von militärischer Unterstützung.«[273]

Interessant klingen die in Nuancen unterschiedlichen Kommentare, die die einzelnen EU-Regierungschefs nach ihrer Rückkehr aus Brüssel daheim abgaben. Während der deutsche Bundeskanzler Olaf Scholz (SPD) lautstark dafür warb, die beschlagnahmten russischen Gelder – wie vereinbart – für Waffen- und Munitionskäufe zu verwenden, um damit die ukrainische Armee weiter aufzurüsten, wollte sein österreichischer Amtskollege Karl Nehammer (ÖVP) das so nicht verstanden haben. Als Regierungschef eines neutralen Landes beharrte er darauf, dass mit dem russischen Geld keine Waffen für Kiew gekauft würden. Kleinlaut fügte er hinzu, es wäre vernünftiger, damit den Wiederaufbau zu finanzieren.[274]

Die Beschlagnahmung der als Zinsen definierten 3 Milliarden Euro aus dem Bestand russischer Zentralbankgelder war nur der erste Schritt hin zu weiteren Diebstählen russischen Staatsvermögens. Am G7-Treffen Mitte Juni 2024 im apulischen Borgo Egnazio einigten sich die sechs transatlantischen Staatschefs und ihr japanischer Partner darauf, die auf abenteuerliche Weise enteigneten Zinsen der russischen Zentralbank als Grundlage eines 50-Milliarden-Kredits für die Ukraine zu verwenden. Die perfide Vorgangsweise besteht darin, das russische Kapital, also die 300 Milliarden US-Dollar, formal nicht anzutasten, die angefallenen Zinsen jedoch als Sicherheit für die Aufnahme eines Megakredits zu verwenden.[275] Dieser wird von privaten Kapitalgebern wie Banken oder Versicherungen gespeist und der Ukraine anheimgestellt. Sollte diese die

272 https://www.deutschlandfunk.de/eu-hilfe-ukraine-russland-vermoegen-100.html (27.3.2024)
273 https://www.consilium.europa.eu/de/meetings/european-council/2024/03/21-22/ (28.3.1024)
274 https://apa.at/news/eu-gipfel-streitet-um-nutzung-russischer-vermoegen-fuer-waffen-3/ (28.3.2024)
275 https://www.handelsblatt.com/dpa/g7-gipfel-g7-wollen-ukraine-mit-russland-geld-langfristig-staerken/29847522.html (15.6.2024)

jährlich anfallenden Zinsen nicht bedienen können – was sehr wahrscheinlich ist – würden die Zinserträge der russischen Zentralbankgelder fällig.[276] Diese reichen freilich nicht aus, weshalb die Frage der Haftung die entscheidende ist. Dabei zeigte sich, wer am G7-Gipfel das Sagen hat und wer die Kosten der Beschlüsse trägt. Denn für die 50 Milliarden US-Dollar, mit denen die Ukraine in weitere Schuldknechtschaft getrieben wird, steht als Sicherheit nur ein Bruchteil des Betrages in den Büchern. Der weitaus überwiegende Anteil wird mit Beträgen gedeckt, die erst in der Zukunft aus den Zinserträgen russischer Gelder anfallen. Man spekuliert also darauf, dass entweder die russischen Zentralbankgelder noch mehr als zehn Jahre eingefroren bleiben oder man demnächst direkt auf das russische Kapital zugreift. Wenn etwas schief geht, dann – so die Abmachung am G7-Gipfel – haften die am Diebstahl teilnehmenden Länder anteilig. Und an diesem Moment wird ersichtlich, wer viel und wer fast nichts zu verlieren hat. Denn in der Europäischen Union sind knapp 200 Milliarden US-Dollar an russischen Reserven eingefroren, während es in den USA schlappe 6 Milliarden sind. Brüssel bzw. die Gesamtheit der EU-Mitgliedstaaten haften also mit einem Betrag, der 30 Mal höher ist als jener Washingtons.[277]

Aus dieser unterschiedlichen Betroffenheit ergibt sich logischerweise, dass Washington darauf drängt, die eingefrorenen russischen Gelder insgesamt zu beschlagnahmen und damit Waffen für die Ukraine zu kaufen.

Derweil wurde auch an der juristischen Front fleißig gearbeitet, um russische Werte ohne Rechtsgrundlage beschlagnahmen zu können. In den Niederlanden fand sich dafür ein Gericht, das einer Forderung des ehemals reichsten Oligarchen, Michail Chodorkowski, gegen Moskau Recht gab.

Chodorkowski war in den Jahren des sowjetischen Zusammenbruchs zu immensem Reichtum gelangt. Mit einer für die Oligarchenwirtschaft typischen Melange aus Netzwerkbildung, Brutalität, Geschick und Betrug raffte er jede Menge billig zu habende Assets zusammen – Banken, Betriebe und Bodenschätze. Sein Ölkonzern Yukos galt nicht nur als größtes Unternehmen Russlands, sondern war Anfang der 2000er

276 Siehe: Jens Berger, »Putin bezahlt die Verteidigung der Ukraine« – Fake News zum 50-Milliarden-Dollar-Ukraine-Paket der G7, in: https://www.nachdenkseiten.de/?p=116828

277 *Kurier* vom 14. Juni 2024

Jahre auch international der bedeutendste privat geführte Rohstoffbetrieb. Erworben hatte ihn der aus Moskau stammende Chodorkowski im Zuge der wilden Privatisierungen Mitte der 1990er Jahre auf sehr spezielle Art. Ihm war es gelungen, die Ausschreibung für die Versteigerung im Rahmen einer geschlossenen Veranstaltung durchzuführen, auf der dann nur ein Bieter auftrat: die von ihm geführte Bank Menatep.[278] Wie er dieses Husarenstück zustande brachte, darüber darf gerätselt werden, auch darüber, ob zum Aufbau des dafür nötigen Drucks die physische Kraft von Schlägertruppen mit im Spiel war. Der *Spiegel* glaubt jedenfalls nicht an den Vorwurf eines Auftragsmordes durch Chodorkowski und schreibt im Dezember 2015: »Der Kreml-Gegner wird beschuldigt, vor 17 Jahren den Mord an einem Bürgermeister angeordnet zu haben. Er weist die Vorwürfe aus dem Schweizer Exil zurück.« Es ging um jene Anfangsjahre der Privatisierung von Yukos: »Im Juni 1998 wurde Wladimir Petuchow auf dem Weg zu seinem Büro erschossen. Der Mann war zu dieser Zeit Bürgermeister der russischen Stadt Neftejugansk. Der Ort galt als wichtiger Standort des Ölkonzerns Jukos. Der Politiker stritt sich damals mit dem Unternehmen um Steuerzahlungen. Die russische Justiz hat nun offiziell den damaligen Jukos-Chef des Mordes an Petuchow beschuldigt. Es handelt sich um Michail Chodorkowski, den einstmals bekanntesten Häftling Russlands.«[279]

Der weitere Lebenslauf des Oligarchen ist bekannt. Er war einer der wenigen, die sich nicht auf den Deal mit dem Kreml eingelassen hatten, sich politisch ruhig zu verhalten und dafür den Schutz vor juristischer Verfolgung garantiert zu bekommen. Mit diesem Deal machte Wladimir Putin kurz nach seinem Amtsantritt der Oligarchenklasse, die sich ohne auf Gesetze zu achten am Volksvermögen bereichert hatte, ein Angebot. Wenn sie politisch nicht auffielen und sich nicht in die Staatsgeschäfte einmischten, würden sie auch nicht weiter vom Kreml und/oder der Justiz belästigt. Chodorkowski konnte seinen Mund nicht halten und opponierte gegen Putin. Noch schlimmer wog allerdings, dass der Yukos-Chef drauf und dran war, seinen Konzern an den US-Riesen ExxonMobil zu verkaufen. Darüber wurde im

278 https://de.wikipedia.org/wiki/Yukos (16.3.2024)
279 https://www.spiegel.de/politik/ausland/russland-michail-chodorkowski-offiziell-des-mordes-beschuldigt-a-1067330.html (16.3.2024)

Juli 2003 in Washington sogar mit Dick Cheney, dem damaligen US-Verteidigungsminister, verhandelt. Wladimir Putin warnte anlässlich eines Staatsbesuches im Weißen Haus davor, den größten und für die russische Wirtschaft wichtigsten Erdölbetrieb in ausländische Hände zu legen. Das geplante Mega-Geschäft kommentierte er im September 2003 in der *New York Times* mit diplomatisch-seidenweichen Worten: »Dies ist vor allem Sache des Unternehmens, aber ich denke, es wäre richtig, wenn sie vorab Konsultationen mit der russischen Regierung durchführten.« Heute wissen wir, es blieb keine Sache des Unternehmens, und bereits wenige Wochen später wurde Chodorkowski in Nowosibirsk festgenommen und anschließend wegen Korruption, Geldwäsche und Steuerhinterziehung verurteilt.[280]

Der russische Oligarch wanderte für zehn Jahre ins Straflager. Seine Klage vor dem Europäischen Gerichtshof für Menschenrechte wies dieser 2011 zurück und fand die Verurteilung wegen Steuerbetrugs in der Höhe von 2,8 Milliarden Euro grundsätzlich gesetzeskonform.[281] Offen blieb die Frage, inwieweit die anschließende Verstaatlichung des Yukos-Konzerns legal war. Genau in dieser Auseinandersetzung, die Chodorkowski seit seiner Begnadigung 2013 mit Verve vor vielen Gerichten führt, hat sich im Februar 2024 ein Gericht in den Niederlanden auf die Seite des im Londoner Exil lebenden Russen gestellt. In einem letztinstanzlichen Urteil sprach der Permanent Court of Arbitration (PCA), ein in Den Haag ansässiges internationales Schiedsgericht, Michael Chodorkowski 50 Milliarden Euro als Entschädigung für die widerrechtliche Enteignung seines Yukos-Konzerns durch russische Behörden zu.[282] Er ist nun berechtigt, diese Summe vom russischen Staat einzufordern. Dieser anerkennt den Schiedsspruch freilich nicht.

Das Urteil des PCA gegen Moskau könnte wegweisend für die Beschlagnahme russischer Vermögenswerte auch durch Staaten oder die Europäische Union sein. Denn es bräuchte nur Gerichtsverfahren, in

280 Siehe ausführlich in: Hannes Hofbauer, Feindbild Russland, S. 139; auch: Viktor Timtschenko, Putin und das neue Russland. München 2003, S. 285

281 https://www.stern.de/politik/ausland/yukos-prozess-europaeischer-gerichtshof-gibt-russland-recht-3924800.html (16.3.2024)

282 https://www.anti-spiegel.ru/2024/niederlaendisches-gericht-verurteilt-russland-zur-zahlung-von-50-milliarden/; https://www.faz.net/aktuell/wirtschaft/gericht-russland-muss-yukos-aktionaeren-50-milliarden-zahlen-19532976.html (16.3.2024)

denen sich Richter finden, die die russische Rechtsprechung in ökonomischen Belangen aushebeln und beispielsweise Verstaatlichungen für nichtig erklären. So schwer dürfte das in der allgemeinen russophoben Grundstimmung nicht sein. Wenn dann der Schuldspruch vorliegt, kann man sich an den Milliarden aus den eingefrorenen russischen Geldern bedienen.

Extrem abenteuerlich gestaltete sich auch der mühevolle Prozess der Enteignung des russischen Mineralölriesen Rosneft. Der Tochter des in Moskau ansässigen Konzerns, Rosneft Deutschland GmbH, gehören seit 2017 54 % der größten deutschen Raffinerie im brandenburgischen Schwedt; daneben hält Rosneft noch 24 % an Miro in Karlsruhe und 28 % an Bayernoil. Die »PCK-Raffinerie« versorgt Berlin und Brandenburg zu annähernd 100 % mit Benzin, Diesel, Kerosin und Heizöl – und das bereits seit Mitte der 1960er Jahre, damals allerdings nur Ostberlin. Diese russische Mehrheitsbeteiligung am wichtigsten Energieversorger der deutschen Hauptstadt war den Sanktionierern von Anfang des Wirtschaftskrieges an ein Dorn im Auge. Deshalb stellte das Bundeswirtschaftsministerium die Rosneft Deutschland GmbH im September 2022 unter Treuhandverwaltung, um einen Zugriff des russischen Eigentümers auf die Anlage zu verhindern und sicherzustellen, dass der Betrieb den Boykott russischen Erdöls einhält. Im März 2024 verlängerte die Bundesregierung die Treuhandverwaltung.[283]

Damit nicht genug, steht seit Februar 2024 eine Enteignung im Raum. Wie diese stattfinden soll, darüber ist bis Redaktionsschluss dieses Buches keine Entscheidung gefallen. Dass überhaupt über einen solchen einschneidenden Schritt diskutiert werden kann, ist der erst Anfang 2023 erfolgten Novellierung des deutschen Energiesicherheitsgesetzes (EnSiG) zuzuschreiben. Sie ist beschlossen worden, um Deutschland von russischer Energiezufuhr abkoppeln zu können, nachdem mit der Sprengung der Nord-Stream-Pipeline mutmaßlich die USA ganze Vorarbeit geleistet hatten. Der § 18 des EnSiG eröffnet die Möglichkeit einer Enteignung von Betrieben, wenn die Regierung die Versorgung nicht gesichert sieht. Dazu die *Frankfurter Allgemeine Zeitung* am 14. Februar

283 https://www.bmwk.de/Redaktion/DE/Pressemitteilungen/2024/03/20240307-bundesregierung-verlaengert-treuhandverwaltung-der-rosneft-deutschland.html (4.5.2024)

2024: »Jetzt prüft das Ministerium eine Enteignung, um zu verhindern, dass Rosneft die Kontrolle zurückerlangt und die Raffinerie im Wirtschaftskrieg gegen den Westen neu in Stellung bringen kann.«[284]

Gepokert wird unter »Experten« seitdem darüber, ob eine solche Enteignung mit oder ohne Entschädigung erfolgen soll. Schätzungen zufolge wird der Wert der PCK-Raffinerie mit 7 Milliarden US-Dollar veranschlagt. Der Staatsrechtler Till Holterhus, der als Sachverständiger an der Novellierung des Energiesicherheitsgesetzes mitschrieb, meint dazu schlicht: eine Enteignung ohne Entschädigung ist verfassungsrechtlich »grundsätzlich nicht möglich«.[285] Ob sich allerdings jemand in der Berliner Regierung getraut, Milliarden von Euro an die Rosneft-Mutter in Moskau zu überweisen, um an die PCK-Raffinerie zu kommen? Mögliche Verhandler über das weitere Vorgehen wurden bereits im 9. Sanktionspaket ausgeschaltet, denn seit Dezember 2022 ist es EU-Bürgern verboten, Positionen in russischen Wirtschaftsbetrieben innezuhaben. Gerhard Schröder und die frühere österreichische Außenministerin Karin Kneissl saßen bis Mai 2022 im Aufsichtsrat von Rosneft.

Die PCK-Raffinerie in Schwedt hat in ihrer Geschichte schon einmal die Erfahrung einer Enteignung machen müssen. Gegründet wurde der größte norddeutsche Mineralölkonzern als »Volkseigener Betrieb (VEB) Petrolchemisches Kombinat« in den 1960er Jahren und wurde zum größten Kraftstofflieferanten der DDR. Im Zuge des Anschlusses an die BRD, im Korrektsprech Wiedervereinigung genannt, fiel das Riesenwerk wie selbstverständlich an die Treuhandanstalt, die es an seine (möglichen) Konkurrenten verhökerte. Darunter waren die VEBA AG, die später im Betrieb E.ON aufging, Elf, Total und Agip. Enteignet wurde damals das Volksvermögen der DDR, um es großen Westkonzernen anheimzustellen. Träger dieses Eigentumstransfers war die Treuhand; zu Redaktionsschluss dieses Buches steht die PCK-Raffinerie – bis September 2024 – immer noch unter bundesrepublikanischer Treuhandverwaltung. Dass unter solchen Bedingungen der zweite große Eigentümer des brandenburgischen Energiekonzerns das Weite gesucht hat, ist verständlich.

284 https://www.faz.net/aktuell/wirtschaft/unternehmen/warum-das-bundeswirtschaftsministerium-eine-enteignung-von-rosneft-deutschland-prueft-19512386.html (16. 3. 2024)

285 Ebd.

Shell verkaufte seine 37 %-Anteile an einen in der Branche weitgehend unbekannten Investor.

»Worst Case«: SWIFT-Ausschluss

Die Qāitbāy-Zitadelle mit ihrer islamischen, ganz in weißem Stein gehaltenen Festungsarchitektur bietet einen majestätischen Anblick. Der Mameluken-Sultan el-Aschraf ed-Din Qāitbāy hatte sie in den 1470er Jahren in der Bucht von Alexandria als Verteidigungsanlage erbauen lassen. Ausgerechnet an diesem Ort machte der Autor erstmals Bekanntschaft damit, was es konkret bedeutet, Russland aus dem internationalen Zahlungsverkehr auszuschließen.

Es war ein milder Frühlingstag, als sich zwei junge Frauen entlang der kleinen Menschenschlange, die sich vor dem Kassenhäuschen gebildet hatte, auf uns einzige Europäer zubewegten. Ob wir zwei Tickets für sie kaufen könnten, fragte eine von ihnen. Ihr Englisch war perfekt und sie sah in keiner Weise danach aus, dass sie sich die Eintrittskarte nicht hätte leisten können. Umgerechnet 3 Euro wollte die zum Marine- und Meeresmuseum von Alexandria gehörende Zitadelle von ihren BesucherInnen.

Es war der Schwarzmarktkurs des ägyptischen Pfunds, der Klarheit in die Situation brachte. Denn staatliche oder kulturelle Einrichtungen im Lande operieren ausschließlich mit Kreditkarten. Bargeld wird nicht angenommen. Damit wird es Touristen verunmöglicht, mit billig auf dem Schwarzmarkt erworbenen Pfund z. B. Museen zu besuchen. Die zwei jungen Frauen entpuppten sich als Russinnen. Ihre heimatliche Kreditkarte »Mir« funktioniert in Ägypten nicht, gängige westliche Karten wie »Visa« oder »Mastercard« können sie in Russland nicht erwerben. In diesem Fall war die Lösung einfach: Wir bezahlten die Eintrittskarten der beiden mit unserer Karte und erhielten von ihnen den Betrag in ägyptischen Pfund in bar.

Der im Jahr 2024 vollkommen zusammengebrochene Zahlungsverkehr zwischen Russland und dem transatlantischen »Wertewesten«, zu dem auch Japan und Australien gehören, wurzelt einerseits im Rückzug der westlichen Bank- und Kreditinstitute aus Russland. Dieser ist dem US- und EU-Sanktionsregime geschuldet, hätte aber noch nicht – umgekehrt – dazu führen müssen, dass keinerlei legale Finanztransaktionen mehr möglich sind. Dafür bedurfte es einer strukturelleren Maßnahme, nämlich dem Ausschluss der russischen Finanzbranche aus dem SWIFT-System, womit die EU bereits im 3. Sanktionspaket am 2. März 2022 begonnen hatte.

Die »Society for Worldwide Interbank Financial Telecommunications« – kurz SWIFT – ist eine in den 1970er Jahren gegründete Nachrichtenagentur für Finanztransaktionen. Im Wikipedia-Eintrag wird sie als »Telekommunikationsnetzwerk« bezeichnet. Formal firmiert SWIFT als Genossenschaft, der mehr als 11.000 Banken angehören, mit Sitz in La Hupe/Belgien. Ihr wichtigstes Asset ist die Verfügungsgewalt über den Business Identifier Code, über den sich schon jeder und jede von uns bei Falscheingaben geärgert hat. Ohne BIC, so die Abkürzung des Codes von Kreditinstituten, geht nichts im international gebräuchlichen Zahlungsverkehr. Dass sich nicht zuletzt infolge der antirussischen Zwangsmaßnahmen des Westens rund um China und die BRICS-Staaten ein alternativer Zahlungskreislauf entwickelt, dieser Entwicklung wird weiter unten noch breit Raum gegeben.

Obwohl SWIFT im EU-Staat Belgien registriert ist, dient es in erster Linie den USA als Hebel für ihren Anspruch als Weltfinanzmacht. Denn über die zwar sinkende, aber nach wie vor dominierende Dollar-Hegemonie im Welthandel sind die meisten Akteure gezwungen, den Greenback als Transaktionswährung zu benützen. Das sogenannte »Dollar-Clearing« bietet dazu die Grundlage. Und diese Clearingstelle (Clearing House Interbank Payments System/CHIPS) sitzt in New York. Ihr Erpressungspotenzial ist enorm, wo immer gegenseitige Salden in US-Dollar ausgeglichen werden. Wenn nun die USA beschließen, ein Land aus dem Dollar-Clearing auszuschließen, bedeutet das nicht nur, dass die entsprechende Bank dieses Landes keine Geschäfte mehr in den Vereinigten Staaten machen kann, das versteht sich von selbst. Vielmehr werden alle Banken weltweit sanktioniert, die mit dem aus dem Dollar-Clearing ausgeschlossenen Land Finanzbeziehungen aufrechterhalten. Dies hatte beispielsweise die französische Großbank »BNP Paribas« im Jahr 2014 zu spüren bekommen, wie weiter oben beschrieben. Weil die BNP US-Sanktionen gegen Iran und Sudan ignoriert hatte, hagelte es eine Rekordstrafe in der Höhe von 8,9 Milliarden US-Dollar. Damit kaufte sich die französische Bank von dem angedrohten Ausschluss aus dem Dollar-Clearing-System frei, was ihren geschäftlichen Ruin bedeutet hätte. SWIFT steht also trotz seiner in Belgien beheimateten Genossenschaftsstruktur unter der Fuchtel Washingtons.

Bereits Wochen vor dem Einmarsch der russischen Armee in die Ukraine mehrten sich die westlichen Stimmen aus Politik und Medien, Russland aus SWIFT auszuschließen. Ökonomen warnten sogleich vor einem solchen Schritt; so z. B. der Russland-Experte am »Wiener Institut für Internationale Wirtschaftsvergleiche«, Vasily Astrov. Noch am 22. Februar 2022 meinte er zur *APA*-Presseagentur: »Das absolute Worst-Case-Szenario wäre eine Abschaltung Russlands vom Zahlungsverkehrssystem SWIFT. Dann könnte man mit Russland keine Finanztransaktionen mehr machen.«[286] Bereits zehn Tage später wurden die ersten russischen Großbanken aus dem SWIFT-System ausgesperrt. Es waren dies die VTB-Bank, Rossiya Bank, Otkritie, Novikombank, Promsvyazbank, Sovcombank und Vnesheconombank.[287] Im Mai 2022 folgten weitere Institute, darunter das größte russische Institut, die Sberbank. Kleinere Banken blieben von den Westsanktionen noch ausgeschlossen, was sich der Kreml-Kritiker Wladislaw Inosemcev nur mit einer herrschenden Ahnungslosigkeit der westlichen Wirtschaftskrieger erklären kann. Im Mai 2024, so Inosemcev, bestanden noch schätzungsweise 290 regionale Finanzinstitute, die zwar keine große Kapitalmacht, aber noch immer die Möglichkeit internationaler Transaktionen besaßen.[288]

Mittlerweile hatte Brüssel auch die Ausfuhr von Euro nach Russland unter Strafe gestellt. Ein Bekannter des Autors machte Erfahrung mit dieser Maßnahme, als er ahnungslos von Hamburg über Istanbul nach Moskau reisen wollte. Er hatte den Flug über Turkish Airlines ohne Aufenthalt in der Türkei gebucht. Darauf und über seine mitgeführte Geldmenge vom deutschen Zoll am Flughafen Berlin angesprochen, gab er bereitwillig Auskunft. Die Beamten kassierten sein Reisebudget in der Höhe von 2500 Euro. Sie konnten sich auf den Text im 3. Sanktionspaket

286 Zit. in: *Die Presse* vom 23. Februar 2022

287 https://www.consilium.europa.eu/de/policies/sanctions/restrictive-measures-against-russia-over-ukraine/history-restrictive-measures-against-russia-over-ukraine/ (29.3.2024)

288 Vortrag von Wladislav Inosemcev im »Wiener Institut für Internationale Wirtschaftsvergleiche« am 27. Mai 2024 in Wien.

vom 2. Mai 2022 berufen. Dort steht zu lesen: »Darüber hinaus verbietet die EU […] auf Euro lautende Banknoten an Russland oder an natürliche oder juristische Personen oder Organisationen in Russland zu verkaufen, zu liefern, zu verbringen oder auszuführen.«[289]

Brüssel hat damit mutwillig nicht nur das Wirtschaftsleben zwischen Russland und der EU zerstört, sondern auch jeden zwischenmenschlichen Austausch unterbrochen. Umgehungen sind, wie bei allen Restriktionen, freilich möglich, aber mühsam. Letztlich hat der SWIFT-Ausschluss Russlands – ganz im Gegensatz zu seiner Intention – die De-Dollarisierung Eurasiens und des Globalen Südens beschleunigt; doch dazu später mehr.

Der Kampf um Öl und Gas

Eigentlich war das Tauschgeschäft schon akkordiert, die Vorverträge unterzeichnet. Österreichs größter Konzern und zugleich einer der mächtigsten europäischen Player auf dem Öl- und Gasmarkt, die OMV, brauchte Geld für vom Staat und der EU geforderte grüne Investitionen. Also kam man in der Führungsetage auf die Idee, ein Tauschgeschäft zu veranstalten, bei dem die dringend benötigten Gelder eingeholt werden konnten. Als Tauschpartner war die russische Gazprom vorgesehen, dazu benötigte man noch die Zustimmung des größten Gasförderers im Westen des Kontinents, Norwegen. Es waren also drei Energieriesen, die miteinander – nicht zum ersten Mal – ins Geschäft kommen wollten.

An dieser Stelle sei kurz die Geschichte der engen Beziehung zwischen der teilverstaatlichten OMV und dem russischen Energieriesen Gazprom in Erinnerung gerufen. Sie geht auf das Ende des Zweiten Weltkrieges zurück, als die Sowjetunion im Osten Österreichs nicht nur als politische Besatzungsmacht auftrat, sondern auch wirtschaftlich die Fäden zog. Die Förderung der nordöstlich von Wien gelegenen Erdölfelder wurde in der bis 1955 andauernden Sowjetzeit ausgebaut und in die »Sowjetische Mineralölverwaltung« (SMV) integriert. Damals floss Öl noch vom Westen in den Osten und diente zur Reparationszahlung

289 Ebd.

für Kriegsschäden. Nach dem Abzug der sowjetischen Truppen ging aus der SMV die ÖMV (Österreichische Mineralölverwaltung) als Staatsbetrieb hervor. Das »Ö« verwandelte sich über die Jahrzehnte – der Internet-Schreibe entsprechend – in ein »O«, der Staatsanteil sank im Privatisierungshype ab den 1980er Jahren auf zuletzt 31,5 %. Was durchgängig bestehen blieb, war die enge Verbindung zum sowjetischen, später russischen Energiepartner – immerhin gelang es den Managern der ÖMV, mitten im Kalten Krieg als erstes westliches Land russisches Erdgas zu importieren. Ab September 1968 erreichte Gas aus Westsibirien das österreichische Baumgarten.[290] Am 1. Juni 2018 unterzeichneten die CEOs von Gazprom (Alexey Miller) und OMV (Rainer Seele) im Beisein von Wladimir Putin und dem österreichischen Bundeskanzler Sebastian Kurz einen neuen Liefervertrag, der Österreich bis 2040 mit russischem Gas versorgen soll.[291] Zum Zeitpunkt des Schreibens dieser Zeilen im Sommer 2024 beträgt der Anteil russischen Gases an der Versorgung Österreichs 98 %.[292] Die Drohung Kiews, den Transit per 31. Dezember 2024 zu blockieren, schwebt im Raum.

Zurück zum Tauschgeschäft zwischen Wien, Moskau und Oslo. Wir schreiben das Jahr 2016 und OMV-Chef Rainer Seele wirkt erschöpft. Fünf Jahre zuvor hatte der österreichische Energiekonzern Anteile an mehreren norwegischen Gasfeldern in der Nordsee und der Barentssee erworben. Eines davon will man nun an den russischen Partner und Konkurrenten, Gazprom, verkaufen – und zwar in Form eines Tauschgeschäftes mit einem sibirischen Feld. Das Ganze war geplant nach dem Motto: raus aus der teuren Nordsee, rein ins billige Sibirien.[293] Für den OMV-Chef schien alles bestens zu laufen, bis er – angeblich aus den Medien – erfahren musste, dass sich Oslo gegen diesen Handel querlegt. Nachdem der Tausch des norwegischen gegen das russische Gasfeld im April 2016 verkündet worden war, schlugen in den USA die Alarmglocken. Als schwächstes Glied in der Dreierallianz war schnell

290 https://www.omv.com/de/news/50-jahre-verl-ssliche-russische-gaslieferungen-nach-sterreich (29. 3. 2024)

291 https://www.omv.com/de/news/omv-und-gazprom-unterzeichnen-vertragsverl-ngerung-f-r-erdgas-lieferungen-nach-sterreich (29. 3. 2024)

292 https://www.spiegel.de/wirtschaft/oesterreich-zuletzt-fast-komplett-von-gas-aus-russland-abhaengig-ministerin-will-das-nun-aendern-a-eb8723d2-40de-42ab-b9fb-a01a271b7285 (29. 3. 2024)

293 *Die Presse* vom 14. August 2016

der norwegische Energieminister Tord Lien ausgemacht, ein Mitglied der rechtskonservativ-liberalistischen Fremskrittspartiet. Lien wurde nach Washington zitiert und kam mit den entsprechenden Direktiven zurück. Eine davon äußerte sich darin, dass OMV-Chef Seele ab diesem Zeitpunkt in Oslo nicht mehr empfangen wurde. Das Gerangel danach endete sechs Jahre später im Rückzug der OMV aus den sibirischen Gasfeldern.[294] Gazprom konnte im NATO-Land Norwegen keinen Fuß auf den Boden bzw. kein Tiefbohrloch ins Meer bekommen. Das geplante Tauschgeschäft platzte an der Intervention Washingtons.

Während in Österreich noch – vergeblich – an der Energiepartnerschaft mit Russland festgehalten wurde, arbeiteten die Brüsseler Behörden schon kräftig daran, die Bande zwischen Sibirien und Westeuropa zu kappen. Bereits im Februar 2016 – die ersten antirussischen Sanktionen bestanden seit April 2014 – veröffentlichte die EU-Kommission zwei Vorhaben zur Energiepolitik: eine Rahmenstrategie und eine »Strategie zu Flüssiggas und Gasspeicherung«.[295] Die Ziele des neuen EU-Plans lesen sich auf den ersten Blick wie Wünsche an das Christkind. Ganz oben steht die »Versorgungssicherheit«, gefolgt von »niedrigen Preisen«, um mit der »Einhaltung von Klimaschutzzielen« zu enden.[296] Das ganze Konvolut steht unter der – durch die historische Erfahrung unhaltbaren – Prämisse, dass die Versorgungssicherheit durch Russland nicht gewährleistet sei. Deshalb wird explizit dazu aufgerufen, »Gaslieferungen aus dem Nahen Osten, Afrika sowie zentralasiatischen Ländern« und vor allem aus dem mit den USA verbündeten »Aserbaidschan über den ›südlichen Korridor‹ via Türkei« in Angriff zu nehmen.[297] Im zweiten Papier geht es um »eine umfassende LNG-Strategie«, wobei die Dringlichkeit zur Errichtung von Flüssiggasterminals rund um Europa betont sowie auch eine eigene Schiefergasförderung angeregt wird. Alle energiepolitischen Entscheidungen, so eine der Kernaussagen der EU-Strategie, sollten von der nationalen auf die EU-Ebene gehoben werden, um

294 https://kurier.at/wirtschaft/omv-sagt-einstieg-bei-gazprom-erdgasfeld-in-sibirien-endgueltig-ab/401922880 (28.3.2024)

295 https://eur-lex.europa.eu/resource.html?uri=cellar:1bd46c90-bdd4-11e4-bbe1-01aa75ed71a1.0002.01/DOC_1&format=PDF & https://energy.ec.europa.eu/index_en (28.3.2024)

296 Siehe: Elke Schenk, Der heimliche Krieg. Die EU-Energiepolitik erklärt Russland den Wirtschaftskrieg, in: https://www.rubikon.news/artikel/der-heimliche-krieg (28.3.2024)

297 Ebd.

Alleingänge einzelner Mitgliedsstaaten – sprich: eine Zusammenarbeit mit Russland – zu verhindern.

Die Widersprüche in den beiden EU-Strategiepapieren sind auffällig, werden dort aber nicht kommentiert. Der Plan, »die Energiepreise niedrig zu halten«, kollidiert für jeden, der die Branche einigermaßen kennt, mit der eigentlichen Zielsetzung, nämlich das bereits ausgebaute Pipelinesystem zwischen Sibirien und Europa, das jahrzehntelang gut funktioniert hat, durch eine neue, extrem teure Infrastruktur zu ersetzen. Der Bau von Flüssiggasterminals an der Ost- und Nordsee, an der Atlantikküste und im Mittelmeer sowie die daran anschließend erforderlichen neuen Pipelinesysteme verschlingen Milliarden an Kosten, die freilich an Industrie und Konsumenten weitergegeben werden.

Und dann ist da noch die Forderung nach »Einhaltung der Klimaziele«. An dieser Stelle müsste man eigentlich laut loslachen, wenn die Sache nicht so ernst und teuer wäre. Denn gefracktes Gas aus den USA oder Katar – und von dort soll es vornehmlich herkommen – weist den heftigsten Fußabdruck in Sachen Treibhausgase auf. Bei seiner Herstellung entsteht Methan, das etwa 80 Mal klimaschädlicher als CO2 ist. Seine Verflüssigung genauso wie die Regasifizierung benötigen extrem viel Energie, gar nicht zu reden von den Risiken des Transportes über die Weltmeere. Eigentlich müsste sich bei den Übersetzern einer solchen Strategie in die 24 Amtssprachen der EU die Tastatur ihrer Schreibgeräte weigern, so viel Schwachsinn auf den Bildschirm zu bringen. Floskeln wie »billige Energie« und »Klimaschutz« werden bloß zur Beruhigung eingebaut, und um vom eigentlichen Ziel abzulenken. Dieses besteht darin, Russland aus dem europäischen Energiemarkt zu verdrängen, wohl wissend, dass dieser Vorgang die Energie verteuert, die soziale Lage in Europa gefährlich anspannt und die vorgeblichen Klimaziele in die Ferne rücken lässt.

Russland zu schädigen, das war und ist auch das Ziel Nr. 1 der US-amerikanischen Administration. Ihrem Wirken fiel bereits sehr früh die seit 2009 geplante Gaspipeline »South Stream« zum Opfer. Diese hätte den sibirischen Energieträger durch das Schwarze Meer ins bulgarische Warna und weiter nach Griechenland und Süditalien sowie nach Serbien und Ungarn bringen sollen. Jahrelange schwierige Verhandlungen endeten damit, dass im Juni 2014 eine US-amerikanische

Senatoren-Delegation unter der Führung des alten Haudegens John McCain Bulgariens Premierminister Plamen Orescharski »bearbeitete«,[298] der tags darauf das Aus von South Stream verkündete.

Knapp vor der heißen Phase des Öl- und Gaskrieges, im Jahr 2021, stammten 45 % des russischen Budgets aus dem Energieexport.[299] Moskau musste sehr viel daran gelegen sein, in dieser Auseinandersetzung nicht unterzugehen.

Erdöl: Importverbot und Preisdeckel

Die von Washington und Brüssel betriebene Sanktionspolitik gegen Russland fand bald auch ihren zivilgesellschaftlichen Flankenschutz. Er äußerte sich in Deutschland erstmals prominent am 9. März 2022. Der mit »besorgten Grüßen« unterzeichnete Aufruf forderte einen sofortigen und umfassenden Importstopp aller russischen Energieträger. Gerichtet war das Schreiben an Bundeskanzler Scholz, Wirtschaftsminister Habeck und Finanzminister Lindner. »Die Unterzeichner*innen dieses Briefes«, stand da zu lesen, »finden es unerträglich, diesen Krieg jeden Tag weiter zu finanzieren. […] Erlassen Sie gemeinsam mit den anderen EU-Staaten einen Importstopp für Öl, Gas und Kohle […]. Drehen sie der russischen Führung den Geldhahn zu!«[300] Als ErstunterzeichnerInnen fungierten unter anderem die bekannten Kreml-Hasser und Ex-Grünen Rebecca Harms, Marieluise Beck und Ralf Fücks – alle drei vom »Zentrum Liberale Moderne« –, weiters die ehemalige Staatsministerin im Auswärtigen Amt Kerstin Müller, der Aufsichtsratsvorsitzende von »Correctiv« Lukas Beckmann sowie eine Reihe von Schauspielerinnen und Journalisten. Wer noch auffällt in der Liste sind (mindestens) drei Personen rund um Luisa Neubauer, bei deren Auftritten in Talkshows die Unterzeile »Klimaaktivistin« aufpoppt. Gemeinsam mit ihrer Cousine Carla Reemtsma und dem Vater ihres Freundes Peter Lohmeyer ist sie Teil einer kleinen familiären Gruppe. Die wäre nicht

298 https://www.tagesspiegel.de/wirtschaft/bulgarien-gerat-im-gasstreit-zwischen-die-fronten-4821736.html (28.3.2024)

299 https://www.dw.com/de/wer-kauft-russisches-gas-wenn-europa-es-nicht-mehr-tut/a-61411898 (1.4.2024)

300 https://www.campact.de/importstopp/ (28.3.2024)

erwähnenswert, wenn die zwei jungen Frauen nicht aus dem Reemtsma-Clan stammten. Zwar können und sollen Blutsbande nicht der Zuordnung von Menschen dienen, absichtliches Verschweigen derselben wäre allerdings auch nicht angebracht; vor allem dann nicht, wenn es um das vorliegende Thema geht. Denn die Blüte der »Reemtsma Cigarettenfabriken«, mit denen es die Familie zu Milliardenvermögen gebracht hat, liegt in der Zeit des Nationalsozialismus. Philipp F. Reemtsma war Adolf Hitler nicht nur persönlich sehr zugeneigt[301] – das waren viele –, er verdankte dem Vormarsch der Wehrmacht auch seinen Reichtum. Und hier wird die Russland-feindliche Gesinnung der jungen Klimaaktivistinnen im Zusammenhang mit der Basis ihres Reichtums interessant. Denn Philipp F. Reemtsma griff im Schatten des Vormarsches der Wehrmacht auf die Tabakfelder der Krim zu. Der Historiker Karl Heinz Roth hat die Geschichte dieser Eroberungs- und Plünderungspolitik nachgezeichnet.[302] Die Reemtsma-Plantagen und Tabakfabriken auf der Schwarzmeerinsel waren zwischen 1941 und 1944 die Hölle für dort zur Zwangsarbeit getriebene Menschen, vornehmlich Frauen. 20.000 kämpften ums nackte Überleben. Von den Nachfahrinnen des davon profitierenden Unternehmens hätte man sich zumindest ein wenig mehr historisches Fingerspitzengefühl erwarten können, wenn es aktuell wieder gegen Russland geht.

Seit dem 6. Sanktionspaket vom 3. Juni 2022 gilt in der EU ein Importverbot von russischem Rohöl auf dem Seeweg, sechs Monate später endete die Übergangsfrist. Um zu verhindern, dass russisches Erdöl jenseits der transatlantischen Blase frei verschifft und verkauft werden kann, verfielen die Bürokraten in Brüssel auf eine reichlich absurde Idee: einen Preisdeckel, den sie weltweit durchsetzen wollten. Er sollte Russland empfindlich treffen und wurde mit 1. Januar 2023 auf 60 US-Dollar pro Barrel festgelegt; er lag damit zum damaligen Zeitpunkt um ca. 10 Dollar unter dem Weltmarktpreis.[303] Die G7 waren für diesen marktwirtschaftlichen Schurkenstreich mit an Bord. Die damit aufgebaute

301 https://de.wikipedia.org/wiki/Reemtsma_(Familie) (28.3.2024)

302 Karl Heinz Roth/Jan-Peter Abraham, Reemtsma auf der Krim: Tabakproduktion und Zwangsarbeit unter der deutschen Besatzung. Hamburg 2011

303 Polen und die baltischen Republiken verlangten einen Preisdeckel von 30 US-Dollar pro Barrel, konnten sich aber damit nicht durchsetzen.

Drohkulisse diente vor allem dazu, große Reedereien und Versicherungen zu beeindrucken. Es durfte, so die Brüsseler Idee, kein russisches Öl verschifft oder versichert werden, wenn dafür mehr als 60 US-Dollar pro Barrel bezahlt wurde. Die Sache scheiterte – wenig verwunderlich – an zwei Dingen. Zum einen hatte Moskau eine Schattenflotte von 600 Öltankern im Einsatz, die 27 % der weltweit vorhandenen Kapazitäten umfasste,[304] und zum anderen konnten die Sanktionen mangels Kontrolle auf den Weltmeeren schwerlich durchgesetzt werden.[305] Ein knappes Jahr nach der Einführung des ominösen Ölpreisdeckels resümierte die *Frankfurter Allgemeine Zeitung* trocken: »Öltanker vor Russlands Küste: Das Land verkauft Rohöl oberhalb des Preisdeckels.«[306]

Dass der Versuch, einen Ölpreisdeckel von 60 US-Dollar pro Fass durchzusetzen, von Anfang nicht den gewünschten, sondern sogar den gegenteiligen Effekt mit sich brachte, darauf machte der liberale Ökonom und Putin-Gegner Wladislaw Inosemcev anlässlich eines Referates in Wien aufmerksam. Denn in den 60 US-Dollar sind bereits alle Abgaben und Steuern, die dem russischen Staat zustehen, enthalten. Die Förderung des Erdöls schlägt bloß mit 19 US-Dollar pro Fass zu Buche. Das heißt im Klartext, dass der russische Staat keinerlei finanzielle Einbußen befürchten muss, selbst wenn Gazprom oder andere Energiekonzerne nur um 60 US-Dollar verkaufen. Allenfalls diese Firmen leiden an einer gewissen Profitklemme, das russische Finanzministerium hingegen überhaupt nicht.[307]

Die russischen Energieriesen wussten sich ohnedies zu helfen und umschifften den Preisdeckel elegant. Wie das gemacht wurde, beschrieb der Russland-Korrespondent der *Welt* und der Wiener *Presse* folgendermaßen: »Die Handelsfirma übernimmt von russischen Lieferanten das Öl am Ostseehafen Primorsk beziehungsweise am Schwarzmeerhafen Noworossijsk gewissermaßen zu einem All-Inclusive-Preis, der unter

304 https://www.bloomberg.com/news/articles/2023-02-03/trafigura-sees-7-of-oil-product-tankers-now-in-shadow-fleet (28.3.2024)

305 https://www.tagesspiegel.de/wirtschaft/sanktion-wegen-ukrainekrieg-preisdeckel-fur-russisches-ol-versagt-offenbar-10449355.html (28.3.2024)

306 https://www.faz.net/aktuell/wirtschaft/ukrainekrieg-wie-russland-den-sanktionen-trotzt-19321308.html (9.5.2024)

307 Vortrag von Wladislav Inosemcev im »Wiener Institut für Internationale Wirtschaftsvergleiche« am 27. Mai 2024 in Wien.

dem vom Westen verfügten Preisdeckel von 50 Dollar liegt. Damit sind die Sanktionen formal eingehalten. Für den Weitertransport bis zu Endabnehmern wie Indien oder China schlägt die Handelsfirma Transport- und Versicherungskosten auf.«[308] Der Clou an der Sache: Die Handelsfirmen befinden sich zum großen Teil im Besitz der russischen Ölkonzerne. So einfach gehts in der Marktwirtschaft.

Zu Jahresbeginn 2023 versiegte russisches Erdöl, das über die Druschba-Pipeline nach Deutschland kam, um die Raffinerie im brandenburgischen Schwedt zu befeuern. Durch die Leitung durfte nur mehr kasachisches Erdöl fließen. Was die Sanktionierer nicht bedachten, war die Geografie. Kasachstan soll jährlich 1,2 Millionen Tonnen Rohöl durch »Druschba« pumpen. Um dies bewerkstelligen zu können, bedarf der staatliche Konzern KazTransOil freilich der Genehmigung seines russischen Gegenübers Transneft. Denn zwischen Kasachstan und Deutschland liegt nun mal Russland. Die Transitgenehmigung wurde von russischer Seite rasch erteilt. Wie viel Transneft dafür einstreift, kann in der EU freilich niemand sagen. Dass Moskau bei der Transaktion Geld verdient, ohne Öl beisteuern zu müssen, dürfte den Verantwortlichen aber mittlerweile dämmern.[309]

Neben Erdöl hat Brüssel auch russisches Erdgas im Visier. Seit dem 5. April 2022, sechs Wochen nach dem Einmarsch der russischen Armee in die Ukraine, kann »Gazprom Germania« nicht mehr auf sein Eigentum zugreifen. Ab diesem Zeitpunkt wird der Konzern von der deutschen Bundesnetzagentur treuhändisch verwaltet, was durch das Energiesicherungsgesetz juristisch ermöglicht wurde. Nach offizieller Lesart wollte Berlin damit Moskau zuvorkommen: »Um die Versorgungssicherheit in Deutschland zu gewährleisten, wird die Bundesregierung die Treuhandverwaltung der Gazprom Germania längerfristig absichern und das durch Sanktionen von russischer Seite ins Straucheln geratene Unternehmen über ein Darlehen vor der Insolvenz bewahren. Mit diesem Vorgehen behält die Bundesregierung den Einfluss auf diesen Teil der kritischen Energieinfrastruktur und verhindert eine Gefährdung

308 *Die Welt* vom 19. Mai 2024

309 https://www.dw.com/de/russland-profitiert-vom-deutschen-%C3%B6l-deal-mit-kasachstan/a-64878005 (28.3.2024)

der Energiesicherheit.«[310] Mit »russischen Sanktionen« war ein geplanter Verkauf gemeint, durch den der russische Eigentümer im März 2022 den EU-Sanktionen ausweichen wollte. Dem kam Berlin zuvor. Undurchsichtige Eigentumsverschiebungen folgten, bis der Bund im November 2022 die frühere Gazprom-Tochter verstaatlichte.[311]

Auf ein allgemeines Importverbot von russischem Gas konnte sich die EU bis zu Redaktionsschluss dieses Buches nicht festlegen. Zu wichtig ist der Rohstoff für Industrie und Haushalte in weiten Teilen der Union. Stattdessen tobt der Kampf um russisches Erdgas auf anderen Ebenen.

Der Kampf um Nord Stream 2

Am 8. November 2011 war die Welt – konkret: die Beziehung zwischen Moskau und Berlin – noch in Ordnung. An diesem Dienstag erfolgte die Einweihung von Nord Stream 1 durch Langzeitkanzlerin Angela Merkel und Kurzzeitpräsident Dmitri Medwedew. Ab diesem Zeitpunkt floss sibirisches Erdgas in zwei Strängen vom russischen Vyborg ins vorpommerische Lubmin. Erstmals waren Russland und Deutschland direkt – unter Wasser – energetisch verbunden. Die Nord Stream AG war ein Gemeinschaftsprojekt der Mehrheitseigentümerin Gazprom mit der deutschen Wintershall Dea, E.ON und dem französischen Gasversorger Engie SA.

Bereits zwei Jahre später (2013) wurde mit den Planungen zweier weiterer Röhren begonnen. Nord Stream 2 verläuft weitgehend parallel zu der bereits bestehenden Pipeline und sollte jährlich weitere 55 Milliarden Kubikmeter Gas pro Jahr über Deutschland in die Europäische Union pumpen.[312] Die Technik der Rohrverlegung unter Wasser war aufwendig und nur wenige Unternehmen in der Welt sind dazu imstande. Zu den technischen Problemen, die letztlich allesamt gelöst werden konnten, gesellten sich schwerwiegendere wirtschafts- und geopolitische Hindernisse. Polen und die Ukraine waren von Anfang an

310 https://www.bundesregierung.de/breg-de/aktuelles/bundesregierung-sichert-treuhandverwaltung-der-gazprom-germania-laengerfristig-ab-und-gewaehrt-kfw-darlehen-um-versorgungssicherheit-zu-gewaehrleisten-2052496 (28.3.2024)

311 https://www.handelsblatt.com/politik/deutschland/energieversorgungskrise-bund-verstaatlicht-ex-gazprom-tochter-sefe-/28808572.html (28.3.2024)

312 https://de.wikipedia.org/wiki/Nord_Stream#Rahmendaten_2 (31.3.2024)

»natürliche« Feinde der Nord-Stream-Projekte, erlaubten diese doch, russisches Gas direkt nach Deutschland zu leiten und die über Land laufenden Pipelines in Polen und der Ukraine zu umgehen. Mit den USA verfügten die beiden osteuropäischen Länder über einen machtvollen Verbündeten. Der Vorsitzende des einflussreichen US-Think-Tanks »Stratfor«, George Friedman, betonte 2015 auf einem Vortrag in Chicago eine Grundkonstante amerikanischer Geopolitik, die darin bestand, eine enge Verbindung von deutscher Technologie und russischen Rohstoffen zu verhindern.[313]

In der Energiefrage kam es bereits 1961, wie weiter oben beschrieben, zu US-Sanktionen gegen ein deutsch-sowjetisches Erdgas-Röhren-Geschäft, das tatsächlich boykottiert werden konnte. Zwanzig Jahre später trat Washington erneut gegen eine energetische Zusammenarbeit zwischen Moskau und Bonn auf, scheiterte damals aber an der konsequenten Haltung von Bundeskanzler Helmut Schmidt. Die Errichtung einer Pipeline war die Folge.

Gegen Nord Stream 2 brachte Washington sein gesamtes Arsenal an ökonomischem Kriegswerkzeug – und zuletzt wohl auch militärischen Sprengstoff – zum Einsatz. Im Jahr 2017 verschärfte sich die Gangart der USA gegen die deutsch-russische Energiekooperation, als der amerikanische Senat mit 97:2 für die Ausweitung von antirussischen Sanktionen stimmte.[314] Damit gerieten auch westeuropäische Unternehmen wie die OMV, die über einen Kredit in der Höhe von 730 Millionen Euro an Nord Stream 2 finanziell stark engagiert war,[315] ins Fadenkreuz. Österreichs damaliger Bundeskanzler Christian Kern reagierte prompt und nannte das neue US-Gesetz eine »illegale Bedrohung der europäischen Energiesicherheit«.[316] Der deutsche Außenamtssprecher Martin Schäfer äußerte sich ähnlich und bezeichnete die durch den US-Senatsbeschluss möglich gewordene Bestrafung europäischer Unternehmen als »politisch inopportun« und »völkerrechtswidrig«, ein Tonfall, der ein paar Jahre später nicht mehr zu hören war.

313 Siehe: Elke Schenk, S. 7

314 Siehe: *Wiener Zeitung* vom 17./18. Juni 2017

315 https://www.diepresse.com/6106021/nord-stream-2-gesellschaft-insolvent-auch-omv-betroffen (6.6.2024)

316 Ebd.

In den USA agierte man mittlerweile völlig offen und ohne jede diplomatische Gepflogenheit nicht nur gegen Russland, sondern auch gegen alle Unternehmen, die am Bau der Nord Stream 2 beteiligt waren. »Wie viele Menschen wissen, sind wir gegen das Nord-Stream-2-Projekt, die US-Regierung ist dagegen«, meinte die Sprecherin des US-Außenamtes Heather Nauert während eines Pressebriefings Mitte Mai 2018. »Wir glauben, dass das Nord-Stream-2-Projekt die Energiesicherheit und die Stabilität in Europa insgesamt untergräbt.«[317]

Eineinhalb Jahre nach Baubeginn von Nord Stream 2 unterschrieb dann US-Präsident Donald Trump im Dezember 2019 ein »Gesetz zum Schutz von Europas Energiesicherheit«.[318] Es heißt auch im Original so: »Protecting Europe's Energy Security Clarification Act«. Die Verantwortlichen in Brüssel oder Berlin ließen Washington ohne großen Einwand gewähren, schon gar keinen, der einer solchen Frechheit mit Taten entgegengetreten wäre. Das US-Gesetz zielte einzig auf die Fertigstellung von Nord Stream 2; und bewirkte tatsächlich, dass die mit der Verlegung der Röhren in 30 Meter Tiefe beauftragte Schweizer Firma »Allseas« unmittelbar danach – noch vor Weihnachten 2019 – ihre Arbeit einstellte. Ersatz für »Allseas« war schwer zu bekommen; jedenfalls nicht im transatlantischen, von Washington abhängigen Raum. Das angeforderte russische Verlegerschiff »Akademik Cherskij«, das einzige seiner Art, werkte gerade im fernen Wladiwostok und es dauerte sechs Monate, bis es Anfang Mai 2020 vor Ort in der Ostsee ankam. Es ging nun darum, die letzten 150 Kilometer Röhren für die Pipeline auf dem Meeresgrund zu versenken und zu befestigen.

Einen besonders unappetitlichen Tiefpunkt erreichte die US-Sanktionsmaschine gegen Nord Stream 2 im August 2020. Damals geriet die 10.000 EinwohnerInnen zählende Gemeinde Sassnitz auf Rügen ins Visier der USA. Drei extra angereiste US-Senatoren drohten dem Sassnitzer Bürgermeister und Linken-Politiker Frank Kracht, ihn auf die schwarze Liste zu setzen. Weil die Gemeinde mit 10 % am Fährhafen im Ortsteil Mukran beteiligt ist, soll ihn die Härte der extraterritorialen Sanktionen treffen, inklusive Einreiseverbot ins Land der unbegrenzten

317 https://www.rt.com/business/421900-us-sanctions-nord-stream-companies/ (31. 3. 2024)

318 https://www.europarl.europa.eu/doceo/document/P-9-2020-003628_DE.html (31. 3. 2024)

Möglichkeiten. Sein Vergehen: Er ließ das russische Schiff »Akademik Cherskij« fallweise im Hafen anlegen, damit die Matrosen beispielsweise Lebensmittel besorgen konnten.[319] Kracht kommentierte das US-Ansinnen als »Gipfel der Unverfrorenheit«. Die mecklenburg-vorpommerische Ministerpräsidentin Manuela Schwesig (SPD) reagierte auf den US-Vorstoß mit der Bemerkung, man werde am Bau von Nord Stream 2 festhalten. Und selbst die EU-Kommission ließ verlauten, dass sie extraterritoriale Sanktionen für völkerrechtswidrig halten würde.[320]

Der vorgebrachten Kritik folgte allerdings keine Tat, schon gar nicht in Berlin. Im Gegenteil. Denn zwischenzeitlich war im Juni 2021 die erste Röhre und im September 2021 die zweite Röhre von Nord Stream 2 fertiggestellt worden. Die Kosten beliefen sich auf 9,5 Milliarden Euro. Der Bau war abgeschlossen und die Leitungen mit Gas gefüllt, man hätte mit der Lieferung beginnen können; es brauchte nur jemanden, der in Lubmin den Hahn aufdrehte. Stattdessen stoppte die technisch dafür zuständige Bundesnetzagentur das Zertifizierungsverfahren. Als Vorwand diente der für große Teile der Infrastruktur in Deutschland zuständigen Agentur die Schweizer Registrierung des Unternehmens »Nord Stream 2 AG«, das seit 2016 zu 100 % im Eigentum von Gazprom stand. Im Wortlaut liest sich dies folgendermaßen: »Die Bundesnetzagentur ist nach eingehender Prüfung der Unterlagen zu dem Ergebnis gelangt, dass eine Zertifizierung eines Betreibers der Leitung Nord Stream 2 nur dann in Betracht kommt, wenn der Betreiber in einer Rechtsform nach deutschem Recht organisiert ist.«[321] Damit wollte man sicherstellen, dass die schon Jahre zuvor ebenfalls gegen Gazprom gerichtete EU-Gasrichtlinie bei Nord Stream 2 umgesetzt wird. Diese besagt, dass Betrieb der Leitung und Vertrieb des Gases unternehmerisch getrennt sein müssen. Das Management des Konzerns wollte dem nachkommen, wie auch die Bundesnetzagentur zugibt. Warum bis dahin allerdings der Betrieb nicht hätte aufgenommen werden können, erschließt sich nicht. Denn die Bundesnetzagentur »entscheidet nicht über die Aufnahme des

319 https://www.nzz.ch/international/nord-stream-2-sassnitz-und-die-angedrohten-us-sanktionen-ld.1571079 (31.3.2024)

320 Ebd.

321 https://www.bundesnetzagentur.de/SharedDocs/Pressemitteilungen/DE/2021/20211116_NOS2.html (31.3.2024)

Betriebs, sondern prüft die regulierungsrechtlichen Fragen, zum Beispiel die Einhaltung der Entflechtungsregeln«, so ihr Sprecher, der im *Handelsblatt*[322] zitiert wird. »Sollten zum Zeitpunkt der Inbetriebnahme die entflechtungsrechtlichen Voraussetzungen nicht erfüllt sein, so kann die Bundesnetzagentur dies als Ordnungswidrigkeit ahnden.« Die Androhung eines Bußgeldes schreckt im Wirtschaftsleben meist niemanden ab, wenn dies um Zehnerpotenzen unterhalb des erwartbaren Gewinns liegt, was beim Gasgeschäft sicherlich der Fall war, wie das *Handelsblatt* am 16. November 2021 einräumte.

Tatsächlich war zu diesem Zeitpunkt, also noch vor dem russischen Einmarsch in der Ukraine, schon klar, dass sich Berlin gegen weitere russische Gasimporte entschieden hatte. Umso klarer wurde dies, als drei Wochen später eine neue Bundesregierung unter Olaf Scholz (SPD) ihr Amt antrat. Außenministerin Annalena Baerbock wandte sich von ihrem ersten Arbeitstag an gegen weitere deutsch-russische Kooperationen.

Mittlerweile hatte man auch in Moskau mitbekommen, dass es mit Gaslieferungen durch Nord Stream 2 auf absehbare Zeit nichts werden würde. Dazu erließ Brüssel am 23. Februar 2022 das 1. Sanktionspaket gegen Russland, dem in den Wochen darauf eine Kaskade an weiteren Paketen folgte. Die Stimmung im Kreml war entsprechend und man befürchtete, dass die bis dahin teuerste Investition in ein Energieinfrastrukturprojekt – die 9,5 Milliarden Euro – sich in Luft auflösen könnten.

Um den Druck auf die Inbetriebnahme von Nord Stream 2 zu erhöhen, ließ sich die russische Seite eine Reihe von restriktiven Maßnahmen einfallen, mit denen Gaslieferungen über die grundsätzlich funktionierende Nord Stream 1 reduziert wurden. Damit wollte man die Notwendigkeit von Nord Stream 2 unterstreichen. Besonders wirkungsvoll in diesem Reigen an – letztlich wirkungslosen – Erpressungsversuchen erwies sich die Ankündigung von Schäden an Turbinen, die an sogenannten Verdichterstationen für die Weiterführung des Gases sorgen.

Wie ein solcher Kleinkrieg im Detail ablief, zeigt der Fall einer schadhaften Turbine aus Portowaja nahe Vyborg, die im Frühjahr 2022 von ihrer Herstellerfirma Siemens ins kanadische Reparaturwerk verbracht

322 https://www.handelsblatt.com/politik/deutschland/ostsee-gaspipeline-rueckschlag-fuer-nord-stream-2-bundesnetzagentur-setzt-zertifizierung-vorerst-aus/27617980.html (31.3.2024)

wurde. Nach erfolgter Reparatur und Wartung verweigerte Ottawa mit dem Hinweis, das 20 Tonnen schwere Gerät stünde auf der kanadischen Sanktionsliste, den Rücktransport nach Europa. Der Kreml reagierte am 14. Juni 2022, indem er die Gaslieferungen durch Nord Stream 1 um 60 % kürzte.[323] Ohne diese Turbine, so die Erklärung, könnte der nötige Druck nicht aufrechterhalten werden, um 100 % zu liefern; Ersatzturbinen seien keine verfügbar. Diese Argumentation war seltsam, mussten in der Vergangenheit immer wieder Siemens-Turbinen in die einzig dafür zuständige Reparaturwerkstatt nach Kanada verschickt werden, ohne dass sogleich Drosselungen für den Gasexport nötig geworden wären. Nach hektischen Verhandlungen zwischen dem deutschen Wirtschaftsminister und seinem kanadischen Gegenüber gelang es Robert Habeck, für die in Kanada festsitzende Turbine eine Ausfuhr-Sondergenehmigung zu erhalten, allerdings nicht nach Russland, wo sie benötigt wurde, sondern nach Deutschland. Der Transfer ins russische Portowaja nahe Vyborg schien nur eine Formsache. Doch die Moskauer Behörden fanden eine neue Möglichkeit, um die Wichtigkeit von Nord Stream 2 zu betonen. Die Zollpapiere für die Einfuhr der Turbine nach Russland ließen auf sich warten.[324] Und ausgerechnet in diesen Tagen wurde eine zweite Turbine schadhaft. Gazprom ließ daraufhin am 27. Juli 2022 den Export um weitere 50 % drosseln, wodurch nur mehr 20 % der möglichen Kapazität in Deutschland ankamen. Innerhalb von Stunden schoss der Gaspreis an der Rotterdamer Börse um 30 Euro pro Megawattstunde auf 200 Euro in die Höhe.[325] Als dann Moskau Anfang September 2022 ein Öl-Leck meldete, kletterte der Gaspreis auf dem Rotterdamer Markt auf 280 Euro. Jedem Beobachter war klar, dass Moskaus übles Spiel mit dem Gaspreis die Rache für die Blockade von Nord Stream 2 war – und auch dafür, dass Brüssel mit Rückendeckung Berlins 300 Milliarden Euro an russischen Zentralbankgeldern eingefroren hatte.

Am 26. September 2022 beendete dann eine Marine-Spezialeinheit aus (mutmaßlich) den USA den Kampf um Nord Stream 2. Die Sprengung der 9,5 Milliarden Euro teuren Pipeline, eigentlich ein Terrorakt gegen eines der wichtigsten Infrastrukturprojekte Deutschlands, verursachte

323 Maurice Höfgen, Der neue Wirtschaftskrieg. Berlin 2022, S. 141
324 Ebd., S. 143
325 Ebd.

verdächtig wenig Aufsehen in Berliner Regierungskreisen; wohl deshalb, weil jedermann – und auch Frau Baerbock – wusste, wer hinter dem Anschlag stand.[326] Bereits am 7. Februar 2022 hatte US-Präsident Joe Biden in Washington die Sprengung der energetischen deutschen Nabelschnur angekündigt. Die russische Invasion der Ukraine voraussehend, erklärte Biden damals: »Wenn Russland einmarschiert, das heißt Panzer oder Truppen über die Grenze der Ukraine fahren, dann wird es kein Nord Stream 2 mehr geben. Wir werden das beenden.«[327] Der deutsche Bundeskanzler Olaf Scholz stand währenddessen zwei Meter neben Biden und hielt sich am Mikrofon fest. Zwei Wochen später überquerten russische Panzer die Grenze zur Ukraine. Einer der Verbündeten Washingtons, der langjährige polnische Außenminister Radosław Sikorski, meldete sich unmittelbar, nachdem eine enorme Gasblase aus der Ostsee blubberte, mit den Worten: »Thank you America«.

Zum schrittweisen, aber stetig erfolgten Hinausdrängen Russlands als Energielieferant für Westeuropa sind abschließend drei Bemerkungen bedeutsam: 1) es hat nur bedingt funktioniert; 2) die eigentlichen Gewinner sind US-Konzerne; 3) Erdgas konnte damit als frei handelbare Ware etabliert werden.

Dass die Sanktionen gegen Moskau nicht den gewünschten Effekt erzielen, ist bereits mehrfach betont worden. Gegen das Erdöl-Embargo ging Moskau mit einer riesigen Schattenflotte vor, die auf den Weltmeeren nicht kontrolliert werden kann. Auf die Sprengung oder Sperrung von Gaspipelines antwortete die russische Seite mit einem verstärkten Export von Flüssiggas. Weil bis Redaktionsschluss dieses Buches der Import von russischem LNG-Gas in der EU nicht offiziell verboten ist, haben Länder wie Spanien (um 80 %) und Frankreich diesen seit 2022 sogar signifikant gesteigert.[328]

Als – vorläufiger – Sieger im Kampf um den Energiemarkt sind unschwer die USA auszumachen. Im Verkauf von Erdgas sind US-Konzerne zu Global Players aufgestiegen. Das ist insofern nicht selbstverständlich,

326 Siehe dazu: Florian Warweg, Nord Stream als Kriegsgrund. In: Hannes Hofbauer/Stefan Kraft, Kriegsfolgen. Wie der Kampf um die Ukraine die Welt verändert. Wien 2023

327 https://de.euronews.com/video/2022/02/07/scholz-und-biden-betonen-freundschaft-mogliche-sanktionen-gegen-russland (1.4.2024)

328 https://www.tagesschau.de/wirtschaft/energie/eu-gas-lng-russland-100.html sowie https://de.rt.com/international/170911-russlands-herausforderungen-im-lng-sektor/ (1.4.2024)

als bis vor Kurzem ein rigides Exportverbot von Öl und Gas bestand. Erst im Jahr 2016 hob der US-Kongress mit dem »Energy Policy and Conservation Act« das seit 1975 in Kraft befindliche Verbot von Energieexporten auf.[329] Er tat dies bereits in weiser Voraussicht eines heraufdräuenden Wirtschaftskrieges gegen Russland, der nach dem Kiewer Majdan im April 2014 Fahrt aufgenommen hatte. Bereits seit 2021 sind die USA Marktleader für gefracktes Gas in EU-Europa, insbesondere in Deutschland. Dafür wurden eigene Hafenanlagen mit Terminals für die Regasifizierung in Wilhelmshaven, Brunsbüttel und Lubmin aus dem Meer gestampft. Damit hilft die sogenannte Ampel-Regierung mit ihrem grünen Wirtschaftsminister jenen Schaden zu kompensieren, den mutmaßlich US-Marines bei der Sprengung von Nord Stream 2 hinterlassen haben, zum Vorteil amerikanischer Importeure.

Ein vielfach nicht wahrgenommener Effekt des Vormarsches von Flüssiggas auf dem Weltmarkt ist die Tatsache, dass die Verschiffbarkeit den Rohstoff Erdgas zu einer ganz normalen Handelsware gemacht hat. Zuvor war der Transport in großen Mengen nur über Pipeline-Systeme durchführbar. Dies hatte langfristige Investitionsvorhaben zur Voraussetzung, die in jahrzehntelangen Lieferverträgen ihren Ausdruck fanden. Damit verbunden war die Notwendigkeit stabiler politischer Beziehungen zwischen Herkunfts- und Empfängerländern des Rohstoffs zur Absicherung einer dauerhaften Zusammenarbeit. In unserem Fall verband diese das russische Sibirien mit weiten Teilen EU-Europas. Dies hat sich mit der Möglichkeit des Transports verflüssigten Erdgases grundlegend geändert. Nun können Gaslieferungen von einem Tag auf den anderen verhandelt und umgeleitet werden, Preise und Liefermengen unterliegen keinen langfristigen Vereinbarungen mehr. Eine Reihe von großen Playern ist bereits in dieses Geschäftsmodell eingestiegen. Neben den USA und Katar sind dies vor allem Russland und Australien.[330] Wie volatil diese Art von Markt – gegenüber der an Pipelines gebundenen Form – ist, zeigte ein Ende Januar 2024 von US-Präsident Biden erlassenes Moratorium, das weitere Exporte von Flüssiggas

329 https://www.baks.bund.de/de/arbeitspapiere/2018/entwicklungen-in-der-us-energiepolitik-von-der-neuen-unabhaengigkeit-der-usa-und (1.4.2024)

330 https://de.statista.com/statistik/daten/studie/215935/umfrage/hauptexportlaender-von-fluessiggas-lng/ (1.4.2024)

nicht mehr genehmigte.[331] Diese Entscheidung war der kurzfristigen Erkenntnis zu verdanken, im Vorwahlkampf Punkte bei grün-affinen WählerInnen zu sammeln, die gegen das Fracking von Erdgas aus Klimaschutzgründen auftreten. Russland und andere Länder stehen bereit, diese Lücke zu füllen.

Zensur begleitet den Wirtschaftskrieg[332]

Um Debatten oder gar Gegenpositionen zum Sanktionsregime möglichst wenig Raum zu geben, verfiel die Brüsseler Bürokratie auf eine einfache Idee. Sie verbot kurzerhand die russische Erzählung. Zensur. Das böse Wort kam freilich im 3. Sanktionspaket, mit dem russische Medien im EU-Raum abgedreht wurden, nicht vor. Stattdessen wird der Erlass folgendermaßen umschrieben: »Die EU billigt die Aussetzung der Sendetätigkeit der Medien Sputnik und Russia Today in der EU, und zwar bis die Aggression gegen die Ukraine ein Ende hat und die Russische Föderation und die ihr nahestehenden Medien ihre Desinformations- und Informationsmanipulationsmaßnahmen gegen die EU und ihre Mitgliedstaaten einstellen.«[333] Für auf diese Art definierte Sender galt damit ab 2. März 2022 ein EU-weites Sendeverbot. Länder wie die Schweiz und Serbien folgten der Zensurmaßnahme nicht. Dass *RT* daraufhin sein Programm nicht einstellte, versteht sich von selbst. Empfangbar ist es im Übrigen weiterhin auch in Ländern wie Deutschland und Österreich; wobei nicht einmal viel technisches Geschick erforderlich ist, um die Zensurmaßnahme zu umgehen.

Das 3. Sanktionspaket der Europäischen Union setzte nur den Schlusspunkt unter eine lange Reihe von staatlichen und anderen Zensurmaßnahmen, die bereits zuvor gegen Medien ergriffen wurden, wenn diese der russophoben Hetze entgegentraten oder die russische Darstellung der Ereignisse zuließen.

Die erste Duftmarke in Richtung Zensur russisch finanzierter Medien setzte das Europäische Parlament bereits am 23. November 2016.

331 https://www.handelsblatt.com/politik/international/energie-biden-stoppt-genehmigung-neuer-lng-exporte/100010678.html (1.4.2024)

332 Siehe ausführlich: Hannes Hofbauer, Zensur. Publikationsverbote im Spiegel der Geschichte. Vom kirchlichen Index zur YouTube-Löschung. Wien 2022, insbesondere S. 127–185

333 https://www.consilium.europa.eu/de/policies/sanctions/restrictive-measures-against-russia-over-ukraine/history-restrictive-measures-against-russia-over-ukraine/ (2.4.2024)

Mit großer Stimmenmehrheit verabschiedete es eine Resolution, die dem im März 2015 von Brüssel gegründeten »Strategischen Kommunikationsteam Ost« (»East StratCom Task Force«) als Leitfaden dienen sollte. In der Presseaussendung dazu hieß es: »Propagandistischer Druck auf die EU vonseiten Russlands und islamischer Terroristen wächst ständig. Dieser Druck zielt darauf, die Wahrheit zu torpedieren, Angst zu verbreiten, Zweifel zu provozieren und die EU auseinanderzudividieren.«[334] Die ungeheuerliche Gleichsetzung islamistischer Terroristen mit der Russischen Föderation gab schon einen Vorgeschmack auf die Wucht, mit der die führenden Kräfte EU-Europas ihren Russland-Hass auszuleben gedachten.

Mit dem ab 1. Oktober 2017 in Kraft getretenen Netzwerkdurchsetzungsgesetz (NetzDG) übernahm Deutschland die Führung im europäischen Zensurgeschehen. Das NetzDG zwang die großen, allesamt in den USA angesiedelten Medienplattformen, »Hasskriminalität« und »Falschnachrichten« – wie es auf der Homepage des deutschen Justizministeriums heißt – binnen 24 Stunden nach Erscheinen zu löschen.[335] Die Dehnbarkeit und der interpretative Spielraum, was mit »Falschnachricht« gemeint ist und wer eine solche definiert, macht das NetzDG – so ehrlich es die Verfasser gegen Bedrohungen und Hass gemeint haben mochten – zu einem politischen Instrument. Missliebige Meinungen können damit aus dem öffentlichen Diskurs verbannt, zensiert werden.

Dass damit eine grundsätzlich hoheitliche Aufgabe, nämlich die Durchsetzung eines Gesetzes, den großen US-amerikanischen Plattformen wie Google/YouTube oder Meta/Facebook/Instagram anheimgestellt wurde, hatte anfangs Proteste auch in den Mainstream-Medien zur Folge. So kritisierte beispielsweise der Chefredakteur von »netzpolitik.org«, Markus Beckedahl, in einem Gastkommentar für die *Süddeutsche Zeitung*: Das NetzDG »nimmt die Rechtsauslegung über potenziell strafbare Inhalte und die Entscheidung darüber, was offensichtlich strafbar ist, aus der Verantwortung von Gerichten und überträgt sie den

334 Die Pressemeldung ist nicht mehr online. Die Resolution kann hier eingesehen werden: https://www.europarl.europa.eu/doceo/document/TA-8-2016-0441_EN.html (2.4.2024)

335 https://www.bmj.de/DE/themen/digitales/digitale_kommunikation/netz_dg/netz_dg_node.html (2.4.2024)

Plattformen.«[336] An der Form des NetzDG hatten führende deutsche Medien etwas auszusetzen, am Inhalt jedoch nicht. Schon sehr bald trieb das NetzDG die Zensur im Internet voran. »Overblocking« wurde zur gängigen Praxis, wollten doch die Manager vom Silicon Valley kein Risiko eingehen und löschten fleißig auch im Verdachtsfall. Kritische Stimmen wie *KenFM*, *Boris Reitschuster* oder *RT-deutsch* verschwanden zusehends aus dem Netz. Nicht immer war es deren für Berlin unangenehme Berichterstattung über Russland, die sie ins Fadenkreuz der Wahrheitshüter geraten ließen, ab 2020/2021 fielen auch Kritiker der Corona-Maßnahmen Löschungen zum Opfer.

Der deutsche Medienstaatsvertrag aus dem April 2020 zurrte das Zensurwesen fest und band es an die staatlichen Einrichtungen der in jedem Bundesland tätigen Medienanstalten. Diese für die digitale Welt zuständigen Behörden ziehen seit dem Inkrafttreten des Vertrags im November 2020 ein enges Korsett über die Inhalte des Internets. Über die von Webseiten-Betreibern geforderte »Sorgfaltspflicht« heißt es im Paragrafen 19 des Medienstaatsvertrages: »Telemedien mit journalistisch-redaktionell gestalteten Angeboten, in denen insbesondere vollständig oder teilweise Inhalte periodischer Druckerzeugnisse in Text oder Bild wiedergegeben werden, haben den anerkannten journalistischen Grundsätzen zu entsprechen. Gleiches gilt für andere geschäftsmäßig angebotene, journalistisch-redaktionell gestaltete Telemedien, in denen regelmäßig Nachrichten oder politische Informationen enthalten sind [...]. Nachrichten sind vom Anbieter vor ihrer Verbreitung mit der nach den Umständen gebotenen Sorgfalt auf Inhalt, Herkunft und Wahrheit zu prüfen.«[337] Das Wording erinnert stark an eine Orwell'sche Wirklichkeit, in der ein Wahrheitsministerium die Menschen vor »falschen« Erkenntnissen schützt.

Auf Ebene der Europäischen Union war es die tschechische Justizkommissarin Věra Jourová, die sich für schärfere Zensurmaßnahmen einsetzte. Sie warnte unermüdlich vor – angeblichen – ausländischen Einmischungen in die von ihr als demokratisch wahrgenommene europäische Gemeinschaft. Meinungsfreiheit, so die Kommissarin im Juni

336 *Süddeutsche Zeitung* vom 28. Juni 2017

337 http://www.luewu.de/docs/gvbl/docs/2377.pdf (2.4.2024)

2018 auf einer Podiumsdiskussion in Brüssel, sei »nicht absolut«.[338] Um den für sie akzeptablen Freiraum abzustecken, beschloss die EU-Kommission im Oktober 2018 einen »Verhaltenskodex gegen Desinformation«, den die drei Internetriesen Facebook, Google und Twitter sogleich brav unterzeichneten. Die anfangs freiwillige Teilnahme an der Überwachung des Internets mündete bereits 2020 in einen, wiederum von Jourová – diesmal in ihrer Funktion als Vizepräsidentin der EU-Kommission für Werte und Transparenz (die heißt wirklich so) – ausgearbeiteten Aktionsplan,[339] der bald darauf auch empfindliche Strafen für die Verbreitung von »Falschinformation« und »Hassrede« vorsah.

Um die ZuarbeiterInnen für das immer breiter werdende Netz von Zensurmaßnahmen organisatorisch zu erfassen und zu bündeln, wurde ebenfalls im Jahr 2020 die »Europäische Beobachtungsstelle für digitale Medien« (EDMO) gegründet. In ihr arbeiten Journalisten, Universitätsangehörige, Techniker und sogenannte »Faktenchecker« zusammen.[340] Auf einer Webseite der EU-Kommission wird die Tätigkeit von EDMO folgendermaßen zusammengefasst: EDMO kartiert und koordiniert Forschungstätigkeiten im Bereich der Desinformation und unterstützt die »Behörden bei der Überwachung« von Onlineplattformen, um die Verbreitung von Desinformation zu begrenzen.[341] Eine exakt nach demselben Muster aufgebaute Stelle entstand am 1. November 2022 auch für den deutschsprachigen EU-Raum. Der in München lehrende Kommunikationswissenschaftler Michael Meyen beschreibt dieses »German-Austrian Digital Media Observatory« (GADMO) als »Puzzlestein in einem Zensurregime, das kein Wahrheitsministerium braucht, um alles zu löschen oder zu marginalisieren, was nicht im Einklang steht mit der herrschenden Erzählung, die immer auch die Erzählung der gerade Herrschenden ist.«[342]

338 https://www.euractiv.de/section/digitale-agenda/news/gesetze-gegen-hassrede-vs-meinungsfreiheit/ (3.4.2024)

339 https://commission.europa.eu/strategy-and-policy/priorities-2019-2024/new-push-european-democracy/protecting-democracy_en (2.4.2024)

340 Michael Meyen, Cancel Culture. Wie Propaganda und Zensur Demokratie und Gesellschaft zerstören. Berlin 2024, S. 55. Siehe auch: Michael Meyen, Die Propaganda-Matrix. Der Kampf um freie Medien entscheidet über unsere Zukunft. München 2021

341 https://digital-strategy.ec.europa.eu/de/policies/european-digital-media-observatory (6.4.2024)

342 Michael Meyen, Unheimliche Allianz. Die Nachrichtenagenturen verbinden sich mit Correctiv und machen endgültig klar, worum es bei »Faktenchecks« geht. In: https://www.manova.news/artikel/unheimliche-allianz (2.4.2024)

GADMO ist ein Zusammenschluss der drei Nachrichtenagenturen *dpa*, *APA* und *AFP* mit dem Recherche- und Schnüffelbetrieb »Correctiv«; die EU-Kommission finanziert das Projekt mit üppigen Geldmitteln.[343] Auf der GADMO-Homepage steht als selbst gestecktes Ziel, »gemeinsam Des- und Falschinformationen zu bekämpfen.«[344]

Den bislang letzten Akt im Zensurdrama stellt eine EU-»Verordnung über einen Binnenmarkt für digitale Dienste« vom 19. Oktober 2022 dar.[345] Was in verdächtig neutraler Sprache und mit der Aktennummer 2022/2065 daherkommt, ist der weitestgehende Versuch, den fast 450 Millionen Bürgerinnen und Bürgern der Europäischen Union – über den Umweg der Digitalkonzerne – einen Maulkorb zu verpassen. Das Motto des auf Englisch »Digital Services Act« benannten Elaborats könnte der Gedankenwelt des bekannt russland-feindlichen EU-Außenbeauftragten Josep Borrell entnommen sein: »Wenn die Menschen nicht über die richtigen Informationen verfügen, wird es für sie schwierig sein, die richtigen Entscheidungen zu treffen«,[346] meinte der Katalane im Juni 2020 als Reaktion auf Proteste der Bürger gegen die repressive Corona-Politik in den allermeisten EU-Staaten. Der »Digital Services Act« hat sich neben anderen Agenden zur Aufgabe gemacht, Borrells »unrichtige Informationen« aus dem Diskurs zu beseitigen. »Desinformation« ist einer der am häufigsten auftauchenden Begriffe im Gesetzestext. Schon in Ziffer 2 ist davon (in schwer verständlichem EU-Deutsch) die Rede: »Die Mitgliedstaaten führen zunehmend nationale Rechtsvorschriften zu den von dieser Verordnung abgedeckten Angelegenheiten ein […] und schaffen damit insbesondere Sorgfaltspflichten für Anbieter von Vermittlungsdiensten im Hinblick auf die Art und Weise, wie jene gegen rechtswidrige Inhalte, Online-Desinformation oder andere gesellschaftliche Risiken vorgehen sollten.« In Ziffer 9 geht es um die Sicherstellung eines »berechenbaren und vertrauenswürdigen Online-Umfelds, das der Verbreitung rechtswidriger Online-Inhalte und den gesellschaftlichen Risiken, die die Verbreitung

343 https://norberthaering.de/propaganda-zensur/edmo-gadmo/ (2.6.2024)

344 https://gadmo.eu/ (2.4.2024)

345 https://eur-lex.europa.eu/legal-content/DE/TXT/?uri=CELEX%3A32022R2065. Genaueres: Hannes Hofbauer, Verbotene Meinung, bestrafte Gesinnung: Zur Europäisierung des deutschen Zensurregimes. In: https://www.nachdenkseiten.de/?p=104676#foot_11 (2.4.2024)

346 https://ec.europa.eu/commission/presscorner/detail/en/SPEECH_20_1036 (6.4.2024)

von Desinformation […] mit sich bringen kann, entgegenwirkt.«[347] Und so weiter, und so fort. Zugleich nahm sich die EU-Kommission die großen Online-Plattformen digital zur Brust, indem sie für sich selbst und alle Mitgliedsstaaten den Zugang zu den Algorithmen von Facebook und Co. durchsetzte. Sollten die US-amerikanischen Onlineriesen dieser Art von Informationspolitik nicht folgen, droht ihnen Brüssel mit einer empfindlichen Strafe, die bis zu sechs Prozent des Jahresumsatzes betragen kann.

Der EU-europäische »Digital Services Act« nahm sich das deutsche »Netzwerkdurchsetzungsgesetz« zum Vorbild. Er ist ab 17. Februar 2024 für alle digitalen Anbieter von Waren, Dienstleistungen und Inhalten unmittelbar anwendbar, das heißt, es braucht dafür kein nationales Gesetz. Begleitregelungen – zum Beispiel in Österreich – dienen bloß dazu, eine »Koordination für digitale Dienste einzurichten«.[348]

Wie RT abgeschaltet wurde

»Russia Today«, so der ursprüngliche Name des bekanntesten russischen Auslandssenders, ging 2005 in englischer Sprache als *RT-international* an den Start. Die mediale Offensive Moskaus nahm rasch Schwung auf. Nach Arabisch und Spanisch folgte 2014 eine deutschsprachige Ausgabe. Geschickt nutzte das Portal den grassierenden Vertrauensverlust des Publikums in die westlichen Leitmedien, der spätestens seit 2003 insbesondere den transatlantischen Raum erfasst hatte. Damals entpuppte sich die Begründung für den Feldzug »der Willigen« gegen den Irak als blanke Lüge. Bagdad, so der US-amerikanische Außenminister Colin Powell in seinem denkwürdigen Auftritt vor dem UN-Sicherheitsrat am 5. Februar 2003, würde trotz UN-Sanktionen biologische und chemische Massenvernichtungswaffen herstellen und 16.000 Raketen mit chemischen Kampfstoffen bestücken. Deshalb, so der Viersterne-General weiter, müsse der irakische Präsident Saddam Hussein gestürzt werden. Was Powell drei Jahre später als den »Schandfleck« seiner Karriere

347 https://eur-lex.europa.eu/legal-content/DE/TXT/?uri=CELEX%3A32022R2065 (6.4.2024)
348 https://www.bmj.gv.at/themen/EU-und-Internationales/Digital-Services-Act.html (6.4.2024)

bezeichnete, der »sehr geschmerzt habe«,[349] kostete einer Million Menschen im Irak das Leben.

Viele MedienkonsumentInnen dies- und jenseits des Atlantiks wandten sich ob der dreisten Lüge, die ohne weitere Recherchen von den großen Medien ausgestreut wurde, alternativen Portalen zu. Vom »embedded journalism«, dem im Herrschaftssystem eingebetteten medialen Nachbeten von Regierungserklärungen, hatte man genug. *RT* setzte die entsprechenden Kontrapunkte; und das sehr erfolgreich. Freilich unterlagen auch diese herrschaftlichem Kalkül, aber sie gaben eine andere Sichtweise als die gewohnt manipulierte wider.

Es dauerte noch fast 15 Jahre, bis zum Halali auf *RT* geblasen wurde. Washington griff dafür auf ein Gesetz aus dem Jahr 1938 zurück, das Nazi-deutsche Propaganda in den USA hintanhalten sollte. Mitte 2017 sorgte US-Präsident Donald Trump dafür, dass sich der Nachrichtensender *RT* als »ausländischer Agent« registrieren lassen musste. Diese Stigmatisierung verpflichtete *RT*, sämtliche Publikationen innerhalb von 48 Stunden der justizministeriellen Zensurbehörde in Kopie zuzustellen und Aufzeichnungen aller journalistischen Aktivitäten zugänglich zu machen. Zuwiderhandelnden Redakteuren drohten Haft und/oder hohe Geldstrafen. Eine permanente Überwachung von *RT* in den USA war die Folge.[350]

Pulitzer-Preisträger Chris Hedges, der jahrelang als Auslandskorrespondent der *New York Times* im Nahen Osten tätig war, meinte zu den juristischen Attacken gegen *RT*: »Der Vorwurf, RT [...] würde ›ausländische Propaganda‹ verbreiten, ist erst der Anfang einer breit angelegten Kampagne gegen die Pressefreiheit. Sobald dieser Präzedenzfall staatlicher Zensur zur Normalität geworden ist, werden weitaus gemäßigtere und willfährigere Medien ins Visier genommen werden.«[351]

Im deutschen Sprachraum stieß der auf *RT* vertretene Gegenstandpunkt zur einlullenden und zustimmenden Berichterstattung über die völlig überzogenen Corona-Maßnahmen auf großes Interesse. Im Jahr

349 https://www.welt.de/geschichte/article243586545/Irakkrieg-2003-Colin-Powells-wichtigste-Rede-wurde-zum-Schandfleck.html (4.4.2024)

350 Näheres siehe: Hannes Hofbauer, US-Schlag gegen die Meinungsfreiheit. RT wurde zum »ausländischen Agenten« erklärt. In: https://www.manova.news/artikel/us-schlag-gegen-die-meinungsfreiheit (4.4.2024)

351 https://www.truthdig.com/articles/rt-america-torched-witch-hunt-17/ (4.4.2024)

2021 explodierten die Klick- und Leserzahlen auf *RT-deutsch*. Laut der u.a. von George Soros finanzierten Screening-Einrichtung »Avaaz« schaffte das russisch finanzierte Portal im ersten Halbjahr 2021 mehr Interaktionen auf Facebook als *Bild*, *Spiegel* und *Tagesschau* zusammen![352] Auf YouTube lag *RT-deutsch* mit 614.000 Abonnenten vor dem ZDF mit 474.000.[353]

Es war Feuer am Dach – der führenden Medienhäuser, inklusive jenen des Öffentlich-Rechtlichen Rundfunks. Den Anfang machte YouTube. Am 21. September 2021 nahm das kalifornische Videonetzwerk *RT-deutsch* vom Netz: Ein schwarzer Bildschirm war die Folge, auf dem in weißen Buchstaben entweder »Verstoß gegen die Gemeinschaftsregeln« oder – konkreter – »Verstoß gegen die Richtlinien zu medizinischer Fehlinformation zu Covid-19« zu lesen stand.[354]

RT-deutsch ließ sich davon nicht beeindrucken und versuchte – im Gegenteil – in die Offensive zu gehen. Wenige Tage vor Weihnachten 2021 startete das bislang nur über Internet zugängliche Medium ein 24-Stunden-TV-Vollzeitprogramm mit serbischer Sendelizenz für Europa. Die Zustimmung aus Belgrad für die Ausstrahlung über Satelliten erwarb man, weil sowohl die Behörden in Berlin als auch jene in Luxemburg eine Sendeerlaubnis verweigert hatten. Die serbische Lizenz galt gleichwohl für den gesamten europäischen Raum, also auch für Deutschland. Diese Schmach konnte die deutsche Seite nicht auf sich sitzen lassen und brachte die Medienanstalt Berlin-Brandenburg (MBB) in Stellung. Seit dem Inkrafttreten des Medienstaatsvertrages am 7. November 2020 überwachen die in allen deutschen Bundesländern tätigen Medienanstalten den digitalen Raum; sie haben sich in kürzester Zeit als Zensurbehörden etabliert und brachten bereits in den ersten beiden Jahren ihres Bestehens zahlreiche kritische Medien zur Strecke. Im Visier der MBB standen von Anfang an Gegenpositionen zur staatlichen Corona-Politik und zur russophoben Berichterstattung. So musste beispielsweise das erfolgreiche Portal *KenFM* mit über 500.000

352 https://www.euractiv.com/section/digital/news/russia-announces-retaliation-over-rt-youtube-ban/ (6.4.2024)

353 https://www.mimikama.org/youtube-sperrt-konto-von-rt-deutsch/ (4.4.2024)

354 Ebd.

Abonnenten[355] sein Webportal schließen, nachdem ihm die Medienanstalt Berlin-Brandenburg hohe Geldstrafen und die Zwangssperre wegen »mangelnder journalistischer Sorgfaltspflicht« (zum Thema Corona) angedroht hatte.

Gegen *RT-deutsch* konnte Berlin nicht die »mangelnde Sorgfaltspflicht« in Anschlag bringen, war doch die MBB nicht für Sender mit serbischer Lizenz zuständig. Also musste sich die Vorsitzende der Medienanstalt, Eva Flecken, etwas anderes einfallen lassen, um das russisch finanzierte Portal zum Schweigen zu bringen. Weil *RT-deutsch* in Berlin ein Büro unterhielt und Korrespondenten dort ein- und ausgingen – wie bei allen ausländischen Sendern –, fühlte sich Flecken zuständig, die Zensurinstrumente »Sorgfaltspflicht« und »Wahrheit« anwenden zu können. *RT* beharrte darauf, dass der Sender vom Moskauer Hauptquartier aus produzieren würde.[356] Den Streit um des Kaisers Bart wollte sich Berlin nicht antun; stattdessen machte man Druck auf den Infrastrukturriesen CDC/Eutelsat, der mit 39 Satelliten 6000 TV-Programme für 200 Millionen Haushalte in Europa verwaltet. Weil es keine rechtliche Grundlage dafür gab, die serbische Lizenz von *RT-deutsch* anzufechten, setzte man bei der MBB auf politischen Druck und erreichte, dass das in Frankreich stationierte Unternehmen Eutelsat *RT-deutsch* aus dem Orbit entfernte.[357] Proteste aus Moskau und Belgrad fanden in der deutschen Medienlandschaft keinen Widerhall. Im Übrigen hatte Belgrad schon einmal dieselbe Erfahrung mit der blanken politischen Willkür westlicher Zensur gemacht, nämlich im Mai 1999, als Eutelsat – ebenfalls ohne jede Berechtigung – den staatlichen TV-Sender *RTS* vom Satelliten-Programm abschaltete. Damals war das als medialer Flankenschutz für die NATO-Aggression gegen Jugoslawien gedacht. Diesmal ging es gegen die russische Erzählung zum bereits brodelnden Ukraine-Konflikt. Am 2. Februar 2022 kam dann das offizielle Schreiben der deutschen Behörden ins Moskauer Büro von *RT-deutsch*: Sendeverbot. Das war zwei Wochen vor dem Einmarsch der russischen Armee in die die Ukraine.

355 https://de.wikipedia.org/wiki/Ken_Jebsen (7.4.2024)
356 https://taz.de/Russischer-Auslandssender/!5820837/ (7.4.2024)
357 Näheres siehe: Hannes Hofbauer, Zensur, S. 171/172

Amtsgericht erzwingt Löschung von Bildern ukrainischer Nazis

Anfang April 2023, der Ukraine-Krieg ging gerade in sein zweites Jahr, veröffentlichte jemand unter dem Twitter-Account »@johannawagner57« Fotos ukrainischer Soldaten in Uniform, die stolz nationalsozialistische Symbole in die Kamera halten. In der Unterzeile war der Heldenspruch »slawa ukrajini« (»Ehre der Ukraine«) zu lesen. Aus der ganzen Aufmachung des Accounts, der als Leitbild das Konterfei von Julian Assange mit dem Spruch »Free Assange« aufweist, ist ersichtlich, dass Johanna Wagner – wollen wir die Account-Inhaberin so nennen – mit der Darstellung der ukrainischen Kämpfer Kritik ausdrücken wollte. Vielleicht wäre es für sie vorteilhafter gewesen, sie wäre affirmativ dazu gestanden.

Das Amtsgericht Mühldorf am Inn jedenfalls erließ gegen die Account-Inhaberin einen Strafbefehl. Und der hat es in sich. Unter dem Aktenzeichen »Cs 510 Js 32559/23« vom 14. September 2023 legt die Staatsanwaltschaft der Nutzerin des Accounts @johannawagner57 »folgenden Sachverhalt zur Last«, wie es im Amtsdeutsch heißt: »Am 01.04.2023 um 18:49 Uhr veröffentlichten Sie unter Verwendung Ihres Twitter-Accounts @johannawagner57 einen Tweet, der als Antwort an insgesamt fünf andere User gerichtet war. Ihr Beitrag enthält ein Bild, das zwei Soldaten der ukrainischen Streitkräfte zeigt. Ein Soldat führt mit der rechten Hand den Hitlergruß aus, zudem halten beide Soldaten eine Flagge in den ukrainischen Landesfarben in die Kamera, welche ein Hakenkreuz enthält. Das Bild kommentierten Sie mit den Worten ›Salva Ukrajini!‹«[358] – da hat sich die Schreibkraft im Innstädtchen wohl vertippt, es muss »Slawa« heißen.

Des Weiteren geht aus dem Strafbefehl des Amtsgerichtes noch hervor, dass ein Tweet, der fünf Minuten später abgesandt wurde, »eine Collage aus 18 Einzelbildern enthält«, auf denen wiederum Ukrainer mit Hakenkreuz- und Wolfsangel-Fahnen zu sehen sind.

Die Staatsanwaltschaft schließt aus den Bildern nicht, dass es sich dabei um eine Bloßstellung neofaschistischer Militärstrukturen in der Ukraine handelt, die »Johanna Wagner« aufzeigen will, um damit auch

358 Beglaubigte Abschrift des Amtsgerichts Mühldorf a. Inn, Aktenzeichen Cs 510 Js 32559/23

Kritik an der deutschen Unterstützung Kiews zum Ausdruck zu bringen. Nein, auf perfide Weise dreht sie die sichtbar geäußerte Bloßstellung des Faschismus in eine Unterstützung desselben um. Und zwar in folgendem Tonfall: »Sie werden daher beschuldigt, in vier Fällen jeweils durch eine selbstständige Handlung im Inland Kennzeichen einer der in § 86[359] Abs 1 Nr. 1, 2 und 4 oder Absatz 2 StGB bezeichneten Parteien oder Vereinigungen verbreitet oder öffentlich [...] verwendet zu haben.« Die konkrete Straftat: »Verwenden von Kennzeichen verfassungswidriger und terroristischer Organisationen«. Strafrahmen: 7500 Euro nebst sofortiger Löschung der Tweets.

Aus einem antifaschistischen Bestreben machte das Amtsgericht Mühldorf am Inn eine faschistische Tat. Das könnte theoretisch – in völlig ahnungsloser Naivität – einem Sachbearbeiter passiert sein, der Hitlergruß und Hakenkreuz am Bildschirm sieht und reflexartig die entsprechenden Paragraphen in die Tastatur hämmert. Viel wahrscheinlicher ist allerdings, dass die Staatsanwaltschaft die Kritik an faschistischen Strukturen in der ukrainischen Armee gezielt kriminalisieren will; und das mit Hilfe einer antifaschistischen Gesetzgebung, die von ihrem Zweck her für das Gegenteil geschaffen wurde. Anstatt jene zu verfolgen, die Hakenkreuzfahnen schwingen und den Hitlergruß zeigen, wird eine Person mit Strafe belegt, die diese Untat brandmarkt. Dies ist nur deshalb möglich, weil es sich bei jenen, die nationalsozialistische Symbole zeigen, um indirekte Verbündete Deutschlands handelt, für deren Bewaffnung die Bundesregierung Milliarden Euro ausgibt.

Hinter dem Strafbefehl aus Mühldorf am Inn schimmert aber noch etwas anderes durch, nämlich der Kampf der Europäischen Union gegen missliebige Meinungen. Dieser hat mit dem »Digital Services Act« vom November 2022 einen neuen Höhepunkt erreicht: Die großen digitalen Plattformen werden damit gezwungen, Hassrede – wer immer diese als solche definiert – und Falschmeldungen vom Netz zu nehmen. Weil sich Twitter nach seinem Verkauf an Elon Musk und seiner Umbenennung in X ziert, den EU-Zensurvorgaben zu folgen, könnte der Strafbefehl gegen »Johanna Wagner« als Druckmittel herhalten. Der Mühldorfer

359 § 86 des deutschen Strafgesetzbuches: »Verbreitung von Propagandamitteln verfassungswidriger und terroristischer Organisationen«, siehe: https://dejure.org/gesetze/StGB/86.html (4.4.2024)

Richterspruch ist geeignet, der Europäischen Union politische Munition gegen den unwilligen Multimilliardär in die Hand zu geben. Es kann nun behauptet werden, dass auf X Nazi-Symbole verbreitet werden, mehr noch: dass dazu ein Urteilsspruch eines deutschen Gerichts vorliegt.

Kampffelder jenseits des Ökonomischen

Geopolitische Begleitmusik

»Begleitmusik« ist ein schwaches Wort für das, was hier kurz beschrieben werden soll. Es passt jedoch insofern, als parallel zum Wirtschaftskrieg, der im Mittelpunkt dieses Buches steht, begleitende geopolitische Maßnahmen des Westens zur Isolierung Russland gesetzt wurden.

Der erste Paukenschlag in dieser Richtung ertönte in Washington. Er betraf das wichtigste Rüstungskontrollabkommen, das zwischen den USA und Russland bzw. der Sowjetunion bestanden hatte. Anfang Februar 2019 verkündete US-Außenminister Mike Pompeo den Ausstieg der USA aus dem INF-Vertrag, der die Vernichtung und spätere Kontrolle von Nuklearraketen kürzerer und mittlerer Reichweite umfasste. Der »Vertrag über nukleare Mittelstreckensysteme« hatte für diese Waffengattungen das Wettrüsten beendet; Michail Gorbatschow als Generalsekretär der KPdSU und Ronald Reagan als US-Präsident unterzeichneten das Schriftstück am 8. Dezember 1987; der Vertrag trat ein halbes Jahr später in Kraft und führte zur Zerstörung von 846 Raketen aufseiten der USA und 1846 Raketen aufseiten der Sowjetunion.[360] Er war auf unbestimmte Zeit abgeschlossen worden. Washington setzte den Vertrag mit 2. August 2019 außer Kraft und eröffnete damit einen neuen Rüstungswettlauf. Eineinhalb Jahre später stieg Washington aus dem »Open-Sky-Vertrag« aus, der seit 1992 den damaligen 27 KSZE-Mitgliedstaaten erlaubte, auf gewissen Routen gegenseitige Rüstungskontrollflüge über den Territorien aller Teilnehmerländer durchzuführen. Damit zerstörten die USA mutwillig den letzten Rest an Vertrauen in militärtechnologischen Fragen.

Bereits zuvor war Russland aus dem eher informellen Zusammenschluss bedeutender Wirtschaftsnationen, den G8, ausgeschlossen

360 https://de.wikipedia.org/wiki/INF-Vertrag (12.4.2024)

worden. US-Präsident Barack Obama sagte kurzerhand seine Teilnahme an dem für 4. und 5. Juni 2014 in der Schwarzmeer-Stadt Sotschi vorgesehenen Treffen ab. Alle anderen Staatsoberhäupter folgten dem US-Boykott, der als Antwort auf die Eingliederung der Krim in die Russische Föderation gedacht war. Damit war die seit 1975 bestehende Gruppe der G7-Staaten, die sich 1998 um Russland erweitert hatte, wieder unter sich.

Die für Europa umfassendste, wenngleich ohnmächtige Organisation, der Europarat, entzog der Russischen Föderation am 25. Februar 2022 das »Recht auf Vertretung«, wie es in der Presseaussendung heißt.[361] Das geschah nur einen Tag nach dem Einmarsch russischer Truppen in das Nachbarland. Die offizielle Suspendierung der Mitgliedschaft erfolgte zwei Wochen später. Bereits seit 2014 durfte Russland in der Parlamentarischen Versammlung des Europarates nicht mehr auftreten, was Moskau mit der Einstellung seiner Zahlungen beantwortete.[362]

Es entspricht der Satzung des Europarates, ein Mitgliedsland zu suspendieren, wenn dieses gegenüber einem anderen Land militärisch vorgeht, wie das Russland getan hat. Insofern folgt die Politik der 46 Staaten umfassenden Organisation den eigenen Regeln. Auffällig ist jedoch, wie bei vielen anderen Sanktionsmaßnahmen gegen Russland, der doppelte Standard, mit dem von westlichen Staaten operiert wird. So erfolgte beispielsweise keinerlei Reaktion, als am 24. März 1999 18 Mitgliedsstaaten des Europarates (plus die USA als Beobachter) Jugoslawien völkerrechtswidrig bombardierten. Im Gegenteil: Der Europarat hatte das auf Serbien und Montenegro geschrumpfte Land vorsorglich ausgeschlossen. Auch im Falle des Mitgliedslands Aserbaidschan, dessen Truppen im Herbst 2023 100.000 Armenier aus Bergkarabach vertrieben, blieb der Europarat untätig. Und für die militärischen Interventionen seiner Mitglieder Frankreich und Großbritannien in vielen Teilen der Welt fühlen sich weder das Ministerkomitee noch die Parlamentarische Versammlung des Europarates zuständig. Es bleibt also bei der Suspendierung Russlands ein schaler Nachgeschmack.

361 https://www.coe.int/de/web/portal/-/the-russian-federation-is-excluded-from-the-council-of-europe (10.4.2024)

362 https://www.bundestag.de/resource/blob/564224/437752b3e878c184cd2db2b226cde82e/wd-2-062-18-pdf-data.pdf (10.4.2024)

Was die Organisation für Sicherheit und Zusammenarbeit in Europa (OSZE) betrifft, tobte Anfang der 2020er Jahre der Kampf um das Für und Wider russischer Teilnahme. Auf Sitzungen der Agentur für Kernenergie der OSZE waren die Vertreter Moskaus seit Mai 2022 nicht mehr willkommen. Die routinemäßig stattfindenden OSZE-Treffen wurden zum Schauplatz eines geopolitischen Ringens. London und Warschau hatten 2022 keine Einreisevisa für die vorgesehenen russischen OSZE-SitzungsteilnehmerInnen ausgestellt. Die große Jahreskonferenz im Februar 2023 fand dann unter russischer Beteiligung in Wien statt. Als Sitz-Staat der OSZE sah sich Österreich verpflichtet, den vielfachen Protesten gegen eine Präsenz von Russen nicht nachzugeben und entsprechende Einreisegenehmigungen auch für von der EU und den USA sanktionierte russische Diplomaten zu erteilen. Das Ereignis in der Wiener Hofburg, wo die OSZE ihren ständigen Sitz hat, geriet daraufhin zum Skandal. Denn während der Rede des russischen Delegierten verließen die meisten Repräsentanten der anderen Mitgliedsstaaten aus Protest gegen die russische Politik in der Ukraine den Saal, der litauische OSZE-Abgeordnete Rihards Kols vorneweg. Er bezeichnete es in Hinblick auf die Anwesenheit russischer Diplomaten als »Schande, dass diese Abgeordneten hier sind.«[363] Die österreichische Seite hatte zudem dafür gesorgt, dass Medien von der OSZE-Jahrestagung ausgeschlossen blieben; damit erhoffte man sich, das Ereignis aus dem Rampenlicht der öffentlichen Aufmerksamkeit zu ziehen.

Ein halbes Jahr später, Ende November 2023, war ein Treffen in der Hauptstadt Nordmazedoniens, Skopje, vorgesehen. Auf die Ankündigung aus Moskau, Außenminister Sergej Lawrow würde eine Rede halten, reagierten die Ukraine und die drei baltischen Republiken mit einem Boykott. Den russischen Chefdiplomaten wollte man nicht sehen und nicht hören. Als größte Hürde für einen gemeinsamen Austausch erwies sich dann knapp vor Beginn der OSZE-Sitzung der für russische Flugzeuge gesperrte Luftraum über EU-Europa. Nach einer anfänglichen Zusage Bulgariens, seinen Luftraum für Lawrows Überflug zu öffnen, widerrief Sofia dies – mutmaßlich auf Zuruf der USA. Wie der russische

363 https://de.euronews.com/2023/02/23/es-ist-eine-schande-osze-abgeordnete-sturmen-wegen-russischer-delegation-aus-dem-saal (10.4.2024)

Außenminister doch in Skopje landen konnte, war nicht eruierbar. Dass er es tat, zeigen Bilder seiner Anwesenheit auf der OSZE-Sitzung. Österreichs Außenminister Alexander Schallenberg konferierte sogar kurz mit ihm abseits des offiziellen Programms, »auf Bitte und in Absprache mit dem Vorsitz«, wie er betonte.[364] Das Gerangel um Russlands Mitgliedschaft in der OSZE ist bei Redaktionsschluss dieses Buches jedenfalls voll im Gange.

Kulturelle Begleitmusik

»Cancel Culture«, mit diesem auch in den deutschen Sprachraum eingesickerten Begriff, lässt sich der insbesondere von Deutschland (und Österreich) gegen Russland geführte Kulturkampf trefflich beschreiben. Seine Exponenten und Exekutoren aus Medien und Politik wachen darüber, möglichst alles Russische vom deutschen Wesen fernzuhalten. Dies betrifft die Musik genauso wie die Literatur, den Film und sämtliche kulturellen Ausdrucksformen. Gezielt wird insbesondere auf lebende, aber selbst auf tote russische Künstler. Sie alle werden aus Konzert- und Opernhäusern, Galerien, Leseveranstaltungen und Kinosälen verbannt.

Iossif Kobson darf für sich in Anspruch nehmen, als erster – und bekanntester – russischer Künstler auf die Sanktionsliste der Europäischen Union gekommen zu sein. Dem Sänger wurde bereits im Februar 2015 die Einreise in die EU verweigert sowie sein Konto in Deutschland gesperrt. Kobson, der auch den Beinamen »russischer Frank Sinatra« trägt, stammt aus dem Donbass und äußerte wiederholt seine Zustimmung zur Eingliederung der Krim in die Russische Föderation. Auch den Führer der Volksrepublik Donezk, Alexander Sachartschenko, traf er mehrmals während seiner Heimatbesuche. Kobson war langjähriger Vorsitzender der »Föderation jüdischer Gemeinden Russlands« und Abgeordneter in der Duma, dem russischen Parlament. Auf der EU-Sanktionsliste landete er, nachdem er im Oktober 2014 ein Konzert in Donezk gegeben hatte. Nach dem Brüsseler Sanktionsrecht stellt dies ein

364 https://kurier.at/politik/ausland/schallenberg-traf-russischen-aussenminister-lawrow/402689830 (10.4.2024)

Vergehen dar, weil wirtschaftliche und kulturelle Beziehungen mit den abtrünnigen ukrainischen Provinzen geahndet werden.[365] Den Granden in der EU war freilich auch bekannt, dass Kobson persönlich eine gute Beziehung zu Putin hatte, was ihn in ihren Augen zusätzlich zum Feind machte.

In der Ukraine galt der 1937 geborene Sänger als russisch-patriotisch. Dies kam nicht nur einem kulturellen Todesurteil gleich. Weil die berüchtigten rechtsradikalen Milizen in Kiew seiner Person nicht habhaft werden konnten, schlugen sie Anfang Januar 2015 die Fenster des TV-Senders *Inter* ein. *Inter* hatte sich erlaubt, ein Konzert von Kobson zu übertragen. Unterstützt wurden die Rechtsradikalen dabei vom ukrainischen Informationsminister Juri Stez, der zeitgleich einen Lizenzentzug für *Inter-TV* forderte.[366] Im Jahr 2016 legten ukrainische Nationalisten Feuer in der Redaktion des ungeliebten Senders, nachdem sie ihn tagelang belagert hatten.[367] Wie weit die Kulturwelten zwischen Westeuropa/Ukraine und Russland mittlerweile auseinanderliegen, zeigt sich darin, dass Iossif Kobson im Jahr 2018 mit dem Titel »Held der Arbeit der Russischen Föderation« verstarb.

In der Musikwelt schlug sich das europäische Russen-Bashing besonders nieder. Jahrzehntelang, den ganzen kalten Krieg hindurch, waren russische Komponisten und Musiker hierzulande auf großes Interesse gestoßen. Ungehindert konnten Werke von Tschaikowski, Strawinski, Prokofjew und vielen anderen gespielt werden und füllten die Konzertsäle. Das Engagement von lebenden russischen Sängerinnen oder Dirigenten scheiterte oft an den restriktiven Ausreisebestimmungen der Sowjetunion. Längst hat sich diese Zwangsmaßnahme umgedreht. Seit 2014 werden mehr und mehr russischen KünstlerInnen ihre Auftritte im Westen des Kontinents versagt. Einreiseverbote in die EU ersetzen die Ausreiseverbote aus der Sowjetunion.

Ein besonders aufsehenerregender Fall von Cancel Culture ist jener von **Waleri Gergijew**. Einer der weltweit bekanntesten Dirigenten steht

365 Näheres siehe: Hannes Hofbauer, Feindbild Russland. S. 245f.

366 *Die Presse* vom 4. Januar 2015

367 Ulrich Heyden, Ukraine im Zangengriff von Ultranationalisten und Zensur. In: https://www.telepolis.de/features/Ukraine-im-Zangengriff-von-Ultranationalisten-und-Pressezensur-5045349.html?seite=all (20.4.2024). Nicht zuletzt für solche Berichte erhielt Ulrich Heyden 2016 ein Einreiseverbot in die Ukraine.

seit Mitte 2021 auf der schwarzen Liste Brüssels. Er darf in die EU nicht einreisen. Die Jagd auf ihn setzte allerdings bereits sieben Jahre zuvor ein.

Waleri Gergijew begann seine musikalische Karriere 1977 als Dirigent des Leningrader Kirow-Theaters. Seit 1996 ist er Intendant des Mariinski-Theaters im mittlerweile umbenannten Leningrad. Als Chefdirigent agierte er jahrelang unter anderem an der Metropolitan Opera in New York, beim London Symphony Orchestra und – ab 2015 – an der Münchner Philharmonie. Hier kam es bereits vor seinem Debüt zu einem Angriff auf ihn durch die Fraktion der Grünen im Stadtrat. Ihr Vorsitzender Florian Roth forderte am 14. März 2014 vom städtischen Kulturreferenten, »mit dem designierten Chefdirigenten der Münchner Philharmonie, Valery Gergiev, ein Gespräch über dessen politische Aktivitäten zu führen«, wie es in einer Aussendung der Grün-Rosa-Liste hieß.[368] Roth, der sich auf seiner Homepage als »interkultureller Bildungsberater«[369] – welch ein Hohn – ausgibt, forderte von Gergijew eine klare Distanzierung von der »völkerrechtswidrigen Annexionspolitik« sowie der »homophoben Gesetzgebung« Russlands. Typischer kann man die selbstgerechte Überheblichkeit der Grünen kaum darstellen. Sie dient als Grundlage für Cancel Culture, Einreiseverbote, Kontosperren etc. Damals erzielte der grüne Vorstoß noch nicht die erhoffte Wirkung. Die Leitung der Münchner Philharmonie stellte sich hinter die unterzeichneten Verträge und war der Meinung, dass man einen der prominentesten Dirigenten der Welt einem Publikum zumuten kann, auch wenn dieser nicht gegen Putin, die Übernahme der Krim durch Russland und das Verbot für Werbung von Homosexualität unter Jugendlichen Stellung bezog. Seine musikalische Ausstrahlung schien dadurch nicht beeinträchtigt.

Die nächste Attacke gegen den Stardirigenten ließ nicht lange auf sich warten. Recherchen in *Die Zeit*[370] hatten nämlich ergeben, dass Gergijew im Jahr 2008 ein Konzert in der von georgischen Truppen zerstörten südossetischen Hauptstadt Zchinwali gegeben hatte. Gespielt wurde damals Schostakowitsch. Der Skandal? Nun ja, Südossetien hatte sich

368 http://www.gruene-fraktion-muenchen.de/gergiev-soll-sich-erklaren-grune-wollen-vertragauflosung-nicht-ausschliesen/ (20.4.2024)

369 https://www.florian-roth.com/ (20.4.2024)

370 *Die Zeit* vom 19. März 2014

im September 1990, also ein Jahr vor dem Ende der Sowjetunion, von Georgien unabhängig erklärt und diese Unabhängigkeit mit russischer Hilfe verteidigt. Im August 2008 marschierten dann georgische Truppen, gestärkt durch die vier Monate zuvor in Bukarest versprochene NATO-Mitgliedschaft, in die abtrünnige Region ein, um diese heimzuholen. Der Versuch misslang, weil einerseits von der Bevölkerung her kein Verlangen nach einer Heimholung ins Georgische bestand und andererseits russische Soldaten Südossetien zu Hilfe eilten. Der georgische Präsident, Michail Saakaschwili, holte sich eine blutige Nase.

Wem die Tat von Gergijew, nach dem Rückzug der georgischen Truppen in Zchinwali ein Solidaritätskonzert zu veranstalten, noch immer nicht als verbrecherisch genug erscheint, um seine Ablöse in München zu fordern, der sei daran erinnert, dass Brüssel, Berlin und Washington 2008 aufseiten der Zentralregierung in Tiflis gegen die abtrünnigen Sezessionisten standen – ganz anders als im Konflikt um den Kosovo knapp zehn Jahre zuvor, dort unterstützte man die Sezessionisten gegen die Zentralgewalt. So funktioniert Geopolitik. Es sei noch das persönliche Motiv von Gergijew hinzugefügt, warum er im südossetischen Zchinwali ein Konzert gab: Seine Familie stammt von dort und er wuchs dort auf.

Waleri Gergijew ficht das ganze Gezerre um ihn erstaunlich wenig an. Er dirigierte in München, Wien, Moskau und vielen anderen Städten der Welt und baute – nebenbei – in Wladiwostok an einer neuen Spielstätte. Im Spätsommer 2018 lauschten über 100.000 begeisterte Klassikfans den von ihm geleiteten Wiener Philharmonikern im Schlosspark von Schönbrunn. Die in Österreich eingebürgerte Anna Netrebko begeisterte das Publikum als Sängerin. Am 18. September 2020 wiederholte sich dieses Megaereignis im schönsten Wiener Park unter freiem Himmel. Gergijew dirigierte Richard Strauss, Richard Wagner, Aram Chatschaturjan und Giacomo Puccini[371] und ritt allen Unkenrufen zum Trotz auf der Erfolgswelle. Da konnte der nächste Versuch, ihn von seinen westlichen Fans fernzuhalten, nicht ausbleiben. Diesmal war es der Moskauer Oppositionspolitiker Aleksej Nawalny, der von der Berliner Charité aus ein Einreiseverbot Gergijews in die Europäische Union

371 https://www.wienerphilharmoniker.at/de/konzerte/sommernachtskonzert-schonbrunn/9962/ (20.4.2024)

forderte, weil dieser, so Nawalny, für Russland den europäischen Weg ablehne.[372] Nawalny war kurz zuvor nach Deutschland ausgeflogen worden, weil ihn angeblich der russische Geheimdienst FSB vergiftet hatte. Dass er im Gastland vom Krankenbett aus sogleich geopolitisch aktiv wurde, erstaunte die wenigsten.

Am 1. März 2022 war es dann so weit. Münchens Oberbürgermeister Dieter Reiter verkündete das Ende der Zusammenarbeit mit Gergijew. Rausschmiss. Sein Vertrag wäre noch bis 2025 gegangen. Reiter hatte dem Dirigenten in gewohnt überheblicher Art ein Ultimatum gestellt, bis zum 28. Februar 2022 »ein deutliches Zeichen der Distanzierung von den völkerrechtswidrigen Angriffen gegen die Ukraine zu setzen«.[373] Gergijew weigerte sich logischerweise, hätte ihm eine derartige Wortspende womöglich die Einreise in seine Heimat verunmöglicht. Was sich ein Münchner Bürgermeister dabei denkt, den prominentesten Kulturschaffenden der Stadt in ein solches Entweder-Oder zu manövrieren, bleibt allen unverständlich, die in der Kultur kein politisches Kampfmittel sehen.

Gergijew feierte seinen 70. Geburtstag, der am 2. Mai 2023 anstand, eine Woche später zum Tag des sowjetischen Sieges über die Nazi-Truppen mit dem Orchester seines Mariinski-Theaters im großen Saal des Moskauer Konservatoriums. Davor stand er während einer China-Tournee mehrere Wochen am Dirigentenpult in Schanghai und Peking.[374] Der Rauswurf aus Europa (und den USA) bringt den Sound russischer Komponisten also verstärkt an den Pazifik.

Der Name Waleri Gergijew steht für viele andere gecancelte Kulturschaffende, die die deutschen, österreichischen und EU-europäischen Zwangsmaßnahmen zu spüren bekommen. Alle können hier nicht Erwähnung finden, das würde den Rahmen dieses Buches sprengen.

Wie mit dem griechisch-stämmigen **Teodor Currentzis** umgegangen wird, soll aber nicht verschwiegen werden. Der aus Athen stammende Dirigent besitzt neben der griechischen auch die russische

372 https://www.faz.net/aktuell/feuilleton/debatten/nawalnyj-fordert-sanktionen-gegen-putin-unterstuetzer-valery-gergiev-16992417.html (20.4.2024)

373 https://www.sueddeutsche.de/meinung/gergiev-muenchner-philharmoniker-dieter-reiter-marinskij-theater-putin-1.5539020 (20.4.2024)

374 https://www.globaltimes.cn/page/202303/1287792.shtml (20.4.2024)

Staatsbürgerschaft und leitet das 2004 in Nowosibirsk gegründete Ensemble MusicAeterna. Dieses widmet sich insbesondere der »Neuen Musik«. Am 12. April 2022 wollte Currentzis ein Solidaritätskonzert für die Ukraine im Wiener Konzerthaus dirigieren. Intendant Matthias Naske sagte das Event in letzter Minute ab.[375] Die vorgesehene Solidarität mit der Ukraine war es nicht, die den Konzerthaus-Chef zum Rausschmiss von Currentzis veranlasst hatte. Der ukrainische Botschafter in Wien hatte Druck gemacht und darauf hingewiesen, dass das angekündigte Musikensemble von der russischen VTB-Bank Subventionen erhalten würde … und diese Bank fände sich auf der Sanktionsliste der EU. Daraufhin stiegen das Rote Kreuz und die Caritas, die durch das Konzert Spenden für ihre Arbeit in der Ukraine erhalten hätten, aus und Direktor Naske knickte ein.

Knapp zwei Jahre später sollte Currentzis wieder an der Donau auftreten, diesmal im Rahmen der Wiener Festwochen. Intendant Milo Rau plante für Anfang Juni 2024 je ein Konzert unter der Leitung des Greco-Russen Teodor Currentzis und eines mit der ukrainischen Dirigentin Oksana Lyniv. Das Orchester stellte diesmal kein Hindernis dar, Currentzis sollte mit dem SWR-Symphonieorchester auftreten. Am Programm stand Benjamin Brittons »War Requiem«. Auch der Intendant blieb standhaft. Diesmal war es der kaum verhohlene Rassismus der 45-jährigen ukrainischen Maestra, der zum Canceln des griechischen Kollegen führte. »Ich habe nichts gegen Currentzis«, begann Lyniv ihre Einlassung gegen den Kollegen, »ich kann aber nicht akzeptieren, dass mein Name und jener von Musikern, die aus einem Land kommen, das immer noch täglich bombardiert wird und so viele Tote zu beklagen hat, mit dem von jemandem in Verbindung gebracht wird, der sich nie offen gegen den Krieg ausgesprochen hat und dessen künstlerische Ensembles von Bankinstituten finanziert werden, die dem Kreml sehr nahe stehen.«[376] Die Forderung nach derlei Bekenntnissen als Voraussetzung einer künstlerischen Zusammenarbeit vertieft den kulturellen Bruch zwischen West und Ost, Russophobie wird dadurch gesellschaftsfähig.

375 https://magazin.klassik.com/news/teaser.cfm?ID=17509 (20.4.2024)
376 https://wien.orf.at/stories/3244580/ (20.4.2024)

Neben ukrainischen Botschaftern und Nationalistinnen sowie allerlei deutschen und österreichischen Angsthasen hat sich vor allem der Musikjournalist Axel Brüggemann einen Namen als Currentzis-Jäger gemacht.[377] Im *Tagesspiegel*, der *FAZ* und dem *Standard* hetzt er gegen den Maestro und dessen angeblich enge Beziehung zum Kreml und zeigt sich jedes Mal zufrieden, wenn es wieder einmal zu einer Konzertabsage kommt. Brüggemann trägt somit den Ukraine-Krieg in die Konzertsäle des deutschen Sprachraums. Ein Blick auf die Homepage von Currentzis im Frühjahr 2024 zeigt allerdings, dass Brüggemann und seinesgleichen noch viel zu tun haben, um den prominenten Musiker fertigzumachen. Allein im Frühjahr 2024 dirigierte Currentzis in Berlin, Athen, Baden-Baden, Freiburg und Hamburg.[378]

An der Ausnahmesopranistin **Anna Netrebko** setzte die Regierung des Schweizer Kantons Luzern ein russophobes Fanal. Die in Krasnodar geborene Sängerin gilt als Erfindung von Waleri Gergijew und ist in seinen Orchestern groß geworden. Am 1. Juni 2024 sollte sie im ausverkauften Kultur- und Kongresszentrum Luzern (KKL) gemeinsam mit ihrem Ehemann Yusif Eyvazov einen Liederabend gestalten. Dieser wurde kurzfristig abgesagt, weil – so die offizielle Begründung – zwei Wochen später eine Friedenskonferenz auf dem nahen Bürgenstock stattfinden würde. Auf dieser wollte der Schweizer Außenminister Ignazio Cassis keinen russischen Politiker sehen, was freilich die Bezeichnung »Friedenskonferenz« ad absurdum führt. Das Kongresszentrum folgte der Behörde. Wenn schon kein Russe, dann auch keine russische Sängerin, so die verquere Argumentation: »Das KKL Luzern«, so der Text der Presseaussendung, »steht für das Konzert von Anna Netrebko vom 1. Juni 2024 nicht zur Verfügung. Die öffentliche Wahrnehmung der Solistin ist weiterhin kontrovers. Aufgrund der zeitlichen und geografischen Nähe des Auftritts von Frau Netrebko zur Ukraine-Friedenskonferenz musste daher mit der Bedrohung der öffentlichen Ordnung gerechnet werden.«[379] Wo ein Liederabend einer russischen Sängerin die öffentliche Ordnung

377 https://www.achgut.com/artikel/blogger_brueggemann_zieht_gegen_dirigent_currentzis_zu_felde (20.4.2024)

378 http://www.teodor-currentzis.com/ (20.4.2024)

379 https://www.br-klassik.de/aktuell/news-kritik/anna-netrebko-konzert-luzern-abgesagt-ukraine-friedenskonferenz-100.html (31.5.2024)

bedroht, ist diese wohl nur mehr mittels Verbreitung von Russenhass aufrecht zu erhalten.

Das Canceln russischer Kultur macht auch vor kleineren Veranstaltungen nicht Halt. So lud man **russische Ballett-Tänzerinnen** am 20. April 2024 von der Gala zur Feier des 25. Geburtstages des »American Youth Grand Prix« aus. Insbesondere zwei Tänzerinnen des Balletts wurde ihr (angeblicher) russischer Patriotismus vorgeworfen, eine Eigenschaft, die in Zeiten der Russophobie im Westen unnachgiebig geahndet wird. Der Druck auf das David-H.-Koch-Theater in New York, die russische Performance zu canceln, kam von der ukrainischen Botschafterin Oksana Markarova. Nachdem ihre Intervention Erfolg gehabt hatte, gab Markarova ihr kulturpolitisches Verständnis von sich: »Putins Ballett wurde abgesagt«, verkündete sie, »eine großartige Erinnerung am Ende der Woche, dass die Stärke der Ukrainer in ihrer Einigkeit und ihrer Initiative liegt.«[380]

Wenn zur Cancel Culture dann noch das Herrschaftsinstrument der Kontaktschuld hinzukommt, gibt es kein Halten mehr in der Missgunst allem Russischem und allen Russenfreunden gegenüber. Das wurde auch einem der ganz großen deutschen Pianisten und Dirigenten zum Verhängnis. An seinem Lebensabend wird der mittlerweile 80-jährige **Justus Frantz** gemieden, diffamiert und ausgeladen.

Die Karriere von Justus Frantz verlief spiegelbildlich zu jener von Waleri Gergijew. Die beiden sind auch befreundet. Frantz gab jahrzehntelang den Klassik-Star in Deutschland: Gefeierter Pianist bei den Berliner Philharmonikern unter Herbert von Karajan sowie bei den New Yorker Philharmonikern unter Leonhard Bernstein, Intendant des Schleswig-Holsteinischen Musikfestivals, Gründer der »Philharmonie der Nationen« und – damit wurde er einem breiten Publikum bekannt – Moderator des *ZDF*-Formats »Achtung! Klassik«. Anfang Dezember 2023 fliegt Frantz aus allen Ämtern und Konzertsälen. Die Leitung der von ihm gegründeten Festspiele schließt ihn aus, der *Spiegel* tritt mit der Überschrift »Die falschen Töne des Justus Frantz«[381] nach. Worum es geht, erklärt der Musikredakteur von *NDR*-Kultur, Mischa Kreiskott,

380 https://english.nv.ua/nation/russian-ballet-dancers-participation-in-gala-concert-in-new-york-cancelled-50411885.html (22.4.2024)

381 *Der Spiegel* vom 2. Dezember 2023

auf erfreulich offene Weise: »Es geht – oh Wunder – um Justus Frantz' Haltung gegenüber Russland, gegenüber dem russischen Krieg in der Ukraine, um seine Auftritte in Moskau, zum Beispiel um ein Konzert mit dem Orchester des Mariinski-Theaters, das er gegeben hat. Er war auch Jury-Mitglied im vergangenen Sommer beim Tschaikowsky-Wettbewerb im Moskau. Es geht um seinen Freund Valery Gergiev, mit dem er eng befreundet ist, der ein Putin-Vertrauter ist [...].«[382]

Klavier-Juror beim Tschaikowsky-Wettbewerb in Moskau und Treue zu seinem Freund Waleri Gergijew, beides zusammen sowie seine Äußerungen gegen die antirussischen Sanktionen führen im Deutschland des Jahres 2024 bereits zum Ausschluss aus einem bis dahin hochgelobten Künstlerleben. Besonders ekelhaft wird es, wenn ein junger Pianisten-Kollege nachschlägt und reimt: »Justus Frantz, Frustus Schwantz/Wie groß ist Dein Frust/Dass Du nach Moskau musst?«.[383] Der Name des Dichters: Moritz Eggert in seiner Rolle als Präsident des deutschen Komponist:innenverbandes.

Was sich in der klassischen Musikszene abspielt, nämlich der Bruch mit russischen Komponisten und Russland freundlich gesonnenen Künstlern, trifft in ähnlicher Weise auf die Wissenschaft zu. Mitte 2024 ist jede Beziehung gekappt, Institute aus dem Westen wollen mit russischen Forschungseinrichtungen nichts mehr zu tun haben. Das betrifft die Naturwissenschaften genauso wie die Geisteswissenschaften, die Medizin, die Grundlagenforschung und so weiter und so fort.

Die transatlantische Wissenschaftscommunity war rasend schnell mit dem Canceln ihrer russischen (und belarussischen) KollegInnen. Ihre Vorreiter legten bereits Anfang März 2022 alle Beziehungen zu Russland auf Eis. Der erste Zuruf zum Boykott sämtlicher russischer AkademikerInnen kam von Maksym Strikha, der in westlichen Medien als »bekannter Physiker der Kiewer Taras Shevchenko-Universität« vorgestellt wurde. Das mag er gewesen sein, sein Russen-Bashing setzte er allerdings in seiner Funktion als Vizeminister für Wissenschaft und Erziehung ab. Und das klang bei ihm so: »Man sollte die akademische Community in

382 https://www.ndr.de/kultur/musik/klassik/schleswig-holstein_musikfestival/SHMF-ohne-Justus-Frantz-Intendant-Kuhnt-erhebt-Vorwuerfe,frantz182.html (22.4.2024)

383 https://www.stuttgarter-zeitung.de/inhalt.ein-deutscher-pianist-in-moskau-tschaikowsky-putin-und-frantz.c60760d4-3ebf-4b28-ae03-9a595f7736ce.html (20.4.2024)

Russland komplett boykottieren: keine Zusammenarbeit. […] Russische Akademiker müssen Tribut dafür zollen, dass sie Präsident Wladimir Putin unterstützt hat.«[384]

Noch in den ersten Tagen nach dem Einmarsch der russischen Armee in die Ukraine folgten viele Institutionen dem Ruf des stellvertretenden Wissenschaftsministers. Das Massachusetts Institute of Technology (MIT) kündigte die jahrelange Zusammenarbeit mit seinem russischen Gegenüber, der Skolkovo-Innovationsstiftung. Das bekannte »Journal of Molecular Structure« des Elsevir-Verlages nahm keine Manuskripte aus Russland mehr an. Die »Deutsche Forschungsgemeinschaft« (DFG) beendete alle ihre Projekte mit russischen Partnern. Der österreichische Wissenschaftsfonds (FWF) setzte die Kooperation mit dem Russischen Wissenschaftsfonds (RSF) aus und warf alle Projekte mit russischer Beteiligung aus dem Programm. Und so weiter, und so fort. Ein Schelm, wer all den Wissenschaftskoryphäen aus dem Westen unterstellen würde, mit ihrem Russen-Canceln auch unangenehme Konkurrenz loswerden zu wollen.

Der Fall Artjom Oganow

Im August 2024 hätte der russische Kristallograf und Geowissenschaftler Artjom Oganow auf dem 37. Internationalen Geologenkongress in Südkorea einen Vortrag halten sollen. Er war als eine der weltbekannten Koryphäen im Bereich der Erforschung von Kristallen, ihrer Struktur und Entstehung dorthin eingeladen worden. Sein wissenschaftliches Leben verbrachte der 49-Jährige in Großbritannien, der Schweiz und den USA, bevor er nach Russland zurückkehrte. Im April 2024 erreichte ihn dann ein verstörender Brief. Nach einem kurzen Schockmoment entschloss sich Oganow, dieses Schriftstück und die darauffolgende Korrespondenz über die Zeitschrift *Argumenti i Fakty*[385] öffentlich zu machen.

Das Organisationsteam des Geologenkongresses forderte ihn auf, bei seinem geplanten Referat seine russische Herkunft zu verschweigen und stattdessen eine andere staatliche Zugehörigkeit anzugeben.

384 Eva Stanzl, Wie der Krieg die Wissenschaft beeinträchtigt. In: *Wiener Zeitung* vom 4. März 2022

385 Zit. in: https://pressefreiheit.rtde.tech/international/205096-neue-hass-runde-russische-wissenschaftler/ (9.5.2024)

Im – übersetzten – Original stand da zu lesen: »Wir bitten Sie höflich, Ihre russische Affiliation in die Affiliation eines anderen Landes zu ändern, wenn möglich. Andernfalls können wir in Übereinstimmung mit der Politik der Internationalen Union der Geowissenschaften [...] keinen Beitrag aus Russland annehmen.« Daraufhin nahm Oganow mit dem ihm wohlbekannten Präsidenten der Union, dem Briten John Ludden, Kontakt auf, und zwar in der Annahme, dass dieses Schreiben wohl nicht von oberster Stelle ausging, sondern einem Praktikanten passiert wäre. Das Gegenteil musste er erfahren. »Sanktionen sollten sowohl die Menschen als auch die Politiker treffen, damit sie motiviert sind, Druck auf die russische Regierung auszuüben«, schrieb ihm der Brite zurück, ohne sich des diskriminierenden Charakters eines solchen Vorgangs bewusst zu sein. Oganows Antwort hätte Wissenschaftskollegen zu denken geben sollen, tat es aber nicht: »Ihre Entscheidung«, schrieb er, »gibt russischen Wissenschaftlern weniger Rechte und Freiheiten als Wissenschaftlern in anderen Ländern, und das ist erniedrigend. Ist es möglich, dass Sie durch die Demütigung von Menschen sie für Ihre Sache gewinnen? Ganz im Gegenteil. Die Internationale Union der Geowissenschaften sollte eine wissenschaftliche Organisation sein, keine politische Einrichtung. Ihr internationaler Status beruht auf allgemeinem Vertrauen, aber wenn man die Wissenschaft politisiert, läuft man Gefahr, das Vertrauen der internationalen wissenschaftlichen Gemeinschaft zu verlieren. Vertrauen und Ansehen sind schwer zu verdienen, leicht zu verlieren und unmöglich wiederzugewinnen, wenn sie einmal verloren sind.« Oganow wurde – übrigens wie Kollegen aus St. Petersburg – vom Kongress in Seoul ausgeschlossen.

Sportliche Begleitmusik

Der Krieg des Westens gegen Russland, dessen wirtschaftliche Dimension in diesem Buch behandelt wird, spiegelt sich auch in der Sportwelt wider. Oder genauer: Brüssel und Washington haben alle sportlichen Verbindungen mit Russland und Weißrussland gekappt. Interessanterweise fand der erste Boykott eines in Russland stattfindenden Großereignisses bereits vor der Eingliederung der Krim in die Russische Föderation statt. Diese im hiesigen Sprech Annexion genannte Territorialverschiebung vom 18. März 2014 dient ja der transatlantischen Allianz als Begründung all ihrer Zwangsmaßnahmen gegen Moskau.

Sechs Wochen zuvor – von einer Abspaltung der Krim oder einer Sezession des Donbass war noch keine Rede – boykottierten die höchsten Vertreter Deutschlands und der USA das wichtigste Sportevent auf russischem Boden, die Olympischen Winterspiele in Sotschi. Diese wurden am 7. Februar 2014 eröffnet. Bereits am 10. Dezember 2013 ließ der damalige deutsche Bundespräsident Joachim Gauck die Presse wissen, dass er nicht nach Sotschi fahren und die Spiele boykottieren werde.[386] Ende Januar 2014 folgte ihm die Kanzlerin Angela Merkel. US-Präsident Barack Obama tat es den beiden Deutschen gleich und auch der französische Präsident François Hollande ließ das russische Olympische Komitee wissen, dass er an der Eröffnungsfeier nicht teilnehmen werde. Österreichs Präsident Heinz Fischer reagierte auf die Absagen der West-Größen mit Unverständnis: »Ich halte nichts von einem politischen Boykott. Wir haben mit Russland korrekte seriöse Beziehungen«,[387] meinte er Anfang Januar 2014 gegenüber der Presse. In Wien einigte man sich schließlich darauf, Bundeskanzler Werner Faymann in die Schwarzmeer-Stadt zu schicken.

Als Argument für den Boykott der USA, Deutschlands und Frankreichs war der Ukraine-Konflikt noch nicht in Stellung gebracht, es gab ihn auf politischer Ebene schlicht nicht. Also musste man die Demütigung Russlands mit der dortigen – schlechten – »Menschenrechtslage« legitimieren; konkret mit einem zuvor von der Duma verabschiedetem Gesetz, das »Propaganda von nicht traditionellen sexuellen Beziehungen für Minderjährige« unter Strafe stellte. In anderen Worten: Werbung für schwule und lesbische Beziehungen wurde gesetzlich geahndet, sobald sie Kindern und Jugendlichen zugänglich war. Das lief konträr zu jenen Entwicklungen, die sich in Westeuropa und Teilen der USA abspielten. Dort begannen Behörden gerade, dem Druck von Schwulenbewegungen und später LGBT-Gruppen nachzugeben und das Mantra von der sexuellen Diversität in immer jüngere Jahrgänge hineinzutragen.

386 https://www.sueddeutsche.de/politik/gaucks-olympia-absage-erst-pflicht-dann-kuer-1.1839733 (25.4.2024)

387 https://www.krone.at/388206 (25.4.2024)

Ein konservatives Menschen- und Familienbild, wie es demgegenüber in Russland Fuß fasste, stand dem diametral entgegen.

Warum darauf mit Boykott reagiert wurde, erschließt sich nicht. Dafür brauchte es zusätzlich das Feindbild Russland. Anders wäre es nicht zu erklären, warum zwölf Jahre vor den Spielen in Sotschi alle westlichen Staatsmänner und Staatsfrauen nach Salt Lake City in den US-Bundesstaat Utah pilgerten. Dort standen die Olympischen Winterspiele 2002 auf dem Programm. Im Mormonenstaat galt zu dieser Zeit jede sexuelle Handlung, die nicht der Fortpflanzung diente, als strafbarer Tatbestand. Um dies auch den AthletInnen aus der ganzen Welt in leicht verständlicher Sprache mitzuteilen, wurden im olympischen Dorf überall Aufkleber angebracht, die entsprechende Praktiken zeigten und darauf hinwiesen, dass gleichgeschlechtlicher Sex, Oralverkehr und vieles andere strafbar seien. Bis 2019 blieb außerehelicher Sex in Utah verboten, obwohl Homosexualität in den USA bundesweit »bereits« 2003 legalisiert worden war.

Es ging also beim Boykott der Olympischen Spiele in Sotschi vor allem gegen Russland und nicht für Schwulenrechte. Dasselbe war – in noch schärferem Maße – 35 Jahre zuvor passiert. Damals, im Juli 1980, verboten Länder wie die USA und die BRD ihren SportlerInnen die Teilnahme an der Sommerolympiade in Moskau. Als Grund musste der Einmarsch sowjetischer Truppen in Afghanistan herhalten, der ein halbes Jahr zuvor stattgefunden hatte. Auch hier wieder: Doppelmoral. Denn all die Kriege der USA (und ihrer Verbündeten) gegen Korea und Vietnam oder später in Jugoslawien, dem Irak, Libyen ... hatten nie dazu geführt, dass die Sowjetunion oder die DDR, geschweige denn die BRD oder andere westliche Staaten zum Mittel des Sportboykotts gegriffen hätten.

Nach dem Einmarsch der russischen Armee in die Ukraine ging es Schlag auf Schlag. Es schien, als hätte die westliche Sportwelt nur darauf gewartet, russische und weißrussische AthletInnen sperren zu können und sich ihrer Konkurrenz zu entledigen. Die UEFA suspendierte noch Ende Februar 2022 russische Fußballteams von allen Bewerben. In der laufenden Europa League profitierte davon RB Leipzig, weil Spartak Moskau ausgeschlossen wurde. Sponsorverträge – wie jener von Schalke 04 – mit Gazprom wurden beendet. Im Eishockey-Weltverband IIHF, bei den Handballern, dem Weltskiverband, der Formel 1 ... überall dasselbe Bild: russische Verbände, Vereine, Austragungsorte oder Einzelsportler wurden gesperrt, gecancelt, ausgeschlossen.

Beim ersten großen Event nach dem Februar 2022 waren davon ausgerechnet die BehindertensportlerInnen aus Russland und Belarus betroffen. Nach langem Hin und Her entschloss sich das Internationale Paraolympische Komitee (IPC), sie an den Winterspielen in Peking im März desselben Jahres nicht teilnehmen zu lassen. Das jahrelang eingeübte Gerede von der Inklusion zerschellte an den geopolitischen Interessen der transatlantischen Sportverbände.

Wie immer bei Boykotten und Sanktionen muss allerdings festgestellt werden, dass sie nicht lückenlos halten. Nicht einmal im internationalen Fußballgeschehen. So bestreitet die russische Nationalmannschaft immer wieder sogenannte Freundschaftsspiele gegen andere Teams; wie zum Beispiel am 24. September 2022 in Bischkek gegen Kirgisien oder am 21. März 2023 in Moskau gegen Serbien. Beide Spiele sahen übrigens die Russen als Sieger. Auch gibt es erste Lockerungen von Sanktionen in der Fußballwelt. Seit Ende 2023 dürfen russische Nachwuchsmannschaften laut UEFA wieder an internationalen Wettbewerben teilnehmen. Auswahlteams und sogar Seniorenteams bleiben weiterhin gesperrt.[388]

Außerhalb der westlich dominierten Blase finden russische SportlerInnen zahlreiche Möglichkeiten vor, auf internationalem Parkett ihre Leistungen zu messen. So beispielsweise auf den jährlich stattfindenden »BRICS-Games«. Vom 18. bis 21. Oktober 2023 fanden diese im südafrikanischen Durban statt.[389] Obwohl sie ein vergleichsweise kleines Event mit nur fünf Disziplinen waren, zeigen sie, dass die Isolierung Russlands in der Sportwelt nicht vollständig geschieht. Zwischen 12. und 23. Juni 2024 veranstalteten dann die BRICS-Staaten die Spiele im russisch-tatarischen Kasan mit bereits 27 Sportarten und TeilnehmerInnen aus knapp 90 Ländern.[390]

Neben den großen geopolitisch motivierten Ausschlüssen russischer Athleten von internationalen Wettkämpfen gibt es Hunderte von

388 https://www.sportbuzzer.de/fussball/international/russische-fussballnationalmannschaften-duerfen-trotz-sperre-wieder-an-uefa-wettbewerben-teilnehmen-HQXG72RIGRDSTB3ZNQ532DZ7NA.html (24.4.2024)

389 https://russkiymir.ru/en/news/318862/ (25.4.2024)

390 https://bricskazan2024.games/ (15.6.2024)

kleineren Zwangsmaßnahmen gegen russische Sportler oder auch gegen ihre Kollegen aus dem Westen, wenn diese in Russland aktiv auftreten. Das Beispiel der Tennisspielerin Witalija Djatschenko steht für viele andere Demütigungen. Die 33-Jährige, aus Sotschi stammende Russin spielt seit 2007 in den oberen Rängen der Grand-Slam-Turniere und belegte in ihrer besten Zeit Platz 71 in der WTA-Rangliste. Ende April 2023 wollte sie von Kairo aus zum nächsten Turnier nach Korsika fliegen. Sie hatte alles bei sich: ein gültiges Schengenvisum, ein Empfehlungsschreiben des Welttennisverbandes sowie ein Schreiben ihres Vaters, eines UNO-Mitarbeiters. Das Flugzeug der polnischen Luftlinie LOT nach Warschau, wo sie in Richtung Korsika umsteigen sollte, durfte sie trotzdem nicht besteigen. Der zuständige Mitarbeiter von LOT wollte keine schriftliche Erklärung für die Rückweisung beim Einstiegsgate abgeben und zeigte ihr nur eine neue polnische Bestimmung auf seinem Handy, nach der – wie die Nachrichtenagentur *Reuters* später erfuhr – »Beschränkungen an bestimmten Grenzübergängen, einschließlich Flughafenübergängen, in Bezug auf Bürger der Russischen Föderation« bestehen. Djatschenko verstand die Welt nicht mehr: »Ich bin eine Spielerin, die zu einem Wettbewerb fliegt. Ich habe alle Beweise: Hotelreservierung, Briefe von der ITF und der WTA. Und mein Vater ist UN-Beamter, er ist auf Mission und Familienmitglieder dürfen sich ebenfalls frei bewegen.«[391] Es nützte alles nichts. Als Russin wurde ihr der Weiterflug verwehrt. Auch die Lufthansa nahm sie nicht mit. Dort erklärte man ihr, dass ihr Schengen-Visum von Spanien ausgestellt worden sei, was ihr eine Einreise nach EU-Europa nur über dieses Land erlaube.[392]

Durchaus dramatischer gestaltete sich die Hetzjagd auf eine der weltbesten Eiskunstläuferinnen. Margarita Drobjansko beherrschte zusammen mit ihrem Tanzpartner Povilas Vanagas die Eisflächen Europas, zwischen 1992 und 2006 gewannen beide die litauischen Meisterschaften. Das Duo vertrat die kleine baltische Republik bei insgesamt fünf Olympischen Winterspielen.

Die in Moskau geborene Sportlerin erhielt im Jahre 1993 »für besondere Verdienste« die litauische Staatsbürgerschaft. Diese wurde ihr im

391 https://de.rt.com/international/168596-kein-ticket-fuer-russische-tennisspielerin/ (24.4.2024)
392 https://www.focus.de/panorama/wurde-wie-buerger-dritter-klasse-behandelt-russischer-tennis-star-darf-nicht-in-flugzeug-dann-blitzt-sie-auch-bei-lufthansa-ab_id_192150764.html (25.4.2024)

September 2023 durch ein präsidiales Dekret aberkannt.[393] Als Grund gab der in Deutschland ausgebildete Staatspräsident Gitanas Nausėda die Russland-Nähe der Eiskunstläuferin an. Konkret ging es um eine Teilnahme von Margarita Drobjansko an der Eisshow »Schwanensee« in der Schwarzmeer-Stadt Sotschi. Litauens Außenminister Gabrielius Landsbergis, Enkel des ebenfalls stockkonservativen ehemaligen Staatsoberhauptes Vytautas Landsbergis, meinte zu ihrer Teilnahme am Projekt »Schwanensee«: »Ich glaube, dass dies ein Verrat an allem ist, was die Ukraine bekämpft und wogegen Litauen und alle unsere Partner vorgehen.«[394] Das Ballett um die verzauberte Schwanenprinzessin als Verrat, weil es am falschen Ort gespielt wird, nämlich in Russland, dort, wo es sein russischer Komponist Pjotr Iljitsch Tschaikowski Ende des 19. Jahrhunderts komponiert hatte. So etwas lässt sich das heutige Litauen nicht gefallen.

Vom 26. Juli bis 11. August 2024 fanden die Olympischen Sommerspiele in Paris statt. Ukrainische Sportfunktionäre drohten von Anfang an mit Boykott, sollten russische AthletInnen an den Wettkämpfen teilnehmen. Ein halbes Jahr vor den Spielen einigte man sich im IOC darauf, dass Russen und Russinnen von Teamwettbewerben ausgeschlossen werden und allenfalls »neutrale Einzelathleten« an den Start gehen dürfen; allerdings nur solche, die keine Verbindung zur russischen Armee, zur Polizei oder zu Sicherheitsorganen haben. Über jeden Wettkämpfer, der selbstverständlich die sportliche Qualifikation vorweisen muss, entschied ein eigens dafür eingerichtetes dreiköpfiges Schiedsorgan.

Für den Umgang mit etwaigen russischen MedaillengewinnerInnen dachte man sich etwas Besonderes aus. Sollte ein »Individual Neutral Athlet« (AIN) – so die Bezeichnung, unter der russische und belarussische SportlerInnen antreten durften –, auf das Siegespodest kommen, wird als Fahne ein grüner Lappen mit den Buchstaben AIN aufgezogen. Zwecks weiterer Herabsetzung russischer Wettkämpfer durften selbige nicht an der Eröffnungsfeier teilnehmen. Unter solch demütigen Bedingungen lehnten mehrere russische Sportverbände wie die Ringer und

393 https://www.msn.com/de-de/nachrichten/politik/litauens-pr%C3%A4sident-entzieht-eist%C3%A4nzerin-staatsb%C3%BCrgerschaft/ar-AA1gMexd (24.4.2024)

394 https://rtde.site/europa/145686-entzug-von-preisen-und-staatsburgerschaft/ (24.4.2024)

die Judoka eine Teilnahme ab, auch der Radprofi Alexander Wlassow sagte für Paris ab.[395] Letztlich starteten nur 15 RussInnen und 17 BelarussInnen als »AIN« bei den Olympischen Sommerspielen 2024, darunter der bekannte Tennisspieler und Kremlkritiker Daniil Medwedew, der seit 2017 sein Domizil im steuerschonenden Monte Carlo aufgeschlagen hat. Zum Vergleich: In Tokio 2021 waren es noch 330 russische und 107 belarussische AthletInnen, die ihre Sportverbände olympisch vertraten.

Wie unwillkommen Russen unterm Eiffelturm waren, machte bereits vor der Eröffnung der Spiele die Pariser Bürgermeisterin Anne Hidalgo vom Parti socialist deutlich. Anlässlich eines Besuches in Kiew Anfang April 2024 passte sie sich den üblich gewordenen antirussischen Gepflogenheiten an und meinte in Hinblick auf die Sommerspiele in Paris: »Ich möchte den russischen und weißrussischen Athleten sagen, dass sie in Paris nicht willkommen sind.«[396] An die Ukrainer gewandt, ergänzte sie: »Paris wird euch wie Helden empfangen, ihr werdet in Paris zu Hause sein. Die Spiele bedeuten Frieden, und das ist auch die universelle Botschaft, die ich zu überbringen gekommen bin.«[397] Friede der Ukraine, Krieg mit Russland – so lautet ihre Interpretation des olympischen Gedankens. Auf die Frage eines Journalisten, ob man denn nicht auch darüber nachdenken sollte, israelische Athleten von den Spielen auszuschließen, immerhin zerstöre ihre Armee ganz Gaza und töte Zigtausende PalästinenserInnen, antwortete Hildago: »Das kommt nicht in Frage, weil Israel eine Demokratie ist.«[398]

Am Tag der Eröffnung der Pariser Sommerspiele meldete sich dann noch der Chef des ukrainischen olympischen Komitees, Wadym Hutzajt, via Pressekonferenz zu Wort und gab den versammelten Journalisten sein durchaus rassistisch geprägtes Russen-Bild mit auf den Weg. Sollten seinen Schützlingen russische Sportler über den Weg laufen, so Hutzajt, dann gilt folgende Verhaltensregel: »Für uns existieren die

395 https://www.tagesspiegel.de/sport/verband-verweigert-teilnahme-olympische-spiele-auch-ohne-ringer-aus-russland-11974571.html (29.7.2024)

396 https://dynamo.kiev.ua/de/news/566642-brgermeister-von-paris-russische-und-weirussische-sportler-werden-in-der-stadt-nicht-willkommen-sein-wir-unterstützen-das-u (24.4.2024)

397 https://pressefreiheit.rtde.tech/international/201140-pariser-oberbuergermeisterin-russische-und-weissrussische/ (24.4.2024)

398 Ebd.

russischen und belarussischen Athleten nicht. Wir grüßen sie nicht, wir sagen nicht Hallo, wir sehen sie nicht mal an.«[399]

Mitten in Europa: Kein Austausch, kein Verkehr, kein Kontakt

Uns fällt es schon gar nicht mehr auf, dass es keine Fahrzeuge mehr mit russischer oder weißrussischer Immatrikulation auf unseren Straßen gibt; so sehr haben wir die antirussischen Sanktionen internalisiert. Die Abschottung ist schlimmer als zu Zeiten des Eisernen Vorhanges. Damals waren es die restriktiven Zoll- und Ausreisebestimmungen der kommunistischen Staaten, die einen Austausch erschwerten; gleichwohl fand dieser statt und sowjetische Lkw oder Russen mit Privatautos waren, wenn auch selten, im Verkehr zu sehen. Damit ist es vorbei. Brüssel hat dichtgemacht. Fahrzeuge mit russischen Nummerntafeln wurden von den Straßen EU-Europas verbannt.

Mit rasender Schnelligkeit kappte die EU-Kommission bereits Ende Februar 2022 die wichtigsten Verkehrsverbindungen zu Russland. Dies geschah ohne Not – sowie ohne Befassung nationaler Parlamente – und wirkte gut vorbereitet. Mit Russlands Einmarsch in die Ukraine hätte man sich als Reaktion verkehrstechnische Eingriffe gegen russische Flugzeuge, Schiffe oder Lastkraftwagen vorstellen können, die dem Militär unterstellt waren. Warum sämtliche Flugrouten aus und nach Russland (und Belarus) gestrichen wurden und allen russischen Schiffen das Anlanden in EU-europäischen Häfen verboten wurde, ergibt sich nur dann aus einer (geopolitischen) Logik, wenn man Russland als Feind sieht. Anders kann der enorme Aufwand, den diese Zwangsmaßnahmen mit sich brachten, nicht erklärt werden.

Bereits das 2. Sanktionspaket vom 25. Februar 2022 schränkte die russische Seefahrt ein, ab 8. April (5. Sanktionspaket) war sämtlicher Austausch über das Meer verboten. Zwischen 28. Februar und 1. März 2022 (3. Sanktionspaket) entzogen Ursula von der Leyen und ihr Team der russischen Luftfahrt Lande- und Überflugrechte in und über dem Luftraum der gesamten Europäischen Union. Wenn ein Flieger nicht

399 https://www.tagesspiegel.de/sport/sommerspiele-in-paris-ukrainer-bei-olympia-russen-hier-existieren-fur-uns-nicht-12095639.html (29.7.2024)

rechtzeitig z. B. aus Deutschland wegkam, wurde er »eingefroren«. Als Zeichen dieses Irrsinns können seither drei riesige Antonow-Transportmaschinen der Fluglinie »Volga-Dnepr« am Flughafen Leipzig-Halle bestaunt werden.

Neben dem großen Einschnitt ins euro-russische Verkehrswesen, der freilich beide Seiten schädigte und weiter schädigt, fingen die BürokratInnen in Brüssel sehr bald auch damit an, die kleinen Leute, also die einfachen RussInnen, zu sekkieren; und das mit dem Ziel, möglichst alle von ihnen aus den Ländern der EU zu treiben. Als einfachstes Mittel zur Erreichung dieses Zwecks beschränkte man anfangs die Ausstellung von Visa, später die Einfuhr von Geld, um in einer weiteren Phase russische Pkw zu beschlagnahmen sowie etwaigen noch immer nicht vom Russenhass im Westen überzeugten Einreisenden ihre Kleidungsstücke und Zahnpasten wegzunehmen.

Wer seit Oktober 2022 als russischer Staatsbürger mit einem Schengen-Visum beispielsweise nach Berlin fahren will, muss die Bestätigung einer in Deutschland tätigen Bank vorlegen sowie seine Kontoauszüge der vergangenen drei Monate, aus denen hervorgeht, dass er sich die Reise leisten kann.[400] De facto ist dies nicht realisierbar. Zum einen wird die Reise dadurch erschwert, dass keine direkten Flug- und Zugverbindungen zwischen Moskau und Berlin bestehen. Man muss also über Belgrad, Istanbul oder Kairo fliegen. Wirklich kompliziert wird es dann mit den finanziellen Mitteln, die für so eine Reise notwendig sind. Russische Banken wurden schon längst aus der EU vertrieben, Kreditkartenfirmen wie Visa oder Mastercard haben den russischen Markt verlassen, die »Mir«-Card wird in Deutschland nicht akzeptiert. Auf einer deutschen Bank hat der durchschnittliche Russe üblicherweise kein Konto. Bleibt als einzige Lösung ein Konto z. B. auf einer türkischen Bank, die auch in Deutschland Filialen betreibt und bei der man mindestens drei Monate lang Kunde war. Das nützt dann nichts mehr, wenn viele EU-Staaten generelle Einreiseverbote gegen Russinnen und Russen verhängen. Ab September 2022 wiesen Polen und die baltischen Staaten Russen

400 https://www.berliner-zeitung.de/politik-gesellschaft/visaerleichterungsabkommen-eu-russland-einreise-fast-unmoeglich-russland-staunt-ueber-deutschlands-neue-tourismus-regeln-li.277873 (26.4.2024)

und Weißrussen an der Grenze ab, Tschechien und Belgien folgten ihnen kurz darauf.

Den Russenhass ins Persönliche trugen dann Beamte nicht nur des deutschen Zolls, als in mehreren Ländern damit begonnen wurde, Pkw mit russischen Nummernschildern zu beschlagnahmen. Und das auch mitten auf Parkplätzen in Köln, Frankfurt und Hamburg. Erste Fälle dieser besonderen Art von Diebstahl, der sich hinter dem Begriff »Sanktion« verbirgt, wurden in Deutschland bereits im Juli 2023 bekannt. »Zollbeamte haben mehrere Fahrzeuge mit russischen Kennzeichen beschlagnahmt«, schrieb dazu der *Spiegel* am 6. Juli 2023.[401]

Das russische Generalkonsulat in Bonn warnt in einem Schreiben vom 3. Juli 2023 seine Bürger vor der »Beschlagnahme der Fahrzeuge mit russischen amtlichen Kennzeichen durch die Zollbehörde: Achtung!«, heißt es dort, »die deutsche Zollbehörde hat begonnen, Fahrzeuge mit russischen amtlichen Kennzeichen, die sich auf dem Gebiet des Landes befinden, zu konfiszieren. Diese Maßnahmen werden von der deutschen Seite gemäß der Verordnung (EU) Nr. 833/2014 des Rates ›Über restriktive Maßnahmen angesichts der Handlungen Russlands zur Destabilisierung der Lage in der Ukraine‹ durchgeführt, die die Einreise und den Import russischer Fahrzeuge in das Gebiet der EU verbietet.«[402] Die Verordnung ist zu diesem Zeitpunkt neun Jahre alt, sie stammt aus dem Jahr 2014. Warum der deutsche Zoll sie so spät entdeckt, um private Autos zu beschlagnahmen, erschließt sich einem erst nach einer neuerlichen Durchsicht des endlos langen Dokuments. Die Verordnung wurde am 8. April 2022 ergänzt, im Anhang XXI wird praktisch alles zum verbotenen Warenimport erklärt, was aus Russland kommt.[403] Der russische Generalkonsul empfiehlt jedenfalls seinen Staatsbürgern »dringend, von der Einreise in das EU-Gebiet mit Fahrzeugen mit russischen amtlichen Kennzeichen abzusehen.«[404]

Zur Klarstellung trägt die EU-Kommission am 8. September 2023 bei. Sie fordert von den Mitgliedstaaten, die eine Grenze zu Russland haben,

401 https://www.spiegel.de/panorama/sanktionen-gegen-russland-deutscher-zoll-konfisziert-russische-autos-a-a6a68630-e212-420e-baac-0e96d8b5e911 (26.4.2024)

402 https://bonn.mid.ru/de/pressemitteilungen/zur_beschlagnahme_der_fahrzeuge_mit_russischen_amtlichen_kennzeichen_durch_die_deutsche_zollbeh_rde/ (26.4.2024)

403 https://eur-lex.europa.eu/legal-content/EN/TXT/?uri=CELEX%3A32022R0576# (26.4.2024)

404 https://bonn.mid.ru/de/pressemitteilungen/zur_beschlagnahme_der_fahrzeuge_mit_russischen_amtlichen_kennzeichen_durch_die_deutsche_zollbeh_rde/ (26.4.2024)

»Autos von russischen Staatsangehörigen bei einer Einreise zu beschlagnahmen«, weil »im Rahmen der gegen Moskau verhängten Sanktionen vorübergehend keine persönlichen Güter und Fahrzeuge in die EU eingeführt werden dürfen.«[405] Das geht noch über die zuvor geübte Praxis hinaus und betrifft theoretisch (und praktisch?) auch Kraftfahrzeuge mit deutschen Kennzeichen, die einem russischen Halter gehören. Um Europas Grenzraum zu Russland vollständig zu schließen, schloss sich auch das Nicht-EU- aber NATO-Land Norwegen der Brüsseler Zwangsmaßnahme an.[406]

Mit der Verschärfung der Sanktionen vom 8. September 2023 schoss so mancher Zollbeamte über das von Brüssel intendierte Ziel hinaus. Tatsächlich war die Einreise über Land nur mehr über einzelne Buslinien möglich, wie z. B. jene zwischen Riga und Sankt Petersburg oder jene zwischen Berlin und Kaliningrad. Bei diesen Reisen kam und kommt es an der Grenze regelmäßig – nebst oft ungewöhnlich langen Aufenthalten – zur Durchsuchung des Gepäcks. Dabei wurde der im EU-Sanktionstext verwendete Begriff »persönliche Güter« immer wieder mal sehr weit ausgelegt. Es kam zur Abnahme von Mobiltelefonen, Kleidungsstücken, Zahnpasta und anderen Hygieneartikel. Das ging sogar der EU-Kommission zu weit, die die Mitgliedstaaten daran erinnerte, die Sanktionen »vernünftig« anzuwenden: »Bei Waren, bei denen nur geringe Bedenken hinsichtlich der Umgehung (der Sanktionen) bestehen, wie z. B. bei persönlichen Hygieneartikeln oder Kleidung, die von Reisenden getragen oder in ihrem Gepäck gefunden werden und die ausschließlich für den persönlichen Gebrauch während der Reise bestimmt sind, sollten die zuständigen nationalen Behörden das Verbot weiterhin in vernünftiger Weise anwenden.«[407] Überprüft werden die Schikanen freilich nicht.

Im Gegenteil: Vor Weihnachten war es wieder der deutsche Zoll, der sich eine weitere Bosheit gegen Russen ausdachte. Er definierte Geschenke als verbotene Warenimporte und setzte sie damit dem

405 https://www.euractiv.de/section/eu-aussenpolitik/news/eu-kommission-russische-autos-sollen-an-grenze-beschlagnahmt-werden/ (26.4.2024); siehe auch: https://www.anti-spiegel.ru/2023/wie-das-einfuhrverbot-russischer-autos-in-den-eu-staaten-umgesetzt-wird/ (26.4.2024)

406 https://www.euractiv.de/section/europa-kompakt/news/kreml-veraergert-norwegen-folgt-eu-einreiseverbot-fuer-russische-autos/ (26.4.2024)

407 Zit. in: https://www.anti-spiegel.ru/2023/die-eu-kommission-hat-die-eu-laender-aufgefordert-jeden-fall-zu-pruefen-wenn-russen-mit-persoenlichen-gegenstaenden-in-die-union-einreisen/ (26.4.2024)

Sanktionsregime aus. Im Annex XXIII der EU-Verordnung 833/2014, erweitert im April 2022, werden Hunderte Waren aufgeführt, deren Einfuhr in die Europäische Union verboten ist; so beispielsweise auf der »Liste der Güter und Technologien«, bei der sich die Wirtschaftskrieger so richtig austobten. Die dortige Nr. 5908–00 umfasst u. a.: »Dochte aus Spinnstoffen, gewebt, geflochten oder gewirkt, für Lampen, Öfen, Feuerzeuge, Kerzen oder dergleichen; Gasglühstrümpfe und schlauchförmige Gewirke für Gasglühstrümpfe, auch getränkt (ausg. mit Wachs überzogene Spitzdochte), Lunten und Zündschnüre, Dochte in Form von Spinnstoffgarnen und Glasfaserdochte.«[408] Mit solchen Waren auf der schwarzen Liste, so der deutsche Zoll, konnte man den letzten Resten eines Austausches zwischen Deutschen und Russen den Garaus machen. Und das knapp vor Heiligabend. »Dochte mit Spinnstoffen für Kerzen« als beliebtes Weihnachtsgeschenk fiel somit unter die Sanktionen. Ob russische Duftkerzen in der Folge die Haushalte von Zöllnern in weihnachtliche Stimmung versetzt haben, hing wohl von deren Pflichtbewusstsein ab. Dieses könnte möglicherweise in Zeiten, in denen der Diebstahl an russischem Eigentum von oben dekretiert wird, im unteren Beamtensektor erodiert sein.

408 https://eur-lex.europa.eu/legal-content/EN/TXT/?uri=CELEX%3A32022R0576# (26.4.2024)

Moskaus Gegenwehr

Einfuhrverbot für Agrargüter

Etwas mehr als drei Monate brauchte der Kreml, um auf die ersten Wirtschaftssanktionen des Westens, die Ende April 2014 unter anderem den russischen Bankensektor sowie die Öl- und Gasfördertechnologien betrafen, zu reagieren. Am 6. August 2014 schlug Moskau erstmals zurück und verhängte ein selektives Importverbot für Agrarprodukte. Produzenten aus Ländern, die den Wirtschaftskrieg gegen Moskau losgetreten hatten, blieb der russische Markt versperrt. Das waren neben der Europäischen Union und den USA Australien, Kanada und Norwegen. Fleisch, Milch- und Milchprodukte wie Käse, Obst, Gemüse, Nüsse und Fische aus diesen Ländern durften nicht mehr nach Russland eingeführt werden.

Der Kreml griff dabei auf eine wirtschaftspolitische Strategie zurück, die er bereits im Vorfeld des Kampfes um die EU-europäischen Assoziierungsabkommen praktiziert hatte. Auch damals nutzte er Einfuhrgenehmigungen für landwirtschaftliche Güter als Druckmittel. Um das kleine Moldawien aus dem Einflussbereich der Europäischen Union fernzuhalten, brach Russland einen Weinkrieg vom Zaun. Moldauischer Wein hatte in der ganzen Sowjetunion einen hervorragenden Ruf genossen. Nach dem Zerfall des KP-Reiches in 15 Nationalstaaten wusste Moskau diesen für seine Interessen zollpolitisch zu nutzen. Seit 2006 erließen die russischen Behörden immer wieder Einfuhrverbote für moldauischen Wein.[409] Als vorgeblichen Grund nannten sie eine zu hohe Schadstoffbelastung. Tatsächlich kam die Importsperre einer Machtdemonstration Moskaus gleich, um damit dem vom Agrarexport abhängigen Moldawien aufzuzeigen, wohin die geopolitische Reise gehen sollte.

Im Jahr 2014 war die Dimension ökonomischer Zwangsmaßnahmen freilich eine völlig andere. Diesmal stand Russland der gesamten transatlantischen Gemeinschaft gegenüber. Die Strategie des Kremls, den

409 https://www.vinum.eu/ch/yoopress-news/weinwirtschaft/2010/russischer-weinkrieg-gegen-die-republik-moldau/ (1.5.2024)

Westsanktionen auf dem Feld der Landwirtschaft zu begegnen, war klug gewählt. Und es zeigte sich sehr bald, wie anpassungsfähig der russische Lebensmittelmarkt war. Mehr noch: Die Importausfälle für die oben erwähnten Agrargüter konnten rasch kompensiert werden. Sie stärkten den russischen Primärsektor, indem Importe durch heimische Erzeugnisse substituiert wurden; wo dies nicht gelang, traten Lieferanten aus befreundeten Ländern auf. Die russische Landwirtschaft erlebte einen regelrechten Aufschwung. Lokale Äpfel ersetzten polnische Importware; statt holländischer Butter kaufte man belarussische; Orangen kamen nicht mehr aus Italien, sondern aus Marokko; ausländischer Käse in den Supermarktregalen stammte aus der Schweiz – die den Sanktionen 2014 noch nicht beigetreten war – statt aus Frankreich; und serbische Zwischenhändler entwickelten eine eigene Fertigkeit der Umetikettierung.

Ein Lokalaugenschein im August 2015 – ein Jahr nach Inkrafttreten des russischen Importverbots für Agrarprodukte – konnte keine Mängel bei der Versorgung mit Lebensmitteln feststellen.[410] Im Hypermarché der französischen Supermarktkette Auchan an der Moskauer Metrostation Bratislawskaja im Südosten der Hauptstadt herrschte der übliche Kaufrausch, allenfalls die Äpfel wirkten ein wenig schrumpelig und beim Käse war die Auswahl schon mal größer gewesen. Die Auchan-Gruppe gehört – nebenbei bemerkt – zu den wenigen europäischen Großmärkten, die selbst nach den verschärften Westsanktionen im Jahr 2022 in Russland geblieben sind.

Auch außerhalb Moskaus, beispielsweise in der Industriestadt Jaroslawl, konnten sich die Konsumenten nicht beklagen. Auf dem größten Platz der Stadt trafen wir auf eine Mischung aus Erntedankfest und Agrarmesse. Hunderte genossenschaftliche und private Aussteller verkauften alles, was Bauern im Umkreis von 50 Kilometern an Lebensmitteln erzeugten. Man hatte den Eindruck, dass den Menschen die neue Lage bewusst war und sie darauf mit der Einstellung »wir versorgen uns selbst« reagierten.[411]

Dem persönlichen Erleben auf den Märkten entsprach auch die Einschätzung des Moskauer »Instituts für Weltwirtschaft und internationale

410 Siehe auch: Hannes Hofbauer, Feindbild Russland. Geschichte einer Dämonisierung. Wien 2016, S. 252
411 Ebd., S. 253

Beziehungen« (IMEMO), einem von staatlicher Seite gut dotierten Thinktank. Im dortigen Zentrum für Europastudien sprachen wir mit Direktor Aleksej Kusnezow.[412] Er rückte das im Westen vorherrschende Bild von einer russischen Wirtschaft zurecht, die auf Erdöl und Erdgas basieren würde. »Beim Export dominieren die Energiestoffe zu zwei Dritteln«, räumte er ein, »aber beim russischen Bruttoinlandsprodukt nehmen Öl und Gas nur 10 % ein.« Was den Lebensmittelmarkt betrifft, so Kusnezow weiter, konnten binnen Jahresfrist so gut wie alle Produkte substituiert werden, entweder durch eigene Produktionen oder dadurch, dass »wir Lebensmittel aus China, afrikanischen Ländern wie Marokko importieren oder nachhaltige Lieferketten auch mit Lateinamerika entwickeln«. »Russische Produkte«, so der Ökonom im August 2015, »mögen zwar in vielen Fällen im Westen nicht konkurrenzfähig sein, aber zu Hause sind sie es sehr wohl« … den Importsperren als Antwort auf die westliche Sanktionspolitik sei Dank.

Die russischen Importverbote für landwirtschaftliche Produkte haben der Europäischen Union im Folgejahr einen Schaden von 5 Milliarden Euro zugefügt, insbesondere betroffen waren Bauern und Händler aus Polen, Litauen, den Niederlanden und Deutschland.[413]

Im Herbst 2021 veröffentlichte das Moskauer Plechanow-Institut, benannt nach dem sozialrevolutionären Marxisten Georgi W. Plechanow, eine Studie zu den Erfolgen der Importsubstitution. Ihr zufolge gelang es in den meisten Bereichen, Lebensmittel aus dem Westen durch heimische Produkte zu ersetzen. Insgesamt konnte ein Rückgang bei der Einfuhr von Agrargütern verzeichnet werden. Diese sank von 43 Milliarden US-Dollar im Jahr 2013 auf 25 Milliarden US-Dollar im Jahr 2017. Damit überstiegen die russischen Landwirtschaftsexporte mit 30,6 Milliarden US-Dollar erstmals die Importe.[414] Zum größten Teil war diese Umkehr vom Importeur zum Exporteur dem Weizen geschuldet. Die russische Rekordernte des Jahres 2017 brachte auch die US-Weizenverbände ins Schwitzen. Das *Wall Street Journal* bemerkte dazu: »Die 83 Millionen

412 Gespräch mit Aleksej Kusnezow am 28. August 2015 in Moskau.

413 https://www.bpb.de/themen/europa/russland-analysen/nr-293/203822/analyse-russlands-importverbot-fuer-agrarprodukte-und-die-folgen-fuer-die-russischen-und-europaeischen-agrarmaerkte/ (31.5.2024)

414 Studie »Made in Russia«, zit. in: *Die Presse* vom 13. Oktober 2021

Tonnen Weizen, die russische Landwirte in dieser Saison ernteten, haben den Wiederaufstieg des Landes als landwirtschaftliche Supermacht gefestigt und den Druck auf die US-Landwirte erhöht, die 2017 weniger Weizenflächen als je zuvor ausgesät haben.«[415]

Das Jahr 2024 brachte wieder eine Rekordernte für Weizen, wie die Nachrichtenagentur *RIA-Nowosti* berichtete. Mit über 53 Millionen Tonnen lag man um 10 % über dem Vorjahr; und erstmals in der Geschichte stieg der Export des wichtigen Lebensmittels auf einen Rekordwert von über 25 % der weltweiten Getreideausfuhren.[416]

Wie sich die neue Agrarpolitik des Kremls konkret und im großen Stil auch innenpolitisch auswirkte, zeigt das Beispiel von »Black Earth Farming«. Der mit schwedischem Kapital der Investmentfirma Kinnevik AB gegründete Agrarriese nahm seit 2005 300.000 Hektar Land in der Schwarzmeerregion unter den Pflug. Unter anderem garantierte ihm ein Exklusivvertrag mit Pepsi Cola den Absatz von Zuckerrüben und Kartoffeln. Darüber hinaus machte er das große Geschäft mit Winterweizen und Ölsaaten.[417] »Black Earth Farming« galt Kritikern des billigen Ausverkaufs von Grund und Boden, wie er vor allem in Afrika und Osteuropa stattfindet, als typisches Landgrabbing-Unternehmen. Die russische Antwort auf die ökonomischen Sanktionen des Westens zwang »Black Earth Farming«, das Land zu verkaufen. Für 200 Millionen US-Dollar (plus einem nicht näher definierten Schuldenstand) schlug der 64-jährige Oligarch Sergej Kukura zu.[418] Als Vizepräsident des Mineralölkonzerns Lukoil hatte er genug Geld angehäuft, um groß in die Agrarbranche einzusteigen. Der Eigentümerwechsel vom schwedischen Investor zum russischen Oligarchen war ganz im Sinne des Kremls, einheimisches Kapital vom Sanktionsregime profitieren zu lassen.

Aus der oben erwähnten »Made-in-Russia«-Studie geht hervor, dass es nach wenigen Jahren gelungen war, den Markt für landwirtschaftliche Produkte – ohne Westimporte – zu stabilisieren. So z. B. kommt Fleisch und Milch vornehmlich aus belarussischen Kolchosen, Brotgetreide von

415 https://www.wsj.com/livecoverage/russia-ukraine-latest-news-2022-03-01/card/ukraine-war-lifts-wheat-prices-to-highest-since-2008-9nuaCPvbPy5IS4NfQ4Fz (3.5.2024)

416 Zit. in: http://freedert.online/russland/206930-russland-deckte-heuer-zum-ersten/ (30.5.2024)

417 https://en.wikipedia.org/wiki/Black_Earth_Farming (3.5.2024)

418 https://www.farmlandgrab.org/post/26930-black-earth-farming-unveils-200m-sell-out-to-russian-buyer (3.5.2024)

russischen Feldern, Fisch aus dem hohen Norden Russlands und Gemüse aus der Türkei. Letztere ist für viele landwirtschaftliche Erzeugnisse, vor allem für Obst und Gemüse, zur wichtigsten Lieferantin geworden; im Jahr 2021 gingen 30 % des türkischen Exports von Frischwaren nach Russland.[419]

Bereits Ende November 2014 hatte der russische Außenminister Sergej Lawrow die neue, eigenständige russische Wirtschaftspolitik, wie sie sich im Agrarsektor erstmals niederschlug, mit einem geopolitischen Statement untermauert. »Business as usual wird es nicht mehr geben«, meinte er. »Wir brauchen die Art von Geschäften, die es bislang gegeben hat, nach dem Motto ›Russland muss dies tun und muss das tun‹ nicht mehr. Wir wollen als Gleichberechtigte kooperieren.«[420] Mit Ländern wie der Türkei und China scheint das einfacher als mit den USA und der EU.

Die kleine Flucht der Westfirmen

»Neue US-Sanktionen lösen Crash an Moskauer Börse aus.«[421] Mit dieser Meldung wollte der *Spiegel* Anfang April 2018 die Aufmerksamkeit seiner LeserInnen erregen. Dahinter stand der Wunsch als Vater der Überschrift. Tatsächlich entpuppte sich der beschriebene Kurssturz an der Moskauer Börse als kurzfristig. Russlands Banken befanden sich zu diesem Zeitpunkt bereits seit vier Jahren im Fadenkreuz der westlichen Sanktionsmaschine, allen voran die Sberbank. Ihr Wertverlust an der Börse war beträchtlich und machte satte 20 % aus. Einen extremen Schock lösten die US-Sanktionen vom 6. April 2018, die hinter der reißerischen *Spiegel*-Überschrift standen, vor allem beim Aluminiumkonzern Rusal aus, der Cash-Cow des eben sanktionierten russischen Oligarchen Oleg Deripaska. Washington hatte die Beschlagnahmung von Rusal angekündigt, kurze Zeit darauf das Vorhaben aber ausgesetzt, weil als Reaktion die Aluminiumpreise auf dem Weltmarkt dermaßen in die Höhe schossen, dass große US-Unternehmen daran zugrunde gegangen

419 https://www.freshplaza.de/article/9405442/turkei-und-russland-sind-im-obst-und-gemusehandel-stark-voneinander-abhangig/ (3.5.2024)

420 http://rt.com/news/207929-russia-business-unsual/ (22.11.2024)

421 https://www.spiegel.de/wirtschaft/unternehmen/russland-neue-us-sanktionen-loesen-crash-an-moskauer-boerse-aus-a-1201971.html (3.5.2024)

wären. Der herbeigeschriebene Moskauer Börsencrash währte jedenfalls nicht lange.

Was Medien wie der *Spiegel* und viele andere mit ihrem permanenten Russland-Bashing allerdings bewirkten, war, gehörigen Druck gegen möglichst jede Form der Zusammenarbeit mit russischen Unternehmen aufzubauen. Nach dem 24. Februar 2022 sollte diesem Druck niemand mehr standhalten können. Es wurde geradezu als moralisch verwerflich dargestellt, mit russischen Partnern weiterhin zusammenzuarbeiten. Eine Handvoll Russland-hassende Nichtregierungsorganisationen sowie entsprechende Zurufe aus grünen, sozialdemokratischen und christlich-konservativen Milieus und Parteien halfen bei der Feindbild-Produktion. Geradezu panikartig verließen daraufhin im Frühjahr 2022 eine Reihe von Weltkonzernen den russischen Markt. Volkswagen, Ikea, Swarovski und H&M gehörten zu den ersten in Europa, die einen Abbruch aller Beziehungen mit russischen Partnern verkündeten. Jenseits des Atlantiks taten es ihnen McDonalds, Starbucks, Amazon und Microsoft gleich. Man erhoffte sich damit in den Konzernzentralen, einen durch die aufgeheizte antirussische Stimmung drohenden Imageschaden vermeiden zu können.

Nach der ersten Flucht beruhigte sich die Szene. Unternehmen, die auf heimischen Konsummärkten nicht vertreten oder nur einem kleineren Kreis bekannt waren, sahen ohnehin keinen Grund, ihr Geschäft in Russland den dortigen Konkurrenten zu überlassen. Andere zeigten Durchhaltevermögen und vermieden eine Panikreaktion. Eine Studie der Schweizer Universität St. Gallen hat neun Monate nach dem Einmarsch der russischen Armee in die Ukraine das Verhalten westlicher Konzerne in Russland statistisch ausgewertet. Sie kommt zu dem Schluss, dass nur eine vergleichsweise geringe Anzahl das Feld räumte. »Von den insgesamt 1.404 EU- und G7-Unternehmen mit aktiven Investitionen in Russland vor dem Einmarsch in die Ukraine konnten wir feststellen, dass bis Ende November 2022 insgesamt 120 das Land tatsächlich verlassen haben.«[422] Das waren 8,5 %. Im Ländervergleich zeigte sich, dass US-Unternehmen häufiger ihre Pforten in Russland schlossen (25 %) als deutsche (12 %). Bis Februar 2024 hat sich die Situation kaum verändert. Laut »Kyiv

422 https://papers.ssrn.com/sol3/papers.cfm?abstract_id=4322502 (3.5.2024)

School of Economics« waren es bis zu diesem Zeitpunkt 10 %, die dem russischen Markt den Rücken zugekehrt haben, und zwar in zwei Wellen von Mai bis Juni 2022 und von Jänner bis April 2023.[423]

Wie sich die russische Seite mit der neuen Situation arrangierte, welche Strategien gegen die fortschreitende Sanktionspolitik des Westens entwickelt wurden und wer davon profitierte, dem werden wir uns in der Folge widmen. Eine Erkenntnis sei vorweggenommen: Die Wirtschaft wurde nicht ruiniert, das Land ökonomisch nicht isoliert und die Menschen entwickelten eine nicht vorhersehbare Flexibilität im Umgang mit dem härtesten Wirtschaftskrieg, den der Westen seit 1945 führt. Oder wie es die Moskauer Starökonomin und Wirtschaftsgeografin Natalija Subarewitsch, Lehrstuhlinhaberin an der Lomonossow-Universität, geradezu literarisch ausdrückte: »Ich komme aus dem Staunen nicht heraus, wie diese Leute sich halten. Sie haben durch die vielen Krisen eine solche Kompetenz darin erworben, bei unbekannten Situationen sehr schnell zu verstehen, was zu tun ist. Würde man aus solchen Leuten Nägel machen, würde es wohl keine besseren Nägel auf der Welt geben, könnte man mit dem Schriftsteller Wladimir Majakowskij sagen.«[424]

Importsubstitution und Parallelimporte

So rasch Russland auch landwirtschaftliche Importe aus westlichen Sanktionsländern durch einheimische Produkte oder durch Einfuhren aus Russland-freundlichen Ländern ersetzen konnte, im Industriebereich gelang dies nicht im gleichen Ausmaß und dauerte länger. Als Triebkraft fungierte der Rüstungssektor. In diesem hatte es in den Jahrzehnten zuvor kaum eine Abhängigkeit vom Westen gegeben, weswegen er sich besonders eignete, um von dort aus auch zivile Sektoren zu »russifizieren«.

Der Direktor des »Russischen Rates für Auswärtige Beziehungen«, Iwan Timofejew, gesteht ein, dass die »Verteidigungsindustrie zu den Wirtschaftsfaktoren beiträgt, die belebend wirken«,[425] wiewohl das Adjektiv »belebend« in diesem Zusammenhang ohne Zynismus schwer zu ertragen ist. Doch der militärisch-industrielle Komplex schiebt tatsächlich

423 *Die Presse* vom 30. April 2024

424 Interview mit Natalja Subarewitsch, in: *Die Presse* vom 24. Februar 2024

425 »Die Alternative wäre der Tod«. Interview mit Iwan Timofejew, in: *Der Freitag* vom 27. März 2024

auch die zivile Produktion an, z. B. in der Flugzeugindustrie: US-amerikanische und EU-europäische »Zivilflugzeuge wurden nicht mehr geliefert. Wir hatten daher einfach keine andere Wahl, als die eigene Luftfahrtindustrie wiederzubeleben«, meint Timofejew. Neben dem Ankurbeln eigener Produktionsschienen war der vom Westen vorhergesagte Zusammenbruch des russischen Flugverkehrs auch an einer besonderen Maßnahme gescheitert, die sich der Kreml als Antwort auf die Lande- und Überflugverbote russischer Airlines in Europa und Amerika ausgedacht hatte: Die Behörden ließen alle 400 über Westfirmen geleasten Maschinen beschlagnahmen.[426] Ein paar von ihnen dienten als Ersatzteillager, die meisten fliegen wie eh und je im größten Land der Welt herum oder bringen russische Touristen in die Türkei, auf die Malediven oder nach Dubai.

Auch dem von Brüssel und Washington verhängten umfassenden Exportverbot für immer mehr industrielle Erzeugnisse kann Timofejew eine positive Seite abgewinnen: »Dann wurde der Bezug Hunderter von Industriegütern für Russland verboten. Was geschah?«, fragt sich der Leiter der Denkfabrik, »sie wurden teils durch chinesische Waren ersetzt. Aber es profitieren auch russische Unternehmen, die vor den Sanktionen viel westliche Konkurrenz hatten. Natürlich können ihre Produkte teurer oder von verminderter Qualität sein, dennoch erobern sie nun Marktanteile.«[427]

Ins selbe Horn stößt auch der US-amerikanische Wirtschaftswissenschaftler James Galbraith. In seiner Studie »Das Geschenk der Sanktionen« vom April 2023 kommt er zum Ergebnis, dass Russland nichts Besseres hätte passieren können, als durch äußeren Druck seine inneren – ökonomischen – Kräfte zu stärken und die Wirtschaft insgesamt zu diversifizieren.[428] Ein Land wie Russland, das ein Sechstel der Erdmasse bedeckt, fast 150 Millionen EinwohnerInnen hat und über ein Viertel der Weltressourcen verfügt, so Galbraith weiter, kann man wirtschaftlich nicht in die Knie zwingen.[429]

426 *Die Presse* vom 5. August 2023

427 »Die Alternative wäre der Tod«. Interview mit Iwan Timofejew, in: *Der Freitag* vom 27. März 2024

428 James K. Galbraith, Gift of Sanctions: An Analysis of Assessment of the Russian Economy, 2022–2023. Working paper, April 2023, siehe: https://www.ineteconomics.org/research/research-papers/the-gift-of-sanctions-an-analysis-of-assessments-of-the-russian-economy-2022-2023 (31. 5. 2024); siehe auch: Ulrike Simon, Liebesgrüße an Moskau, in: *Makroskop* vom 26. April 2024: https://makroskop.eu/13-2024/liebesgrusse-an-moskau/ (31. 5. 2024)

429 Ebd.

Der russische Auslandssender *RT* widmet dem Thema Importsubstitution eine eigene Sendereihe. »Russland danach« wird teuer produziert. In vielen Folgen durchquert ein Team mit der bekannten Journalistin Margo Zvereva das Riesenland in einem brandneuen Niva-Geländewagen und besucht Produktionsstätten jener Branchen, die die Sanktionspolitik nutzen, um einheimische Produkte auf den Markt zu bringen. In einer der Sendungen besucht Zvereva mit ihren Kollegen eine Käserei in Istra nordwestlich von Moskau und spricht mit dem jungen Gründer des Großbetriebes, Oleg Sirota. In seinen Hallen lagern 50.000 Laibe Hartkäse, der nach Rezepten des Schweizer Bergkäses hergestellt wird.[430]

Die Reihe »Russland danach« – gut gemacht und durchaus in propagandistischer Absicht – zeigt, wie Importsubstitution funktioniert. Ein ähnliches Ergebnis in einer ganz anderen Branche lieferte der Russland-Korrespondent des Portals *NachDenkSeiten*, Ulrich Heyden.[431] Er besuchte im April 2024 den Kosmetik-Produzenten Arnest im Gebiet Stawropol. Deutschsprachigen LeserInnen mag der Firmenname nichts sagen, allerdings haben in der Vergangenheit viele von uns seine Produkte konsumiert. Unter dem Label »Taft« kam der dort hergestellte Haarlack ebenso in westeuropäische Regale wie Markenprodukte von Unilever, Procter & Gamble, Beiersdorf, L'Oreal oder Colgate-Palmolive. Seit dem Jahr 2000 zählte der 1971 gegründete Betrieb mit zurzeit über 1000 Beschäftigten viele westliche Konzerne zu seinen Kunden. Arnest bekam das gesamte Spektrum der westlichen Sanktionen zu spüren. So kündigten Abnehmer die Verträge und Lieferanten stellten die Anlieferung von Vorprodukten ein. Das heißt, die Geschäftsführung musste sich neue Kunden suchen und vor allem chemische Vorprodukte aus Russland besorgen oder aus Asien importieren. Der Druck, unter diesen Bedingungen wirtschaftlich überleben zu müssen, stärkte die innovativen Kräfte und führte auch zu einem neuen Selbstbewusstsein unter der Belegschaft.

Im Schutz der Abschottung, die im Fall Russland seit 2014 von außen betrieben wird, gelingen technologische und betriebswirtschaftliche Aufholprozesse. Und es gibt noch einen weiteren Effekt: Russland erlebt einen Wachstumsboom, der sich auch auf dem Arbeitsmarkt

430 https://de.rt.com/programme/russland-danach/ (30.5.2024)

431 Ulrich Heyden, Neue Wege in der russischen Wirtschaft, dargestellt am Beispiel einer Kosmetik-Fabrik. In: https://www.nachdenkseiten.de/?p=114062 (31.5.2024)

niederschlägt. Nicht zuletzt dadurch, dass viele junge Männer als Soldaten an der Front dienen, herrscht eine starke Nachfrage nach Arbeitskräften. »Die Wirtschaft saugt Arbeitskräfte wie ein Staubsauger«, sagt Timofejew, »die Arbeiter aus Zentralasien reichen nicht mehr, man erwägt, Arbeitskräfte aus Indien einzuladen.« Eine unmittelbare Folge davon sind eklatante Lohnsteigerungen, wie die Moskauer Ökonomin Natalja Subarewitsch ergänzt: »Bei denen, die in der Rüstungsindustrie arbeiten, stiegen die Löhne schon im Herbst 2022 um 100 bis 150 Prozent. Das und der extreme Arbeitskräftemangel treibt die Löhne auch in anderen Unternehmen.«[432] Dass die Einkommen in den Familien der in Frontregimentern dienenden Vertragssoldaten sprunghaft angestiegen sind, kommentiert Subarewitsch trocken: »Solche Löhne haben sie ihr Leben lang nicht gesehen.« Man möchte hinzufügen, dass viele von ihnen dieses Leben nicht mehr werden genießen können.

Der qua Sanktionsdrohung sowie moralischem Druck erfolgte Auszug westlicher Firmen aus Russland öffnete heimischen Produzenten lukrative Geschäftsfelder. Eine Untersuchung der *New York Times* vom 17. Dezember 2023 zeigte, »wie Putin ein erwartetes Unglück in ein Bereicherungsprogramm verwandelt hat. Laut einer Analyse von Finanzberichten durch die Times haben westliche Unternehmen, die ihren Rückzug angekündigt haben, seit Beginn des Krieges mehr als 103 Milliarden Dollar an Verlusten erlitten.«[433] Wie der Weggang die Betriebe der russischen Staatsseite teuer zu stehen kam, soll weiter unten noch eingehend behandelt werden. Im Fall von US-Firmen errechnete die *New York Times* folgende Bilanz: »Putin hat den Unternehmen einen möglichst großen Teil dieses Reichtums abgepresst, indem er ihnen die Bedingungen für ihren Abgang diktierte. Außerdem hat er diese Abgänge mit immer höheren Steuern belegt, die im vergangenen Jahr mindestens 1,25 Milliarden Dollar für Russlands Kriegskasse einbrachten.«[434]

Allen Westsanktionen zum Trotz mangelt es in Russland kaum an etwas. Das ist vor allem Umgehungskonstruktionen im Welthandel geschuldet, die in der Fachsprache auch »Parallelimporte« genannt werden.

432 Interview mit Natalja Subarewitsch, in: *Die Presse* vom 24. Februar 2024

433 https://www.nytimes.com/interactive/2023/12/17/world/putin-companies-economy-boycott-elites-benefit-ukraine-war.html (3.5.2024)

434 Ebd.

Nach Schätzungen der russischen Zentralbank lag der Wert importierter Waren und Dienstleistungen im Jahr 2022 trotz all der verordneten Sanktionspakete bei 346 Milliarden US-Dollar, das waren gerade einmal 9 % weniger als 2021.[435]

Der in Washington beheimatete Thinktank »Silverado Policy Accelator«, der über seinen Gründer und Geldgeber Dimitri Alperowitsch mit der Homeland Security der USA verbunden ist, veröffentlichte Ende Januar 2023 eine Studie, aus der die geänderten ökonomischen Kreisläufe im Weltmaßstab hervorgehen.[436] Staaten wie China, die Türkei und Kasachstan sind zu Handelsdrehscheiben Richtung Russland geworden. Den eigenen Zolldaten zufolge erhöhte Peking seine Exporte nach Russland im ersten Jahr nach dem Einmarsch Russlands in die Ukraine um 12,8 % auf 76 Milliarden US-Dollar, die Türkei verzeichnete sogar ein Plus von 54 % auf 8 Milliarden Euro; Kasachstan exportierte um 24 % mehr als im Jahr zuvor und Belarus steigerte seine Ausfuhren ins befreundete Nachbarland von 16,4 Milliarden US-Dollar auf 23 Milliarden US-Dollar.[437]

Während das russisch-chinesische Handelsvolumen im Jahr 2023 um 12,8 % anstieg, sank der deutsch-chinesische Warenaustausch um etwa dieselbe Prozentzahl. Im Ranking chinesischer Handelspartner haben russische Unternehmen die deutschen überholt.[438]

Anfang 2024 deckt China bereits knapp 35 % des russischen Außenhandels ab und ist für 40 % der russischen Importe zuständig.[439] Die weltpolitische Neuordnung bildet sich auch in der Beziehung der beiden Staaten ab, in der Russland den ökonomischen Juniorpartner gibt.

Zur Erleichterung der ökonomischen Umorientierung hatte die russische Regierung bereits am 30. März 2022 ein Gesetz erlassen, das sogenannte Parallelimporte möglich machte. Originalprodukte dürfen damit ohne Erlaubnis oder Kenntnis des Herstellers nach dem ersten Verkauf in einem beliebigen Land nach Russland eingeführt werden. Damit hebelte Moskau die international übliche Haftung für Markenrechte

435 Siehe: *Die Presse* vom 2. Februar 2023

436 Silverado, Russia shifting import sources amid U. S. and allied export restrictions. 2023, siehe: https://silverado.org/news/report-russia-shifting-import-sources-amid-u-s-and-allied-export-restrictions/ (3. 5. 2024)

437 Ebd.

438 *Die Presse* vom 8. November 2023

439 Interview mit Natalja Subarewitsch, in: *Die Presse* vom 24. Februar 2024

aus. Bereits im ersten Halbjahr nach Inkrafttreten dieser Art von Liberalisierung überstieg der Wert der eingeführten Parallelimporte 20 Milliarden US-Dollar. »Das waren vor allem Werkzeugmaschinen, Autos, Industrieanlagen, aber auch Waren der Leichtindustrie«, vermeldete der Chef der russischen Zollbehörde, Wladimir Bulawin.[440] Auch Hightech-Produkte wie Halbleiter und Mikrochips, die bereits seit 2014 auf westlichen Sanktionslisten stehen, fanden über Umwege nach Russland, wie das britische »Royal United Services Institute for Defense and Security Studies« (RUSI) beklagte.[441] Notebooks von Microsoft, iPhones von Apple und viele andere Markenartikel sind damit auf dem russischen Markt zu haben, zwar teurer, aber zuverlässig.

Als besonderer Effekt der Westsanktionen ergab sich, dass trotz deutlichem mengenmäßigem Rückgang EU-europäischer Exporte der Handelsumsatz 2022 um 11,7 % zulegte. Dies war dem Preisanstieg der Energieträger Öl und Gas zuzuschreiben. Marktanteilsmäßig büßten die Sanktionierer fast 20 % am Russlandhandel ein, während die Russland-freundlichen Staaten ihren Handelsanteil von 42 % auf 66 % steigern konnten.[442]

Dass Brüssel gegen Moskaus Parallelimporte nicht viel ausrichten kann, zeigt das Beispiel der französischen Russlandexporte. Der Sender *Euronews* deckte im Dezember 2023 auf, wie stark sich die Handelswege in kürzester Zeit verändert haben: »Während die französischen Exporte nach Russland zwischen 2021 und 2022 um 52 Prozent zurückgingen, stiegen die Exporte nach Kasachstan, Armenien und Kirgisien um jeweils 85 Prozent, 63 Prozent und 44 Prozent.«[443] Ganz offensichtlich war diese Steigerung nicht auf lokale Nachfrage zurückzuführen, sondern auf den Weitertransport nach Russland. Ähnliches gilt auch für Deutschland. Dort weist das Statistische Bundesamt eine extreme Steigerung der Exporte nach Kirgisien aus. Innerhalb von einem Jahr betrug dieser Anstieg 180 % und kletterte damit auf 590 Millionen Euro.[444]

440 Zit. in: *Die Presse* vom 2. Februar 2023

441 Ebd.

442 https://www.gtai.de/de/trade/russland/wirtschaftsumfeld/aussenhandelsdaten-spiegeln-russlands-abkopplung-vom-westen-wider-967952 (3.5.2024)

443 Zit. in: http://pressefreiheit.rtde.tech/international/189102-sanktionen-bruessel-kann-gegen-moskaus--parallelimprot-nichts-ausrichten/ (8.12.2023)

444 https://www.destatis.de/DE/Presse/Pressemitteilungen/2023/12/PD23_475_51.html (3.5.2024)

Im Energiesektor ersetzen chinesische und indische Abnehmer europäische Importeure von Erdöl und Erdgas. »Es war wichtig, die Lieferung dieser Rohstoffe schnell in befreundete Länder umzuleiten«, meint Iwan Timofejew vom Thinktank »Russischer Rat für Auswärtige Beziehungen«: »Nun sind China und Indien Hauptabnehmer, nicht mehr die EU. Der Handel mit China hat längst die Marke von 200 Milliarden US-Dollar pro Jahr überschritten, der mit Indien die von 50 Milliarden.«[445]

Schnäppchenjagd

»Westliche Gewinne in Milliardenhöhe sind in Russland blockiert«,[446] titelte die *Financial Times* am 17. September 2023. Grundlage für diese Meldung war ein Erlass des Kremls, der es Unternehmen verbot, Dividenden an Anteilseigner auszuschütten, die in feindlich gesinnten Ländern saßen. In anderen Worten: Gewinntransfer in Sanktionsländer wurde unterbunden. Die im Westen registrierten Mutterkonzerne von in Russland tätigen Unternehmen konnten auf dort erzielte Gewinne nicht zugreifen, eine Schreckensnachricht für globalistisch orientierte Kapitalgesellschaften.

Den Berechnungen der *Financial Times* zufolge waren es im September 2023 18 Milliarden US-Dollar, die auf diese Weise der Auszahlung an ihre Investoren harrten: »Die lokalen Erlöse von Unternehmen von BP bis Citigroup sind in Russland blockiert, nachdem Moskau ein Verbot von Dividendenzahlungen an Unternehmen aus ›unfreundlichen‹ Ländern, zu denen die USA, Großbritannien und alle Mitglieder der Europäischen Union gehören, verhängt hat«, empört sich das Finanzblatt. Der Zigarettenkonzern Philip Morris und der Sprudelwasserhersteller Pepsi Cola machten im Jahr 2022 775 Millionen US-Dollar bzw. 720 Millionen US-Dollar Gewinn in Russland und können diesen nicht außer Landes schaffen. Von Schwedens Lkw-Riesen Scania sind 620 Millionen US-Dollar blockiert, von der österreichischen Raiffeisenbank International gar 2,7 Milliarden US-Dollar. Und auch die deutsche Wintershall bekommt ihr Geld nicht aus Russland raus. Raiffeisen International,

445 »Die Alternative wäre der Tod«. Interview mit Iwan Timofejew, in: *Der Freitag* vom 27. März 2024
446 https://www.ft.com/content/fb0ab6e1-ab45-438e-b9a1-1bc352645647 (4.5.2024)

die größte westliche Kreditorganisation in Russland, meinte gegenüber der *Financial Times*, »dass ihr der Zugang zu ihren Gewinnen in diesem Land ›verwehrt‹ wurde, sie aber ihr Geschäft dort nicht aufgeben und das Geld nicht abschreiben werde. Philip Morris lehnte eine Stellungnahme ab. PepsiCo und Scania reagierten nicht auf die Bitte um Stellungnahme.«[447] Mit knapp 5 Milliarden an eingefrorenen Gewinnen stehen US-Konzerne an der Spitze des von Moskau blockierten Kapitals, gefolgt von deutschen, österreichischen und Schweizer Firmen.

Das geschäftliche Umfeld in Russland ist für Unternehmen, die ihren Sitz in westlichen Sanktionsländern haben, alles andere als einfach. Ihre Gewinne dürfen nicht außer Landes gebracht werden, vom Mutterland drohen Sanktionen, der Verkauf russischer Assets ist schwierig und äußerst teuer. Moskau versucht mit allen Mitteln, die Produktion der Ausländer im Lande zu belassen und eine Abwanderung bzw. Schließung der Betriebe zu verunmöglichen. Bereits mit Jahresende 2022 verfügte der Kreml ein halbes Verkaufsverbot. Konkret dürfen Vermögenswerte von Betrieben aus feindlich gesinnten Staaten nur unter der Bedingung verkauft werden, wenn dem – meist russischen – Käufer ein Preisnachlass von mindestens 50 % auf den durch einen russischen Gutachter geschätzten Wert gewährt wird. Die tatsächlichen Verkaufspreise liegen im Schnitt 70 % unter dem Marktwert, wie der russische Thinktank CSR vermerkt.[448]

Damit nicht genug, dachte sich die russische Führung noch eine Sondersteuer für den Verkauf ausländischer Assets aus. Diese »Wegzugsteuer« betrug anfangs 5 % vom Wert des Unternehmens und wurde im März 2023 auf 10 % erhöht.[449] »Es ist ganz offensichtlich, dass der Staat den Rückzug westlicher Firmen verhindern will«, erklärt der frühere russische Zentralbanker Oleg Vjugin gegenüber der Tageszeitung *Die Presse*. Zum erzwungenen Billigverkauf und der Sondersteuer kommt noch die den Vorgang verschleppende russische Bürokratie hinzu. »Pro Woche werden nur 13 bis 15 Anträge erledigt«, so Vjugin, der bis 2022 Aufsichtsratsvorsitzender der Moskauer Börse war.

447 Ebd.

448 https://www.gtai.de/de/trade/russland/wirtschaftsumfeld/russland-modifiziert-rueckzugsbedingungen-fuer-auslaender-985292 (4.5.2024)

449 Vgl. *Die Presse* vom 30. März 2023

Wer sich über all die Verkaufshindernisse und -restriktionen freut, sind russische private Kapitaleigner und staatliche Stellen. Sie kommen auf diese Weise billig zu straff und gewinnbringend geführten ausländischen Unternehmen. Schnäppchenjagd ist angesagt. Oder, wie es Kreml-Sprecher Dmitri Peskow ausdrückte: »Diejenigen (Unternehmen, d. A.), die gehen, verlieren ihre Position auf dem Markt. Und natürlich wird ihr Eigentum zu einem erheblichen Preisnachlass aufgekauft und von unseren Unternehmen übernommen, die das mit Freude tun.«[450]

Danone wird tatarisch

Jubelstimmung in der Pariser Konzernzentrale. Man schrieb das Jahr 1992. Erst vor wenigen Monaten war die Auflösung der Sowjetunion erfolgt, in Russland kam mit Boris Jelzin ein Mann an die Spitze des Staates, der sich viel von ausländischen Investoren versprach und US-amerikanische Berater wie die berühmt gewordenen vier US-Boys Steven Moore, George Gorton, Joe Shumate und Richard Dresner zu seinem Umfeld zählte.[451] Die russische Wirtschaft lag darnieder. Es war Zeit, den großen Aufbruch zu wagen. Im Danone-Hauptquartier wusste man, was zählte: Kapital und Schnelligkeit.

Als erster westlicher Lebensmittelkonzern auf dem russischen Markt nützte man die Startvorteile. Im Nu waren 20 Großmolkereien aufgebaut, einige wenige aus sowjetischen Beständen übernommen und dazu ein engmaschiges Vertriebsnetz geflochten. Zwölf Jahre nach Aufnahme des Russland-Geschäfts werkten 10.000 ArbeiterInnen für »Danon Rossija«,[452] ein Zehntel der weltweiten Konzernbelegschaft. Alles schien seinen kapitalistischen Gang zu gehen, die Supermarktregale waren prall mit Danone-Joghurt und -Käse gefüllt, die Aktionäre hoch zufrieden. Die ersten antirussischen Sanktionen des Westens, in denen auch Frankreich gefangen war, versuchte die Geschäftsleitung so gut es ging zu ignorieren. Auch die vermehrten Rufe aus der Heimat, sich aus »moralischen

450 http://pressefreiheit.rtde.tech/wirtschaft/190172-new-york-times-westliche-firmen-russland/ (4. 5. 2024)

451 https://taz.de/Vier-US-Boys-fuer-Boris/!1448424/ (4. 5. 2024)

452 https://de.wikipedia.org/wiki/Danon_Rossija (4. 5. 2024)

Gründen« vom russischen Markt zurückzuziehen, wurden tunlichst überhört. Bis es nicht mehr möglich war.

Der Schlag kam aus dem Kreml. Und er kam unerwartet. An einem Wochenende im Juli 2023 unterzeichnete Wladimir Putin ein Dekret, das den französischen Lebensmittelriesen Danone und den dänischen Braukonzern Carlsberg, der in Russland die bekannte Marke Baltika aufgekauft hatte, unter russische Zwangsverwaltung stellte. Diese sollte »temporär« gelten, worauf sich die Wirtschaftsseiten der westlichen Zeitungen kein Bild machen konnten. Der Ukas des Kreml-Chefs konnte nur als Antwort auf Verkaufswünsche von Danone und Carlsberg gelesen werden. »Die Aktion kam für beide Konzerne unerwartet. Die Aussichten für den Verkaufsprozess seien nun höchst ungewiss«, verlauteten die Zentralen.[453] Carlsberg hatte kurz davor einen Käufer gefunden, Danone verhandelte ebenfalls über einen Ausstieg aus dem russischen Markt. Russlands Landwirtschaftsminister Dmitrij Patruschew verhinderte entsprechende Geschäftsabschlüsse, indem er Genehmigungsverfahren in die Länge zog.

Am 18. Juli 2023 wurden der tschetschenische Agrarminister Yakub Sakrijew und der vormalige Präsident der Brauerei Baltika, Taimuraz Bolloev, als Verwalter von Danone bzw. Carlsberg eingesetzt.[454] Milch und Bier sollten auf diese Weise wieder unter russische bzw. tschetschenische Kontrolle kommen. Eine Verstaatlichung stand im Raum, obwohl der Kreml darauf beharrte, dass die Beschlagnahmung eine »temporäre« sei.

Sieben Monate später erfuhr die interessierte Öffentlichkeit, was unter dem Wörtchen »temporär« zu verstehen war. Die Verstaatlichung von Danone war jedenfalls vom Tisch. Stattdessen trat der französische Konzern – kleinlaut, aber doch – im Februar 2024 als Verkäufer seines Molkereiunternehmens auf. Den Zuschlag erhielt der aus Tatarstan stammende Geschäftsmann Mintimer Mingasow. Er war vom tschetschenischen Agrarminister und Danone-Verwalter Sakrijew in den Vorstand des Unternehmens geholt worden. Ihm gehörte der Danone-Konkurrent »Vamin Tatarstan«, ein Betrieb, der vor allem Butter und Milchpulver sowie Ziegenkäse herstellt und in Kasan beheimatet ist.[455]

453 *Die Presse* vom 21. Juli 2023

454 https://www.ft.com/content/d5234953-cddf-4b64-8a55-dc749843ab5c (4.5.2024)

455 https://catalog.expocentr.ru/catalog_e.php?wyst_id=147&stand_id=68307 (4.5.2024)

Mingasow musste für die Übernahme von »Danon Rossija« umgerechnet schlappe 177 Millionen Euro hinlegen, wovon 100 Millionen an die Pariser Mutter und 77 Millionen für einen nicht näher definierten Schuldendienst an den russischen Staat gingen. Danone schrieb seine Vermögenswerte ab und 700 Millionen Euro in den Wind.[456] So teuer kam den Franzosen der Rückzug vom russischen Markt, auf den sie 30 Jahre zuvor noch alle Hoffnung gesetzt hatten.

Danone steht mit seiner Erfahrung nicht alleine da. Wie dem französischen Molkereikonzern geht es vielen in Russland tätigen EU- und US-Konzernen. Sie geraten zwischen die Mühlsteine des vom Westen losgetretenen Wirtschaftskrieges und den Moskauer Gegenmaßnahmen. Meist sind es russische Unternehmen, die davon profitieren, wie beispielsweise beim Luxuslabel Hugo Boss, das an die Revira Holdings unter dem früheren Geschäftspartner Gennadij Lewkin verkauft wurde. Über den Kaufpreis schweigt die Konzernleitung, während das *Handelsblatt* dazu vermerkt: »Häufig trennen sich westliche Unternehmen von ihren Firmen und Beteiligungen in Russland zu einem symbolischen Preis, der weit unter dem eigentlichen Firmenwert liegt.«[457]

»McDonalds« heißt jetzt »Wkusno i totschka« (»Lecker und Punkt«). Aus »Obi« wurde »MAX«. Der symbolische Verkaufspreis der Baumarktkette betrug nicht einmal 10 Euro. »Alle 27 Märkte waren bereits am 17. März 2022 geschlossen worden, und gestern wurden alle juristischen Einheiten ohne Kaufpreiszahlung an einen Investor übertragen«, gab die Unternehmensleitung am 15. August 2022 gegenüber der *Presse* bekannt.[458] Neuer Mehrheitseigentümer ist der Geschäftsmann Josep Liokumowitsch.

McDonalds schweigt über die Summe, die der Fastfood-Konzern für seine 825 Standorte erhalten hat. Als neuer Fleischlaibchen-Kaiser darf sich Alexander Gowor ins Firmenbuch einschreiben; er hatte davor bereits die Filialen in Sibirien als Franchiser betrieben. Der Autor dieser

456 https://www.ft.com/content/6c1c5fe0-5a98-4d67-acfb-caf482e109cf; https://www.kleinezeitung.at/wirtschaft/18185522/danone-verkauft-russland-geschaeft-an-geschaeftsmann-mingasow (4.5.2024)

457 https://www.handelsblatt.com/unternehmen/handel-konsumgueter/hugo-boss-modehersteller-verkauft-russland-geschaeft-an-stockmann-jsc/100034780.html (4.5.2024)

458 https://www.handelsblatt.com/unternehmen/handel-konsumgueter/baumarktkette-unternehmer-uebernimmt-russland-geschaeft-von-obi-fuer-rund-zehn-euro/28601090.html (4.5.2024)

Zeilen erinnert sich noch an einen Tag knapp nach der Eröffnung der ersten McDonalds-Filiale am Moskauer Puschkin-Platz. Hunderte Menschen standen damals im Frühjahr 1990 Schlange, um den Geschmack des Westens zu probieren. Die 30-jährige Erfolgsgeschichte endete für die amerikanische Fastfood-Kette mit einem dicken Minus.

Auch der schwedische Lkw-Hersteller Volvo wird – nach einjährigem Stillstand – von einem neuen russischen Eigentümer geführt. Volvo hatte im Jahr 2009 ein Montagewerk im südwestlich von Moskau gelegenen Kaluga eröffnet; bald darauf liefen jährlich 15.000 Lastkraftwagen vom Band. Nachdem die Europäische Union Sanktionen gegen Russland erlassen hatte, sah sich die Konzernleitung nicht mehr in der Lage, die Produktion aufrechtzuerhalten, ohne gegen die Zwangsmaßnahmen zu verstoßen. Bereits Ende Februar 2022 beschloss sie daher, den Standort zu schließen, und nahm eine »Wertberichtigung« von umgerechnet 350 Millionen Euro in der Bilanz vor. Der Gouverneur der Region, Wladislaw Schapscha, sah Handlungsbedarf und drängte darauf, die Werkstore wieder zu öffnen.[459] Anfang September 2023 bestätigte dann das Ministerium für Industrie und Handel, dass mit dem Vorsitzenden der Expobank, Igor Kim, ein neuer Investor gefunden werden konnte: »Die Vermögenswerte des Volvo-Konzerns in Russland wurden an einen russischen Investor übertragen. Das Ministerium für Industrie und Handel der Russischen Föderation hat zusammen mit dem neuen Eigentümer auch einen inländischen Partner für die weitere Entwicklung der Produktion am Standort Kaluga des Konzerns identifiziert, die Arbeiten für den baldigen Neustart sind im Gange«, zitiert die Presseagentur *Interfax* eine Aussendung des ministeriellen Pressedienstes.[460] Der in Kasachstan geborene Igor Kim wird in *Forbes Russia* regelmäßig unter den 100 reichsten Männern Russlands geführt.

Ähnlich wie Volvo erging es auch der italienischen Heiztechnik-Firma Ariston und dem deutschen Haushaltsgerätehersteller Bosch. Beide hatten kurz nach dem Einmarsch russischer Truppen in die Ukraine, aus Angst, unter die Räder des EU-Sanktionsregimes zu kommen, die Produktion eingestellt. Ende April 2024 fielen Ariston und

459 https://www.russland.capital/ehemaliges-volvo-werk-in-kaluga-wird-2023-wieder-in-betrieb-gehen (4.5.2024)

460 https://www.russland.capital/automobilkonzern-volvo-in-russland-unter-neuer-leitung (4.5.2024)

Bosch per Kreml-Dekret an die »Gazprom Bytowyje Sistemy«. Sie gilt als der größte Hersteller von Gasgeräten und Kochherden in Russland, die unter den Firmennamen Tessa, Darina, Flama und Terra gehandelt werden.

Den Auftakt zur Revitalisierung der sieben russischen Bosch-Produktionsstätten, die zwei Jahre brach gelegen waren und zu verrotten drohten, argumentiert der stellvertretende Vorsitzende des Ausschusses für Wirtschaftspolitik beim russischen Föderationsrat, Konstantin Dolgow, folgendermaßen: »Gazprom ist eine solide unternehmerische Einheit. Der Transfer von Vermögenswerten an sie zur Verwaltung wurde als die wirtschaftlich sinnvollste Lösung erkannt. Dies ist die absolut richtige Antwort Moskaus auf das Vorgehen des Westens in Bezug auf das russische Staatsvermögen.«[461] Die Eigentumsrechte an den Betrieben werden, so die russische Darstellung, durch die Zwangsverwaltung nicht tangiert. Freilich stellt sich die Frage, wie und unter welchen Bedingungen die in der EU beheimateten Besitzer jemals wieder von ihnen Gebrauch machen sollen.

Es sind nicht nur russische Investoren, die vom Rückzug westlichen Kapitals aus Russland profitieren. Der Düsseldorfer Waschpulver- und Reinigungsmittelhersteller Henkel, der mit weltweit 50.000 MitarbeiterInnen zu den größten seiner Branche zählt, veräußerte seine Russland-Geschäfte an weltweit tätige Private Equity Fonds.[462] Einer von ihnen, Kismet Capital LLC, gehört dem indischen Oligarchen Ashish Lakhanpal. Der Kaufpreis betrug 600 Millionen Euro, der errechnete Verlust lag bei 214 Millionen Euro, verglichen mit anderen Transaktionen ein geradezu günstiger Ausstieg. Zusätzlich wurde ein Rückkaufsrecht vereinbart, das jedoch frühestens nach drei Jahren schlagend wird und eine »grundlegende und nachhaltige Änderung der geopolitischen Lage voraussetzt«, wie Henkel-Finanzvorstand Marco Swoboda gegenüber der *Frankfurter Allgemeinen Zeitung* zu Protokoll gab.[463]

461 http://pressefreiheit.rtde.tech/russland/204217-verlassene-bosch-und-ariston-fabriken/# (4.5.2024)

462 https://www.henkel.at/presse-und-medien/presseinformationen-und-pressemappen/2023-04-20-henkel-verkauft-seine-geschaeftsaktivitaeten-in-russland-1819944 (4.5.2024)

463 https://www.faz.net/aktuell/wirtschaft/unternehmen/wieso-henkel-trotz-schwaechelndem-china-geschaeft-und-teurem-russland-ausstieg-waechst-19093596.html (4.5.2024)

Renault wird verstaatlicht

Die Geschichte des französischen Autobauers Renault in Russland beginnt wie viele andere. Westkonzerne befanden sich auf Expansionskurs und im größten Land der Welt suchte man Investoren, die eine marode Wirtschaft zum Laufen bringen sollten. Russlands bekannteste Automarke Lada kämpfte mit ausländischer Konkurrenz, der sie qualitativ nicht gewachsen war. Unter Pkw-Fahrern kursierte der Witz, wie man den Wert eines Lada verdoppeln konnte? Durch Auftanken!

In dieser Situation bot der Kreml 2007 eine ausländische Beteiligung am größten Pkw-Hersteller Awtowas an, der auch den Lada produzierte. Das Rennen machte Renault, die Franzosen konnten sich gegen Angebote von Fiat und General Motors durchsetzen.[464] 15 Jahre später machten die Westsanktionen Renault einen Strich durch die Rechnung. Im Jahr 2021 baute der Konzern noch 95.000 Fahrzeuge in Russland und fuhr einen Gewinn von 967 Millionen Euro ein,[465] ein Jahr später beugte er sich der geopolitischen Logik.

Für einen symbolischen Rubel verkaufte Renault seine 68 % Awtowas-Anteile an das staatliche Forschungszentrum NAMI, das sich mit der Entwicklung von Automobilen und Motoren beschäftigt. Ob der französische Konzern seine sechsjährige Option zum Rückkauf wird nützen können, hängt nicht von der Leitung ab, sondern eher davon, wie lange der Westen den Wirtschaftskrieg gegen Russland zu führen gedenkt oder ob er gar einen Schießkrieg anfängt.

NAMI begann im Übrigen zwischenzeitlich damit, in den Hallen von Awtowas das alte Moskwitsch-Modell mit neuer chinesischer Technologie vom Band laufen zu lassen. Renault leckt zur selben Zeit seine Wunden, der »Verkauf« von Awtowas hinterließ ein Minus von 700 Millionen Euro.[466]

Um umgerechnet 125 Millionen Euro hat Volkswagen Mitte Mai 2023 sein Werk in Kaluga verkauft; für einen Produktionsstandort, in den der

464 https://www.capital.de/wirtschaft-politik/zu-toxisch--renault-schreibt-in-russland-2-2-mrd--euro-ab-31728160.html (4.5.2024)

465 https://www.tagesschau.de/wirtschaft/weltwirtschaft/renault-2022-101.html (4.5.2024)

466 Ebd.

Wolfsburger Autobauer seit 2007 über eine Milliarde Euro investierte, ein mageres Ergebnis. Sinnbildlich für den Schaden, den das Brüsseler Sanktionsregime bzw. seine Moskauer Antwort für europäische und eben auch für den größten deutschen Konzern angerichtet haben.[467] Der Käufer, die Firma »Avilon«, handelt nach eigenen Angaben mit 41 Automarken[468] und hat selbst nicht vor, in die Produktion einzusteigen. Zu Redaktionsschluss dieses Buches liefen Verhandlungen mit dem in Staatsbesitz befindlichen chinesischen Autobauer »Chery Automobile«, der seine Limousine »Omoda S5« in den VW-Hallen bauen will.[469] Auch im früheren Mercedes-Werk bei Moskau, das die Deutschen im April 2023 dem russischen Autohändler Avtodom abgetreten haben, werden chinesische Modelle gefertigt.[470] Was früher an technischem Know-how aus dem Westen nach Russland kam, kommt nach dem großen wirtschaftspolitischen Schlagabtausch nun aus dem Osten. Auch viele Lieferketten blieben intakt, weil die russische Regierung schon bei der Einladung westlicher Investoren z. B. in der Automobilproduktion darauf geachtet hatte, dass binnen dreier Jahre mindestens 50 % der Wertschöpfung bei der Pkw-Produktion russisch zu sein hatte. Man nannte dies eine Politik der »Lokalisation«, wie es der liberale, Kreml-kritische Ökonom Wladislaw Inosemcev anlässlich eines Vortrages in Wien beschrieb.[471]

Seit dem 26. Februar 2022 gilt ein EU-weites Verbot von Exportkredit- und Investitionsgarantien für Geschäfte mit Russland. Bis dahin stand allerdings der deutsche Staat und somit der Steuerzahler in 82 Fällen für eine Investitionssumme von insgesamt 6,8 Milliarden Euro gerade. Diese Praxis gehört in Export-orientierten Ländern zum Standard. Damit wird das unternehmerische Risiko vom Staat übernommen, der in solchen Fällen die entsprechenden Konzerne, sollten sie scheitern, schadlos hält. Bis November 2023 sind beim deutschen Bundeswirtschaftsministerium 16 Anträge von acht Unternehmen auf Entschädigung eingegangen,

467 https://www.faz.net/aktuell/wirtschaft/unternehmen/vw-werk-in-kaluga-russland-gibt-verkauf-von-fabrik-frei-18898134.html (5. 5. 2024)

468 https://avilon.ru/en/ (5.,5.2024)

469 https://www.automotivelogistics.media/global-logistics/former-vw-plant-in-russia-reported-to-be-acquired-assemble-kits-from-chery/44337.article (20. 6. 2024)

470 https://www.focus.de/auto/news/autoabsatz/qualitaet-nicht-schlechter-russland-baut-china-autos-in-deutscher-fabrik-und-verhoehnt-mercedes_id_259876731.html (5. 5. 2024)

471 Vortrag von Wladislaw Inosemcev am »Wiener Institut für Internationale Wirtschaftsvergleiche« am 27. Mai 2024 in Wien.

wie Staatssekretär Michael Keller von den Grünen gegenüber der Presse bekannt gab.[472] Weil ihnen die EU-Sanktionen das Geschäft in Russland vermiest haben, wollen die BASF-Tochter Wintershall Dea, die Bahnsparte von Siemens, die Volkswagen-Bank und andere ihre Verluste in Russland vom Bund ersetzt haben. »Wie viele andere deutsche Unternehmen hat auch Siemens Investitionen in Russland über das Instrument der Investitionsgarantien des Bundes abgesichert«, erklärte Anfang Dezember 2023 ein Sprecher von Siemens Mobility gegenüber der *dpa*.[473] Die »vielen anderen« halten sich mit Aussagen schamvoll bedeckt, um in der Öffentlichkeit nicht allzu peinlich aufzufallen.

Vom Scheitern des antirussischen Sanktionsregimes

»Russland ist zurück im Geschäft« titelte die Tageszeitung *Die Presse* am 8. September 2023.[474] Und sie unterfütterte die Meldung mit Statistiken der drei größten russischen Häfen. Dort läuft der Betrieb nach einem kurzfristigen, aber tiefgreifenden Einbruch im Frühjahr 2022, als der Westen den großen Wirtschaftskrieg gegen Russland vom Zaun brach, wieder auf Vorkriegsniveau. In Wladiwostok und Noworossijsk, wo ein Minus bei den Containerladungen von 50 % bzw. 60 % zu verzeichnen war, lag man Ende 2023 schon wieder im Plus; und in St. Petersburg, dessen Containerumschlag um satte 90 % zurückgegangen war, näherte man sich im Herbst 2023 der Vorkriegsmarke. Der Aufschwung ist zum großen Teil dem chinesisch-russischen Austausch geschuldet. Während chinesische Unternehmen Industriemaschinen, landwirtschaftliche Geräte, Autos und Elektronikwaren liefern, importiert China Erdöl, Kohle und Elektrizität aus Russland. Gehandelt wird zunehmend in Yuan, während der US-Dollar seine Vormachtstellung verliert.

Der österreichische Unternehmer Hans Peter Haselsteiner, der mit seinem Baukonzern Strabag in halb Europa tätig ist und wegen seines russischen Geschäftspartners Oleg Deripaska die westliche Sanktionspolitik schmerzhaft zu spüren bekommen hat, wusste schon im Jahr

472 http://pressefreiheit.rtde.tech/inland/189579-verluste-durch-antirussische-sanktionen-unternehmen/ (5.5.2024)

473 Ebd.

474 *Die Presse* am 8. September 2023

2017, dass die Zwangsmaßnahmen nicht funktionieren würden. Auf die Frage eines Journalisten, wie er denn die Sanktionen gegen Russland sehen würde, antwortete er: »Sie sind wirkungslos. Und sie treffen die Falschen. Wir Europäer machen hier die Politik der Amerikaner. Dass der Ausgleich mit Russland nicht gelungen ist, ist eine Niederlage meiner Generation. Europa ist auch heute noch ein geteilter Kontinent, denn Russland ist Europa. So traurig es ist, dass die Briten Europa verlassen, so traurig ist es, dass die Russen nie dazu gehört haben.«[475] Haselsteiners geopolitische Einsicht würde man sich von dem einen oder anderen Politiker wünschen.

Um zu einer solchen Erkenntnis zu kommen, dafür hat es für Dutzende Russlandexperten im deutschen Sprachraum auch zehn Jahre nach den ersten Sanktionsmaßnahmen nicht gereicht; oder sie haben, wie der an der Universität Innsbruck lehrende Politikwissenschaftler und Russlandexperte Gerhard Mangott, mehrere Jahre dazu gebraucht. Im *Focus* vom April 2023 wiederholte Mangott noch die von ihm selbst in unzähligen Talkshows zwischen *ORF* und *ARD* aufgestellte Behauptung, dass Russland durch das westliche Sanktionsregime mächtigen Schaden erleiden würde. »Die westlichen Sanktionen wirken also; und das immer mehr. An dieser Tatsache kann auch die russische Propaganda nicht mehr vorbei«, so der frühere Putin-Versteher, der im Zuge der Ukraine-Krise Schritt für Schritt Russland-feindliche Positionen übernahm. Als Folge des angeblich wirksamen Sanktionsregimes prognostizierte er damals auch, dass sich die Einschätzungen von AfD und Sahra Wagenknecht nicht mehr lange werden halten können: »Es wird auch schwieriger für die radikale Rechte und Linke in Europa, an ihrem Argument festzuhalten, dass die Sanktionen nicht wirken würden; sondern vielmehr den westlichen Ländern selbst schaden würden.«[476]

Kein Jahr später findet sich der Russland-Experte analytisch genau dort, wo er zuvor »radikale Rechte und Linke« auf falscher Fährte geortet hatte. Im *ORF*, dem österreichischen Pendant zum Öffentlich-Rechtlichen in Deutschland, wird am 27. Februar 2024 ein Vortrag von Mangott

475 Interview mit Hans Peter Haselsteiner, in: *Die Presse* vom 21. September 2017

476 https://www.focus.de/panorama/welt/gastbeitrag-von-gerhard-mangott-und-dann-sagt-putin-einen-satz-der-wagenknecht-zu-denken-geben-sollte_id_189736756.html; https://www.gerhard-mangott.at/?p=5120 (9.5.2024)

besprochen, in dem dieser meint, die Sanktionspolitik des Westens sei gescheitert, der russische Präsident stehe wirtschaftlich besser da als früher und ein Ende des Krieges in der Ukraine sei äußerst unwahrscheinlich: »Das (russische d. A.) Staatsdefizit ist unter Kontrolle. Der Rubel hat relativ stabile Außenwerte. Die Hoffnungen des Westens haben sich nicht erfüllt, wonach die Wirtschaft kollabieren würde.«[477]

Das Gegenteil ist der Fall, wie auch der Internationale Währungsfonds (IWF) im Jahr 2024 konstatieren musste. »Was wir für Russland prognostiziert haben, ist tatsächlich ein Wachstum in diesem Jahr, und wir haben auch ein ziemlich starkes Wachstum im letzten Jahr gesehen (2023, d. A.), das sich durch die wirtschaftliche Aktivität erklärt, die stark geblieben ist.«[478] Die Prognose des »Wiener Instituts für Internationale Wirtschaftsvergleiche« stimmt dieser Einschätzung zu und sieht Russland ökonomisch auf der Gewinnerstraße. Für 2024 sagen die angesehenen Osteuropaforscher Russland ein Wachstum von 3,2 % (in Prozent des BIP) voraus, während sie die Eurozone bei 0,6 % dahindümpeln sehen. In den Jahren darauf (2025/26) prognostizieren sie ein russisches Wirtschaftswachstum in der Größenordnung von 2,5 %, der Euroraum bleibt auch dann noch mit 1,5 % dahinter.[479]

Gleichzeitig gibt es auch einen Aufschwung im Konsum, der durch einen starken Anstieg der Reallöhne befeuert wird, wie der Leiter der Europaabteilung des IWF, Alfred Kammer, zugeben muss.

477 Zit. in: https://salzburg.orf.at/stories/3246639/ (9. 5. 2024)

478 IWF-Prognose am 19. April 2024, siehe: https://www.imf.org/en/News/Articles/2024/04/19/tr-041924-transcript-of-eur-presser (16. 5. 2024)

479 Zit. in: *Die Presse* vom 3. Juli 2024

Weltweite Folgen des Wirtschaftskrieges

Die Folgen des westlichen Sanktionsregimes haben sich bereits wenige Wochen nach dem Beginn des großen Wirtschaftskrieges zu materialisieren begonnen. Zum Zeitpunkt der Drucklegung dieses Buches, im Herbst 2024, sind sie unübersehbar geworden, zumindest für jene, die offenen Auges durch die Welt gehen und sich nicht im transatlantischen Tunnelblick verirrt haben.

Das westliche Sanktionsregime hat die Welt verändert, und zwar keinesfalls so, wie von den Führern in Washington, Brüssel und Berlin beabsichtigt. Statt der großräumigen Zerstörung der russischen Wirtschaft beobachten wir ein Abwenden des eurasischen Raumes und des Globalen Südens von den USA und der Europäischen Union. Zu dieser geopolitischen Dimension, deren Bedeutung nicht überschätzt werden kann, kommen die Folgen für die westlichen Randgebiete Eurasiens, die sogenannte »Europäische Union«. An dieser Stelle sei der Größenunterschied von Asien und EU-Europa in Erinnerung gerufen: in Asien leben zehn Mal so viele Menschen wie in der Brüsseler Union.

Innerhalb Russlands kann – wie in vielen anderen Ländern auch – ein politischer Rechtsruck beobachtet werden, der sich zunehmend im kulturellen und kirchlichen Leben niederschlägt. In ökonomischer und sozialer Hinsicht steht die russische Wirklichkeit in krassem Widerspruch zu den Zielen, die der Westen mit seinen Sanktionspaketen erreichen wollte.

Geopolitische Folgen

Anfangs war in Russland die Sorge groß, dass sich das Land gegen den westlichen Sanktionsreigen nicht ausreichend verteidigen könnte. »Russland ruinieren« hätte wohl auch bedeutet, den Durchmarsch der transatlantischen Konzernriesen nach Eurasien hinnehmen zu müssen. Selbst unter hochrangigen Ökonomen war man sich nicht einig, wie gegenüber den Tausenden von Maßnahmen, die zeitgleich aus Washington, Brüssel, London, Canberra, Ottawa und Tokio erlassen wurden, zu verfahren sei. Der Dekan der Fakultät für Wirtschaftswissenschaften an der staatlichen Moskauer Universität, Alexander Auxan, der auch als Berater des Wirtschaftsministeriums tätig war, äußerte sich im August 2022 gegenüber dem *MDR* zwar vorsichtig optimistisch, was den Umgang mit den Sanktionen betraf, erhob aber zugleich auch Vorwürfe an die politisch Verantwortlichen in Moskau. Diese hätten, so Auxan, »unsere Beziehungen früher diversifizieren und Beziehungen zu Indien, China usw. aufbauen müssen. Das entlastet die Politik nicht von der Schuld an der kurzsichtigen Wirtschaftspolitik.«[480]

Dass niemand geringerer als Putins enger Wirtschaftsberater Sergej Glasjew genau eine solche von Auxan geforderte Weitsicht bereits im Mai 2020 ausgearbeitet hatte, übersah der Moskauer Professor. Glasjew war der Emissär des Kremls für die Integration im postsowjetischen Raum, mithin jener Mann, der die ökonomische Expansion der Europäischen Union in Richtung von sechs ex-sowjetischen Republiken – darunter die Ukraine – verhindern sollte. Parallel zu den Brüsseler Vorbereitungen der weiter oben beschriebenen Assoziierungsabkommen fuhr Glasjew im Jahr 2013 mit Zuckerbrot und Peitsche durch die auf der EU-Wunschliste stehenden ex-sowjetischen Republiken und versprach z. B. der Ukraine billigere Energie im Falle des Wohlverhaltens oder erließ einen Importstopp für ukrainisches Fleisch, weil Kiew – noch unter Janukowitsch – Anzeichen machte, das Freihandelsabkommen mit der EU zu unterzeichnen. Und im Februar 2014, als am Kiewer Majdan ukrainische Nationalisten Einheiten der Sonderpolizei mit Molotowcocktails in Brand setzten, nannte ihn die *Deutsche Welle* »Moskaus versteckte Hand in der Ukraine«.[481]

Dieser Sergej Glasjew veröffentlichte am 29. Mai 2020 das Manifest »Wie wir uns vom Dollar-Joch befreien können«.[482] Darin listet er minutiös auf, was Moskau tun müsse, um die seit 2014 schrittweise eingeführten Westsanktionen ins Leere laufen zu lassen. Die Jahre danach haben gezeigt, dass viele seiner Vorschläge – der Not gehorchend – umgesetzt

480 https://www.mdr.de/nachrichten/welt/osteuropa/politik/russland-sanktionen-interview-wirtschaftsexperte-auzan-100.html (20.5.2024)

481 https://www.dw.com/de/moskaus-versteckte-hand-in-der-ukraine/a-17440973 (10.5.2024)

482 https://zavtra.ru/blogs/kak_svergnut_igo_dollara (3.2.2023) Die folgenden Absätze sind eine überarbeitete Version aus: Hannes Hofbauer, Vom US-/EU-Sanktionsregime gegen Russland zur Entwestlichung Eurasiens. In: Hannes Hofbauer/Stefan Kraft (Hg.), Kriegsfolgen. Wie der Kampf um die Ukraine die Welt verändert. Wien 2023, S. 216/217

wurden. So appellierte Glasjew an die Regierung, die Verwendung des US-Dollars als Zahlungsmittel beim Außenhandel und bei Investitionstransaktionen zu beenden und forderte sie auf, im internationalen Zahlungsverkehr schnellstmöglich auf den Rubel zu setzen. In Punkt eins seines Manifestes heißt es: »Verkauf aller Schuldverschreibungen der USA, Kanadas und Großbritanniens sowie der auf die Währungen dieser Länder lautenden Wertpapiere aus den Gold- und Devisenreserven durch Erwerb von Vermögenswerten der SCO,[483] der BRICS-Länder und von Gold in gleicher Höhe.«[484]

Mit dem Verkauf aller Schuldtitel und Wertpapiere, die in US-Dollar notieren, so Glasjew, sollten also Aktiva in Gold oder Reserven in Währungen von Staaten der »Schanghaier Organisation für Zusammenarbeit« angelegt werden, wobei Glasjew eine Erhöhung der russischen Goldanlagen von 20 % auf 55 % der Währungsreserven vorschlug.

Weiters sollten, Glasjew zufolge, russische Unternehmen keine Investitionen in Wertpapiere mehr tätigen oder Vermögenswerte in Offshore-Länder transferieren, wenn diese von den USA oder anderen Sanktionsländern kontrolliert würden. Glasjew sprach sich in Punkt 7 seines Manifestes generell für den »Rückzug von Wertpapieren russischer Emittenten aus den Verwahrstellen der NATO-Länder«[485] aus.

Und für den täglichen Geschäftsgang schlug der Ökonom – bereits zwei Jahre bevor US-amerikanische Zahlungsdienstleister wie Visa und Mastercard dem Sanktionsregime folgten – vor, das Zahlungssystem »Mir« der russischen Zentralbank zu verwenden. Dieses war pünktlich zum Sanktionsstart 2014 gegründet worden. Auch sollte die Verschränkung von »Mir« mit der chinesischen Karte »UnionPay« erfolgen. In Punkt 8 seines auf Abschottung vom Sanktionswesten setzenden Papiers forderte er dazu die »Umstellung der Geschäftsbanken auf das Finanznachrichtensystem der russischen Zentralbank, wodurch die kritische Abhängigkeit vom US-kontrollierten SWIFT-System beseitigt wird.«[486]

Und tatsächlich hat die Kreditkarte »Mir« den russischen Zahlungsmarkt nach dem Rückzug der Amerikaner erobert. Die georgische

483 SCO – Schanghaier Organisation für Zusammenarbeit
484 https://zavtra.ru/blogs/kak_svergnut_igo_dollara (10.5.2024)
485 Ebd.
486 Ebd.

Finanztechnik-Expertin Anna Kuzmina fasst die Wirkung der Westsanktionen für den russischen Finanzsektor in komprimierter Form zusammen: »Zweifellos sind die Auswirkungen der Sanktionen auf das Bankwesen und die Fintech-Branche in Russland kolossal. Auf der globalen Isolationsebene haben sie sich bewährt. Im Inland scheinen sie jedoch das Gegenteil bewirkt zu haben, denn sie haben es dem Fintech- und Bankensystem ermöglicht, sich unter Nutzung der neuesten Technologien und neuer Verbrauchergewohnheiten neu zu formieren. Die russische Fintech-Branche ist wiedergeboren und wird sich auf eine einzigartige und innovative Weise weiterentwickeln, die ihresgleichen sucht.«[487]

Glasjew war im Mai 2020 der Wirklichkeit voraus, aber er bereitete mit seinen Vorschlägen den Boden für eine nachhaltige De-Dollarisierung auf, die mittlerweile weit über die Achse Russland–China hinausgeht. Sie straft den Spruch des früheren US-Finanzministers John Connally, einem Getreuen von Richard Nixon, Lügen. Der hatte zur Rolle des Dollars 1972 in Hinblick auf die übrige Welt vollmundig erklärt: »Er ist unsere Währung, aber ihr Problem.«[488] Nach den US-Aggressionen gegen den Irak, Libyen und Venezuela, die nicht zuletzt um die Aufrechterhaltung des Dollars als weltweites Zahlungsmittel geführt wurden, dürften sich die US-Strategen mit dem Wirtschaftskrieg gegen Russland verschätzt haben. Denn ihre Art von Weltökonomie, die bisher darin bestand, den Greenback mit militärischer Unterstützung aller Welt aufzuzwingen, um dafür Produkte in die USA zu liefern, die mit von US-Staatsanleihen »gedeckten« Dollars bezahlt wurden, steht vor dem Aus. Der Krieg in der Ukraine beschleunigt das Ende des »amerikanischen Jahrhunderts«.

De-Dollarisierung: Mao Zedong statt George Washington

Immer mehr Menschen auf der Welt haben das Konterfei des chinesischen Revolutionärs vor Augen, wenn sie einen Zahlungsvorgang tätigen. Der Sklavenhalter George Washington verliert an Bedeutung. Yuan statt US-Dollar; die De-Dollarisierung der Welt schreitet voran.

487 https://www.finextra.com/blogposting/23521/what-happened-to-russian-fintech-after-the-global-cancelling (5.2.2023)

488 https://de.wikipedia.org/wiki/John_Connally (3.2.2023)

Vier Jahre nach den ersten US- und EU-Sanktionen begannen russische Anleger damit, bedeutsame Schritte zu setzen, um die währungs- und finanzpolitische Abhängigkeit von den USA zu verringern. Zwischen März und April 2018 stießen sie, allen voran das Moskauer Finanzministerium, die Hälfte der von ihnen gehaltenen US-Staatsanleihen ab. Das waren immerhin stolze 47,4 Milliarden US-Dollar.[489] Der seit 2014 laufende ökonomische Angriff des Westens auf Russland nötigte Moskau – und bald darauf ganzen Weltteilen – Gegenmaßnahmen ab.

Amerikanische Staatsanleihen verloren ihren Nimbus als Sicherheitsanker in einer immer volatiler agierenden Finanzwelt; und der Dollar büßte Schritt für Schritt seine internationale Vormachtstellung ein. Dazu trugen Dollaraufwertungen (vor allem gegenüber dem Yuan) seit 2018 und Zinserhöhungen bei, die den Greenback international verteuerten und Länder aus dem Globalen Süden in andere Währungen fliehen ließen. Am wichtigsten für die Abkehr vom US-Geld war jedoch der Vertrauensverlust, den die Sanktionsmaßnahmen gegen Russland mit sich brachten. Das Einfrieren und spätere Beschlagnahmen russischer Zentralbankgelder sowie der Ausschluss aus dem SWIFT-Verfahren machte Zentralbanker und Finanzminister überall auf der Welt hellhörig. Dort, wo es geopolitisch möglich ist und der Druck aus Washington nicht alle eigenständigen Regungen erstickt, rücken Volkswirtschaften vom bisherigen Hegemon und seinem US-Dollar ab. China versucht seinen Yuan als neuen Anker zu positionieren. Russland und Iran treiben die De-Dollarisierung voran. Von Saudi-Arabien über Indien und die Türkei bis nach Bolivien und Brasilien werden Geschäfte zunehmend ohne den US-Dollar gemacht. Bilateraler Austausch und de-dollarisierte Währungskörbe rund um den chinesischen Yuan nehmen mehr und mehr Platz im internationalen Zahlungsverkehr ein. Und seit Anfang 2024 wird ernsthaft an der Einführung einer BRICS-Währung gearbeitet.

J. P. Morgan, die nach Bilanzsumme größte Bank der USA, gibt im Herbst 2023 noch Entwarnung, was die sinkende Dollar-Präsenz auf den Devisenmärkten betrifft. Mit einem Anteil von 88 % am – für die USA einsehbaren – Welthandel liegt der US-Dollar der J. P.-Morgan-Studie

489 https://www.goldreporter.de/russland-stoesst-die-haelfte-seiner-us-anleihen-ab/news/75637/ (11. 5. 2024)

zufolge noch ungefährdet an der Spitze.[490] Was allerdings die Dollarreserven in den einzelnen Zentralbanken betrifft, müssen die Banker eingestehen, dass es mit der US-Währung rapide abwärts geht, und zwar auf einen historischen Tiefstand von 58 %. In anderen Worten: Viele Volkswirtschaften sind dazu übergegangen, ihre Dollarreserven aufzulösen und sie durch andere Devisen oder Gold zu ersetzen.

Finanzdienstleister wie die deutsche »Feri-Gruppe«, die laut eigener Homepage Privatanleger und institutionelle Investoren berät, haben die Gefahr der De-Dollarisierung auch für die hiesige reichste Oberschicht erkannt. Der Chef des Feri Cognitive Finance Institutes, Heinz-Werner Rapp, ortet in der »Dollar-Waffe« eine erhebliche Gefahr. Sie fördere den Trend zur Abkoppelung vom US-Dollar. Investoren und Vermögensinhaber sollten deshalb die weiteren Entwicklungen sehr aufmerksam im Blick behalten, meint der Finanzexperte in einem Interview.[491]

Die Triebkraft hinter der De-Dollarisierung kommt aus China, wobei Peking seit Jahren versucht, die US-Währung in einem ersten Schritt beim eigenen Außenhandel abzuschütteln. Im Frühjahrsquartal 2023 gelang dies erstmals. Im Zahlungsverkehr mit anderen Ländern konnte der Yuan vor dem Dollar platziert werden. Demnach wies die chinesische Außenhandelsstatistik in Yuan einen Anstieg um 11 % auf umgerechnet 1,5 Billionen US-Dollar aus, während die in Dollar betriebenen Geschäfte um 14 % auf 1,4 Billionen sanken.[492] Ein Jahr nach Beginn des großen transatlantischen Wirtschaftskrieges gegen Russland konnte der wirtschaftliche und geopolitische Herausforderer der USA seinen eigenen Außenhandel mehrheitlich auf Yuan umstellen.

Im Handel zwischen China und Russland ist der Yuan – neben dem Rubel – bereits das weitaus wichtigste Zahlungsmittel. Über diese beiden Währungen werden im Jahr 2024 90 % der Geschäfte abgewickelt, so der russische Präsident Wladimir Putin anlässlich seines

490 https://www.jpmorgan.com/insights/global-research/currencies/de-dollarization#:~:text=De-dollarization%20in%20currency%20markets&text=%E2%80 %9COverall%20dollar%20usage%20has%20declined,research%20team%20at%20J.P.%20Morgan (5.5.2024)

491 Zit. in: https://www.institutional-money.com/news/maerkte/headline/de-dollarisierung-china-verstaerkt-angriffe-auf-das-us-dollar-system-227482 (11.5.2024)

492 https://asia.nikkei.com/Business/Markets/Currencies/Yuan-exceeds-dollar-in-China-s-bilateral-trade-for-first-time (11.5.2024)

China-Besuches Mitte Mai 2024 gegenüber der Nachrichtenagentur *Xinhua*.[493]

Dass die »Dominanz des Westens im Finanzsystem gebrochen« ist, schrieb Mitte Mai 2024 sogar das Flaggschiff des britischen Liberalismus, der *Economist*.[494] Im »Special Report« mit dem Titel »Wie die Krisen des Weltfinanzsystems die Welt umgestalteten« kommt der Autor zu dem Schluss, dass »Länder mit mittleren Einkommen«, wie er Schwellenländer des Globalen Südens bezeichnet, »sich dazu veranlasst sehen, ihre inländischen Kapitalmärkte auszubauen und sich von internationalen Kapitalströmen [...] zu trennen. Der von den USA geführte Finanzkrieg«, so der *Economist* weiter, »hat die Schaffung von Parallelsystemen gefördert, die sich der Kontrolle von Uncle Sam entziehen.«

Das Akronym des großen internationalen Hebels zum Ausstieg aus der »Dollar-Waffe« besteht aus fünf Buchstaben und hat seit 1. Januar 2024 neun Mitgliedsstaaten: BRICS. Zu Brasilien, Russland, Indien, der VR China und Südafrika haben sich Ägypten, der Iran, die Vereinigten Arabischen Emirate (VAE) und Äthiopien dazugesellt, mit Saudi-Arabien ante portas. Anfang Juni 2024 ließ dann sogar der Außenminister des NATO-Landes Türkei, Hakan Fidan, mit der Bemerkung aufhorchen, dass sich Ankara um eine Aufnahme in die BRICS-Community bewerben wolle.[495] Auffällig bei der Erweiterung von Anfang 2024 sind die großen Energieexporteure Iran und VAE. Gerade im Öl- und Gassektor versuchen Förderländer seit Jahrzehnten, aus dem US-Dollar herauszukommen. Mittlerweile hat sich ein Petro-Yuan etabliert. Russland, Iran, Saudi-Arabien und Venezuela versorgen China mit Energie, wobei die Rechnungen in chinesischer Währung ausgestellt werden.[496] Auch Pakistan ist im Juni 2023 dazu übergegangen, Öllieferungen aus Russland in Yuan zu bezahlen.[497]

Peking hat sich die Umstellung des weltweiten Ölhandels auf Yuan zum Ziel gesetzt. Dass dies auf – beachtliche – Hindernisse stößt, zeigt

493 Zit in: *Die Presse* vom 17. Mai 2024

494 https://www.economist.com/special-report/2024/05/03/how-crises-reshaped-the-world-financial-system, (15.5.2024)

495 https://www.focus.de/experts/tuerkei-denkt-an-brics-mitgliedschaft-erdogan-flirtet-mit-putin-xi-und-modi-was-das-fuer-den-westen-bedeutet_id_260008192.html (23.6.2024)

496 https://www.handelsblatt.com/meinung/homo-oeconomicus/gastkommentar-beyond-the-obvious-es-tobt-ein-wirtschaftskrieg-um-eine-neue-weltordnung/29071770.html (10.5.2024)

497 https://www.derstandard.at/story/3000000174993/alternative-zum-dollar-pakistan-zahlt-erstmals-oel-in-yuan (10.5.2024)

das Beispiel Indien. Dort hatte man noch im ersten Halbjahr 2023 große Mengen an russischem Öl eingekauft, das – nebenbei bemerkt – über Umwege in deutschen Raffinerien landete. Moskau ließ sich anfangs darauf ein, die Rechnung in Rupien auszustellen. Bald wurde jedoch klar, dass Gegengeschäfte für die russische Seite nicht attraktiv waren und die indische Rupie als internationales Zahlungsmittel keinen Wert besitzt. Also wollte der russische Lieferant, Rosneft, den Petro-Yuan anstelle der Rupie in Zahlung nehmen, was wiederum in Delhi keine Freude machte. Anfang Januar 2024 kehrten dann fünf Tanker der russischen Schattenflotte um, nachdem sie einen Monat lang vor der indischen Küste auf Löschung derÖlladung gewartet hatten. Moskau und Delhi konnten sich auf keinen Zahlungsmodus einigen. Der indische Vorschlag, das Geschäft in Dirham, der Währung der Vereinigten Arabischen Emirate (VAE), abzuwickeln, scheiterte daran, dass es Rosneft aufgrund des Drucks der Amerikaner nicht gelang, in den VAE ein Bankkonto zu eröffnen.[498] Die indische Seite suchte nach neuen Kanälen und Anbietern.

Als ein wichtiges Tool im Ringen um ein Zurückdrängen des US-Dollars aus dem Welthandel fungiert die »New Development Bank«, die auch als »BRICS-Bank« bezeichnet wird. Bereits ihre Gründung im Juli 2014 könnte man als Reaktion auf die antirussischen Westsanktionen interpretieren, sie war jedoch schon länger in Vorbereitung. Der Sitz der BRICS-Bank verbirgt sich in einem utopisch anmutenden Hochhaus in Schanghai. Sie soll Infrastruktur- und Entwicklungsprojekte in den BRICS-Staaten finanzieren und wird deshalb im Westen als eine Art »Anti-Weltbank« gesehen. Für unser Thema von großem Interesse sind die neuen Entwicklungen der Bank unter ihrer Präsidentin Dilma Rousseff, die sich explizit gegen die Dollar-Hegemonie ausspricht und die Einführung einer BRICS-Währung vorantreibt.

Dilma Rousseff ist auch in unseren Breiten bekannt: Als Präsidentin Brasiliens führte sie das Land von 2011 bis 2016. Auch ihre putschartige Absetzung durch den Senat dürfte einigen hierzulande noch in Erinnerung sein. Argumentiert wurde die Amtsenthebung mit Korruptionsvorwürfen, tatsächlich stand dahinter aber der in der brasilianischen Elite

498 https://www.businessinsider.de/wirtschaft/international-business/wegen-zahlung-russische-oeltanker-kehren-kurz-vor-indien-um/ (10.5.2024)

tief verwurzelte Hass gegen die politische Linke, der sich Rousseff zugehörig fühlt. Weniger bekannt ist ihre politische Herkunft. Als 22-jährige schloss sich Rousseff dem bewaffneten Kampf gegen die rechte Militärdiktatur des Marschalls Artur da Costa e Silva an, der 1964 mit CIA-Unterstützung die Macht im Land übernommen hatte. Rousseff lebte als Aktivistin des linksradikalen »Comando de Libertação Nacional« ein Jahr im Untergrund, wurde 1970 verhaftet und im Gefängnis gefoltert. Seit März 2023 steht sie der BRICS-Bank vor, was die *Neue Zürcher Zeitung* zur süffisanten, aber nicht unrichtigen Schlagzeile veranlasste: »Dilma Rousseff: Die frühere brasilianische Präsidentin ist mit China ideologisch stärker verbunden als mit den USA. Das hilft ihr an der Spitze der Brics-Bank.«[499]

Auf dem Weg zu einer gemeinsamen BRICS-Währung vergibt die Bank Kredite in Landeswährungen der Mitgliedsstaaten, insbesondere in Yuan. »Da der Schwerpunkt der NDB (BRICS-Bank, d. A.) auf der Unterstützung von Entwicklungsländern liegt, werden wir zu einer Bank, die die Währungen jedes Landes respektiert«, unterstreicht Rousseff den Charakter der Einrichtung und fügt hinzu: »Im Gegensatz zur Weltbank oder dem Internationalen Währungsfonds stellt die NDB während des Kreditvergabeprozesses keine politischen Bedingungen.«[500] Dass ein solches Vorhaben, den US-Dollar aus dem weltweiten Kreditgeschäft zurückzudrängen, auch gelingt, war zu Redaktionsschluss dieses Buches keineswegs sicher. Solange Länder wie China, Brasilien und Indien nach wie vor enorme US-Dollarreserven und US-Staatsanleihen in ihren Zentralbanken halten,[501] wird auch die BRICS-Bank den Greenback verwenden … müssen.

Seit dem ersten Quartal 2024 erhöht Peking allerdings die Schlagzahl und forciert den Ausstieg aus dem von Washington dominierten

499 https://www.nzz.ch/wirtschaft/dilma-rousseff-die-fruehere-brasilianische-praesidentin-ist-mit-china-ideologisch-staerker-verbunden-als-mit-den-usa-das-hilft-ihr-an-der-spitze-der-brics-bank-ld.1752731 (10.5.2024)

500 https://www.ft.com/content/1c5c6890-3698-4f5d-8290-91441573338a (10.5.2024)

501 Laut Weltbankbericht vom 31. Dezember 2022 lagern in Chinas Zentralbank 3000 Milliarden US-Dollar, in Indien sind es 563 Milliarden, in Brasilien 325 Milliarden und in Russland 582 Milliarden, wovon allerdings der Westen zwischenzeitlich 300 Milliarden US-Dollar einkassiert hat. Siehe: https://www.counterpunch.org/2024/04/24/are-the-brics-and-their-new-development-bank-offering-alternatives-to-the-world-bank-the-imf-and-the-policies-promoted-by-the-traditional-imperialist-powers/ (10.5.2024)

Währungsraum. Zwischen Januar und März verkaufte China US-Staatsanleihen im Wert von 53 Milliarden US-Dollar. Das war ein historischer Höchstwert und ein Vorgang, den Stephen Chiu, Finanzexperte bei Bloomberg, als »klare Intention, vom US-Dollar weg zu diversifizieren« bezeichnete.[502] Damit sind die Zeiten, als China nach der Weltwirtschaftskrise 2008 die meisten US-Bonds – noch vor Japan – hielt, ein für alle Mal vorbei. Der russische Finanzexperte Alexei Kowalew analysiert das Nichtübersehbare dieser Entwicklung. Den chinesischen Anleihenverkauf bringt er in Verbindung »[m]it der Absicht der USA, russische Vermögenswerte zu enteignen. […] China versucht, seine Risiken in dieser Hinsicht zu mindern. Man sollte hinzufügen, dass nach 2014 auch Russlands Finanzbehörden ähnlich handelten.«[503]

Geschätzte 36.000 Tonnen Gold lagern im Jahr 2024 in den Zentralbanken der Welt. 8100 Tonnen davon werden in den USA gehortet. Deutschland verfügt über 3300 Tonnen, Russlands Goldreserven betragen 2300 Tonnen, die von China 2200 Tonnen.[504] Auffällig dabei ist, dass bei den reichen EU-Ländern sowie den USA die Goldreserven zwei Drittel der gesamten Währungsreserven ausmachen, während in Russland nur 26 % in Gold veranlagt sind und in China gar nur 4 %.[505] Beim Rest dominiert der US-Dollar als Reservewährung, wiewohl gerade Russland dazu übergegangen ist, den chinesischen Yuan in sein Portfolio aufzunehmen. An der Moskauer Börse hat der Handel mit Yuan jenen mit US-Dollar bereits im März 2023 überflügelt.[506]

Die in weiten Teilen der Welt angestrebte De-Dollarisierung geht Hand in Hand mit Versuchen der Nationalstaaten, ihre Goldreserven zu erhöhen oder zumindest den Zugriff auf das eigene Gold sicherzustellen; dieses lagert in vielen Fällen in Tresoren zwischen London und Washington. China zeigt vor, wie es geht. Im Jahr 2023 trat Peking als

502 https://www.bloomberg.com/news/articles/2024-05-16/china-sells-record-sum-of-us-debt-amid-signs-of-diversification (2.6.2024)

503 Alexei Kowalew in der Zeitung *Iswestija*, zit. in: http://freedert.online/wirtschaft/2006901-werterer-schritt-zu-dedollarisierung-china/ (2.6.2024)

504 Die Schweiz belegt mit 1000 Tonnen den weltweit 7. Platz, Österreich mit 280 Tonnen den 20. Platz. Siehe: https://de.statista.com/statistik/daten/studie/156673/umfrage/laender-mit-den-groessten-goldreserven/ (12.5.2024)

505 https://www.gold.de/goldreserven/ (15.5.2024)

506 https://www.diepresse.com/6272203/ploetzlich-macht-sich-der-chinesische-yuan-in-russland-breit (15.5.2024)

größter Goldeinkäufer auf und erwarb 225 Tonnen,[507] das waren mehr als 10 % seiner gesamten Reserven. Andere Staaten gingen dazu über, ihr in fremden Ländern gelagertes Gold zu repatriieren. Saudi-Arabien machte den Anfang, es folgten Südafrika, Nigeria, Ghana, Senegal, Kamerun, Algerien und Ägypten.[508] Den zuständigen Ministern und Zentralbankern saß der Schreck in den Knochen, als Washington und Brüssel Anfang März 2022 beschlossen, alle im westlichen Ausland gelagerten Devisen- und Goldreserven der russischen Zentralbank einzufrieren. Die Heimholung von Gold wurde zum Akt einer nationalen Souveränität, der – nebenbei bemerkt – auch Länder aus dem Westen erfasste.

Von großer geopolitischer Bedeutung entpuppt sich mittlerweile auch die neue chinesische Seidenstraße. In Anlehnung an Handelswege, die vor mehr als 2000 Jahren den damaligen chinesischen Zentralraum mit dem gesamten eurasischen Kontinent und Teilen des nordöstlichen Afrikas verbunden haben, rief Peking im Jahr 2013 das Infrastrukturprojekt der »Neuen Seidenstraße« ins Leben. Das damals in einer Größenordnung von umgerechnet 1000 Milliarden US-Dollar an Investitionen angekündigte Vorhaben stellt die bisherige Struktur des Welthandels – Schritt für Schritt – auf den Kopf. Denn die Haupthandelswege der »Neuen Seidenstraße« führen in mehreren landseitigen Verbindungen quer durch den eurasischen Doppelkontinent. Der Beherrschung der Weltmeere, die das britische Empire hat entstehen lassen und die auch das US-amerikanische Jahrhundert dominiert(e), setzt Peking eine Alternative entgegen, ohne freilich auf den Handel über das Meer zu verzichten.

Neue Wirtschaftskorridore zwischen China und Europa inklusive der Errichtung dazugehöriger Energie-Infrastruktur mit digitaler Begleitung führen über Zentralasien, den Iran, Kasachstan und Russland bis ins weißrussische Minsk und weiter nach Berlin und Westeuropa. Sie bleiben damit von Sanktions- und Boykottmaßnahmen der Transatlantiker unberührt und umgehen auch verwundbare Nadelöhre wie den Suez-Kanal. Die Sanktionspolitik des Westens gegen Russland stellt für die »Neue Seidenstraße« eine Schubkraft dar, neben dem westlichen Finanz- und Währungssystem auch zunehmend der gewohnten Infrastruktur den

507 https://www.gold.de/goldreserven/ (15.5.2024)

508 https://www.goldseiten.de/artikel/617386--Laender-Afrikas-und-des-Nahen-Ostens-ziehen-Goldreserven-aus-USA-ab.html (15.5.2024)

Rücken zu kehren. Neue Hubs entlang von sechs Landkorridoren verbinden die chinesischen Industriezentren und Häfen mit Kunden und Käufern im gesamten eurasischen Raum.[509] China folgt damit mit umgedrehten Vorzeichen der Heartland-Theorie des britischen Geografen Halford Mackinder, der mit seinem im Jahr 1904 erschienenen Werk »The Geographical Pivot of History«[510] die Vormachtstellung des britischen Weltreichs auf der eurasischen Platte sichern wollte. 120 Jahre später sieht es danach aus, dass China diese Vormachtstellung an sich reißt.

Dazu schickt sich Russland gerade an, die nördliche Seeroute entlang der Arktis ganzjährig schiffbar zu machen. Eisbrechende Öltanker wie die »Vasily Dinkov« stießen im Oktober 2022 mit einer vorerst kleinen Ladung Rohöl vom nördlichsten Hafen Murmansk in Richtung China in See, um dort zwei Wochen später im Hafen von Rizhao zu entladen.[511] Die Erderwärmung macht es möglich, diese kürzeste Route zwischen Europa und Ostasien in Zukunft verstärkt nutzen zu können. Die Fahrzeit von der russischen Barentssee in die chinesische Provinz Shandong verringert sich damit um die Hälfte und das Risiko der Aufbringung russischer Tanker durch die US-Marine wird auf ein Minimum reduziert. Viktor Katona, der leitende Analyst von »Kpler«, einem der weltgrößten Anbieter von Logistiklösungen für Rohstoffmärkte, meint zum Stellenwert des neuen russischen Seewegs in Bezug auf die westlichen Sanktionen: »Die nördliche Seeroute wird im Sommer von entscheidender Bedeutung sein. […] Europa ist bereits abgeschottet. Wenn die Europäer (das russische Erdöl, d. A.) nicht kaufen, warum sollten die russischen Schiffe das ganze Universum umrunden, wenn sie die Nordmeerroute nutzen können, um in 20 Tagen nach China zu gelangen?«[512]

Neben der Seidenstraße und der nördlichen Seeroute existiert ein weiteres eurasisches Verkehrsprojekt, das neue Handelswege jenseits des transatlantischen Einflusses erschließt. Die Rede ist vom »Internationalen Nord-Süd-Transport-Korridor« (INSTC). Er verläuft in Nord-Süd-Richtung und verbindet Russland, Aserbaidschan, Iran und Indien.

509 https://orf.at/stories/3197149/ (16. 5. 2024)

510 Halford Mackinder, The Geographical Pivot of History (1904), New York 2020

511 https://www.bloomberg.com/news/articles/2022-11-08/russia-sends-oil-thousands-of-miles-through-arctic-circle-again (11. 2. 2023)

512 https://deutsche-wirtschafts-nachrichten.de/701051/Arktis-Seidenstrasse-Russland-oeffnet-neue-Route-fuer-den-OElexport (11. 2. 2023)

Die Gründungsvereinbarung wurde im Mai 2002 von Moskau, Teheran und Neu-Delhi unterzeichnet.[513] Im Mai 2024 wurde bekannt gegeben, dass Indien im Zuge dieses neuen Verkehrsweges in den iranischen Hafen Tschabahar investieren und ihn anschließend für zehn Jahre verwalten wird. Damit kann der Warenverkehr zwischen den teilnehmenden Staaten Pakistan umgehen, was den Machthabern in Neu-Delhi sehr gelegen kommt. Der indische Außenminister Subrahmany Jaishankar äußerte zeitgleich dazu, dass »die Dominanz der USA effektiv dem Ende zugeht.«[514]

Die Folgen im Westen

Innerhalb der transatlantischen Gemeinschaft sind die Folgen des Sanktionsregimes ungleich verteilt, äußerst ungleich verteilt. Dabei trennt der Atlantik jene Länder diesseits des Weltmeeres, die schwere wirtschaftliche Schäden erleiden, von den USA und Kanada, denen die antirussischen Sanktionen volkswirtschaftlich nichts anhaben und die im Gegenteil daraus Vorteile erzielen. Dieser Unterschied zeigt sich eindrucksvoll in der Außenhandelsstatistik. Während die Mitgliedsstaaten der Europäischen Union im Jahr 2013, also vor dem ersten Sanktionsreigen, 51 % der russischen Exporte abnahmen und für 36 % der russischen Importe verantwortlich zeichneten, lagen die Vergleichszahlen für die USA bei 2,5 % bzw. 4,8 %.[515] In anderen Worten: Die EU und allen voran Deutschland hatten von Anbeginn des Wirtschaftskrieges mit hohen Verlusten zu rechnen, die USA hingegen konnten es sich leisten, das Geschehen erste Reihe fußfrei zu beobachten. Mit Fortdauer der Auseinandersetzung – und besonders nach der Sprengung der Nord-Stream-Pipeline – entpuppten sich die US-Gasriesen als große Gewinner.

Dass die EU-Sanktionspolitik gerade Deutschland härter als andere treffen würde, auch das war in den makroökonomischen Zahlen bereits vor dem Anziehen der jeweiligen Sanktionsschrauben ablesbar. Denn

513 https://en.wikipedia.org/wiki/International_North%E2%80 %93South_Transport_Corridor (2.6.2024)

514 https://www.eurasiantimes.com/the-dominance-of-united-states-has-effectively-come-to-an-end-how-india-china-iran-russia-are-proving-this-statement-oped/ (2.6.2024)

515 Amat Adarov u.a., *How to Stabilise the Economy of Ukraine* (Background Study des Wiener Instituts für internationale Wirtschaftsvergleiche). Wien, 15.4.2015, S. 33ff.

Deutschland ist unter den großen Volkswirtschaften jene mit der höchsten Außenhandelsquote, was ihm auch den Beinamen »Exportweltmeister« eingebrachte. Im Jahr 2012 lag die volkswirtschaftliche Abhängigkeit vom Außenhandel bei 71 %, während selbige für die USA 24 % und für Frankreich 42 % betrug.[516] Knapp vor dem Einmarsch der russischen Armee in den Donbass im Jahr 2021, kletterte die deutsche Außenhandelsquote auf 89,4 %, während die der USA 25,5 % aufwies.[517] Das Potenzial an ökonomischen Verlusten durch das Verordnen von Handels- und Produktionsverboten mit Russland war also für Deutschland von Beginn an wesentlich höher als für die USA.

Die Wende weg von wirtschaftlicher Vernunft hin zu einer ideologieschwangeren, schwammigen Wertedebatte wurde dem deutschen Medienkonsumenten am 26. März 2014 in eindrucksvoller Form vor Augen geführt. Acht Tage, nachdem Brüssel die ersten Personensanktionen gegen russische Staatsbürger wie den weiter oben erwähnten Putin-Emissär Sergej Glasjew erließ, kam Siemens-Chef Joe Kaeser von einer Geschäftsreise aus Russland zurück. Er hatte Präsident Wladimir Putin und den Gazprom-Vorsitzenden Alexej Miller getroffen und sich für eine weitere Zusammenarbeit mit Russland ausgesprochen. Sein Interview mit dem *ZDF* glich der Vorladung zur Inquisition, wie es *FAZ*-Herausgeber Frank Schirrmacher nannte.[518] Ein an Arroganz kaum zu überbietender Fernsehmoderator, Claus Kleber, führte den Chef des größten deutschen Konzerns regelrecht vor. »Was haben Sie sich bei Ihrem Freundschaftsbesuch in Moskau zu diesem Zeitpunkt gedacht?«, lautete die einleitende Frage, worauf Kaeser noch Paroli bot und meinte, dass Siemens seit 160 Jahren in Russland tätig sei und sich »von kurzfristigen Turbulenzen« nicht davon abbringen lasse. Die weiteren fünf Gesprächsminuten gerieten zum Verhör. Kleber rückte den Siemens-Chef indirekt in die Nähe eines Diebes, indem er die Eingliederung der Krim in die Russische Föderation als »Diebstahl« bezeichnete, den dieser durch

516 IW-Report 56/2022, siehe: https://www.iwkoeln.de/fileadmin/user_upload/Studien/Report/PDF/2022/IW-Report_2022-Abh%C3%A4ngigkeit.pdf (23.5.2024)

517 Conrad Schuhler, Deutschland im Wirtschaftskrieg. Eskalation um jeden Preis. München 2023, S. 39, siehe auch: https://de.wikipedia.org/wiki/Liste_der_L%C3%A4nder_nach_Au%C3%9Fenhandelsquote (23.5.2024)

518 https://www.faz.net/aktuell/feuilleton/debatten/echtzeitjournalismus-dr-seltsam-ist-heute-online-12867571.html (25.5.2024)

seine Russlandgeschäfte unterstützen würde. Kaesers Besuch bei Putin, so der *ZDF*-Mann Kleber weiter, »ist ein Zeichen gegen alles, was von Merkel bis Obama, von NATO bis EU und OSZE gegen und mit Russland unternommen wird.« Joe Kaeser wurde erst in diesem Moment klar, worauf das Gespräch – und letztlich die deutsche Politik – hinauslief; und er gab mit der Bemerkung klein bei, »dass wir (Siemens, d. A.) das Primat der Politik respektieren«.[519] Ein solcher Ton aus dem Mund des Vertreters der stärksten Kapitalgruppe war gänzlich neu. Nun galt es, sich der politischen Rationalität, die in wirtschaftlicher und gesellschaftlicher Hinsicht irrational war, unterzuordnen. Der Vorstandsvorsitzende des Mercedes-Benz-Konzerns, Dieter Zetsche, pflichtete Kaeser bei. Siemens schloss im Mai 2022 seine Produktionsstätten in Russland und in den Moskauer Werkshallen von Mercedes werden chinesische Autos gebaut.

Der Selbstbeschädigung deutscher Unternehmen folgten französische, niederländische und viele andere auf dem Fuße. Dass in Wirtschaftskriegen »friendly fire« weit häufiger anzutreffen ist als in Schießkriegen, darauf haben auch der Ethiker Nils Ole Oermann und der Jurist Hans-Jürgen Wolff hingewiesen.[520] Dies liegt daran, dass die Ziele eines Wirtschaftskrieges schwerer kalkulierbar und die Akteure uneins sind, auch wenn sie vermeintlich denselben Gegner bekämpfen. Sichtbar wird das bei den vielen Umgehungsmöglichkeiten, die meist zur Verteuerung von sanktionierten Produkten, aber nicht zum Stillstand des Austausches führen.

In den Wirtschaftsprognosen für die Jahre 2024 bis 2026 kommt der Einbruch, den insbesondere Deutschland zu bewältigen hat, drastisch zum Ausdruck. »Deutschland zwischen Rezession und Stagnation«, titelte etwa die Plattform *statista.com*[521] im Mai 2024. Noch im Herbst 2023 prognostizierten die Ökonomen ein schwaches Wachstum für 2024 in der Höhe von 1,1 %; Mitte 2024 wurde dieses auf 0,2 % reduziert. Dieselbe Vorschau wird für 2025 angenommen. Wirtschaftswachstum in dieser »Höhe« bedeutet Rezession.

519 Heute-Journal vom 26. 3. 2014 im ZDF, in der Mediathek nicht mehr abrufbar, siehe hier: https://www.youtube.com/watch?v=67-GXT8ampg (20. 5. 2024)

520 Nils Ole Oermann/Jans-Jürgen Wolff, Wirtschaftskriege. Geschichte und Gegenwart. Freiburg/Br. 2019, S. 70

521 https://de.statista.com/themen/26/bip/#topicOverview (23. 5. 2024)

Vergleicht man die Zahlen mit anderen Ländern auf dem eurasischen Kontinent, so wird klar, dass Berlin für die Europäische Union längst zum Problemfall geworden ist, der den Westteil des Kontinents nach unten zieht. So werden den EU-27 ein BIP-Wachstum für 2024 von 0,8 % und für 2025 und 2026 jeweils von jeweils 1,8 % vorausgesagt. Die türkische Wirtschaft sollte, der Statistik des »Wiener Instituts für Internationale Wirtschaftsvergleiche« zufolge, in den Jahren 2024 bis 2026 jeweils um 3,4 %, 4,0 % und 4,5 % wachsen; und Russland werden im selben Zeitraum jährliche Steigerungen von 2,3 % bis 2,8 % prognostiziert.[522]

Anstatt die wirtschaftliche Selbstbeschädigung einzugestehen, um daraus Konsequenzen zu ziehen, haben die Sanktionsländer des Westens ein eigenartiges Narrativ entwickelt, das der Wirklichkeit Hohn spricht. Schuld an der wirtschaftlichen Misere, die eine soziale nach sich zieht, sei der Russe – so lautet das Mantra. Gemeint sind damit Putin, der Kreml, die Duma, das russische Militär, die Menschen auf der Krim und im Donbass. Es war dieser Erzählung zufolge die Anerkennung der Krim als unabhängige Entität durch Moskau und ihre Eingliederung in die Russische Föderation, die zu ersten Exportverboten und anschließenden Betriebsschließungen geführt habe. Und der Einmarsch der russischen Armee in die Ukraine, so werden Medien und Politik im Westen nicht müde zu behaupten, hätte die Energiepreise in die Höhe schnellen lassen, die Inflation angeheizt, den Handel mit Russland zum Erliegen gebracht und einheimische Unternehmen aus Russland vertrieben. All dies wäre – dem Kreml sei's geschuldet – in der Folge für die steigende Armut verantwortlich.

Diese verquere Sicht auf den Ablauf der Ereignisse muss man nochmals gedanklich nachspielen. Es waren also nicht die seit 2014 von den USA und der EU ausgesprochenen Exportverbote nach Russland, die hiesigen Firmen das Geschäft vermiesten; es war auch nicht die Sprengung der Nord-Stream-Pipeline und die Stilllegung der über Polen führenden Gasröhre, die zur Verknappung und damit zur Verteuerung der Energie führten; es war auch nicht der Ausschluss russischer Banken aus dem internationalen Zahlungsverkehrssystem SWIFT, der Überweisungen

522 Wiener Institut für Internationale Wirtschaftsvergleiche, Frühjahrsprognose: Osteuropa bleibt auf Wachstumskurs. 24. April 2024.

zwischen Ost und West verhinderte; es war zudem nicht die Sperre von russischen SportlerInnen und KünstlerInnen im Westen, die das sportliche und kulturelle Zusammenleben verunmöglichte. Nein, es war der Kreml, dem die Schuld zugeschoben wurde. Wie es gelingen konnte, dass zumindest Teile der deutschen, österreichischen, schweizerischen und EU-europäischen Öffentlichkeit dieses Narrativ ernst genommen haben und daran glauben, kann nur mit der Macht medialer Manipulation und der auch juristisch unterfütterten Einschüchterung, abweichende Meinungen als potenziell strafbar zu deklarieren, erklärt werden.

Auswirkungen auf die russische Innenpolitik

Die russische Gesellschaft hat sich seit dem Ende der Sowjetunion wie keine andere der Welt in so kurzer Zeit extrem verändert. Während alle übrigen 14 Sowjetrepubliken (mit der späteren Ausnahme Belarus) von Anfang an neue Eliten hervorbrachten, die auf nationale Identität und nationalistische Praxis als – fragwürdigen – Hebel zur Überwindung der ökonomischen und sozialen Misere setzten, war in der russischen Politik davon kaum etwas zu spüren. Schon der Name des neuen Staates brachte zum Ausdruck, dass dieser sich nicht ethnisch-national sah: Russländische Föderation, so lautet die offizielle Bezeichnung, auf Russisch: Российская Федерация. Der Begriff »russländisch« definiert den Nationsbegriff als einen politisch-territorialen, umschließt also alle Völkerschaften, die innerhalb der Grenzen dieses Staates leben, seien es Russen, Ukrainer, Tataren, Tschetschenen, Baschkiren oder andere. »Russisch« – auf Russisch: Русский – ist eine ethnische Bezeichnung, die der Einfachheit halber – auch in diesem Buch – anstelle von »Russländischer Föderation« Verwendung findet.

Der postkommunistischen Elite nach Boris Jelzin gelang es unter der Führung Wladimir Putins jahrzehntelang, die nationale Frage nicht zur Hauptantriebskraft staatlicher Identität zu machen. Es war der ukrainische Nationalismus, der mit der sogenannten orangenen Revolution im Herbst 2004 Kraft tankte und dann im Gefolge des Majdan 2014 offen ausbrach, indem er u. a. die russische Sprache und Kultur im Osten und Süden bekämpfte. Als Reaktion darauf begann Moskau, eine »russländische« Politik sukzessive durch eine »russische« zu ersetzen. Inwieweit der Druck zu dieser Art von Nationalisierung aus der russischen Gesellschaft kam oder von oben dekretiert wurde, ist eine offene Frage. Man liegt nicht falsch, wenn man davon ausgeht, dass sich in dieser Hinsicht die Macht und das russische Volk einig waren – gegen die ukrainisch-nationalistische Anmaßung aus Kiew.

In seiner Rede an die Nation vom 21. Februar 2022, also am Vorabend des russischen Einmarsches in den Donbass, schüttelte der russische Präsident die multikulturelle sowjetische Erblast ab, die innerhalb der Russländischen Föderation noch Bestand hatte. Putin diffamierte die Ukraine als Produkt des Bolschewismus, als er sagte: »Die heutige Ukraine wurde voll und ganz und ohne jede Einschränkung von Russland geschaffen, genauer: vom bolschewistischen, kommunistischen Russland. Dieser Prozess begann im Grunde gleich nach der Revolution von 1917. Lenin und seine Mitstreiter gingen dabei äußerst rücksichtslos gegen Russland selbst vor, von dem Teile seiner eigenen historischen Gebiete abgetrennt und abgestoßen wurden.« Und weiter: »Die Sowjetukraine ist [...] ein Ergebnis der bolschewistischen Politik und man kann sie heute mit Fug und Recht als Wladimir-Lenin-Ukraine bezeichnen.«[523]

Als Terminus eines gesellschaftlichen Zusammenhalts nach innen wie nach außen taucht seit 2014 immer öfter der Begriff »Russki mir« auf. Er beschreibt die »russische Welt« weniger als ethnische Einheit, sondern als kulturelle Gemeinsamkeit, die in der mittelalterlichen – Kiewer – Rus ihre Wurzeln sieht. Der Autor Stefan Kraft sieht darin eine reaktionäre Tendenz, die gleichzeitig in die Zukunft gerichtet ist. Aus dem revolutionären Antiimperialismus Lenins sei, so Kraft, ein »konservativer Antiimperialismus« geworden, der sich gleichzeitig als Hort traditioneller Werte und als Frontstellung gegen die US-Hegemonie in der Welt versteht, indem er sich auf die Seite des Globalen Südens stellt.[524]

Für die russische Gesellschaft bedeutet dieser schleichende Wandel von der russländischen zur russisch-nationalen Identität einerseits einen politischen Rechtsruck und andererseits einen Bedeutungsgewinn der

523 Wladimir Putin: Rede an die Nation vom 21.2.2022, https://zeitschrift-osteuropa.de/blog/putin-rede-21.2.2022/, zit. in: Stefan Kraft, Luxemburg, Lenin und Putins »Russki Mir«, in: Hannes Hofbauer/Stefan Kraft (Hg.), Kriegsfolgen. Wie der Kampf um die Ukraine die Welt verändert. Wien 2023, S. 101/102

524 Kraft in: Hofbauer/Kraft, S. 110

Kirche. Das Moskauer Patriarchat unter Kyrill I. übernimmt die geistige Führung beim Vormarsch konservativer Elemente und Gesetze – in Abgrenzung zu den als dekadent und zerstörerisch empfundenen westlichen Werten. Die in weiten Teilen der EU und den USA auf Individualisierung und sexueller Diversität beruhenden Eckpfeiler einer Gesellschaft, werden – so die russische Sicht – in kulturimperialistischer Absicht in die Welt hinausgetragen. Auch dagegen tritt der neue »konservative Antiimperialismus« an.

In wirtschaftspolitischer Hinsicht nutzt Moskau, wie oben in vielen Beispielen beschrieben, die Westsanktionen, um möglichst auf einheimischen Beinen und Kapital stehende Kreisläufe zu etablieren. Dies sowohl in der Landwirtschaft als auch in der Industrie, dem IT-Bereich und den zukunftsweisenden kybernetischen Sektoren. Der Anschub dazu kommt vielfach aus der Rüstungsindustrie, die davon profitiert, dass sich die Budgetausgaben für die Landesverteidigung zwischen 2021 und 2024 verdreifacht haben.[525] Dazu ist zu vermerken, dass der Staatsfonds (RDIF), der das staatliche Anlagevermögen verwaltet, gut gefüllt ist. Im Jahr 2022 betrug sein Volumen mit fast 10 % des BIP das Dreifache dessen, worüber er 2014 verfügte.[526] Auch »für 2024 ist noch genug Geld da«, bemerkt die Moskauer Ökonomin Natalja Subarewitsch.[527] Und ihr liberaler Kollege Inosemcev pflichtet im Mai 2024 zerknirscht bei: »Die russische Ökonomie ist im guten Zustand, das Budget ist in Ordnung.«[528]

Sozialpolitisch ist der Befund durchwachsen. Einerseits kämpft die russische Gesellschaft mit dem Verlust Zehntausender junger Männer, die im Krieg ihr Leben gegeben haben; dazu kam die Flucht einer beträchtlichen Anzahl gut Ausgebildeter vor einer drohenden Einberufung in die russische Armee. Auf der anderen Seite trugen gerade diese Ereignisse dazu bei, dass die Löhne seit Kriegszeiten in die Höhe geschnellt sind. Im Jahr 2023 gab es eine durchschnittliche Reallohnerhöhung von

525 *Die Presse* vom 31. Mai 2024

526 https://de.statista.com/statistik/daten/studie/1293119/umfrage/volumens-des-russischen-staatsfonds-national-welfare-fund-in-prozent-des-bip/ (25.5.2024)

527 Interview mit Natalja Subarewitsch, in: *Die Presse* vom 24. Februar 2024

528 Vortrag von Wladislav Inosemcev im »Wiener Institut für Internationale Wirtschaftsvergleiche« am 27. Mai 2024 in Wien.

7,6 %.[529] Es herrscht Arbeitskräftemangel. Die Arbeitslosigkeit liegt bei 2,9 %, im Vergleich dazu weisen die EU-27 5,9 % aus.[530] Eine innere Krise, wie sie das westliche Sanktionsregime herbeiführen wollte, ist nicht in Sicht.

Der Umgang mit extraterritorialen Sanktionen

Bereits im Juni 2023 übernahm die EU mit ihrem 11. Paket die zuvor von ihr noch heftig kritisierte US-Praxis zur Erlassung extraterritorialer Sanktionen. Diese auch »Sekundärsanktionen« genannten Maßnahmen zielen auf jeden Staat und jedes Unternehmen, der bzw. das Geschäftsbeziehungen mit Russland pflegt, wenn diese von Brüssel nicht erwünscht sind. Es handelt sich also um eine in kolonialer Manier durchgeführte Erpressung, um Länder und Firmen, die sich nicht der transatlantischen Politik gegen Russland anschließen wollen, dazu zu zwingen; widrigenfalls sie mit Wirtschaftssanktionen wie z. B. dem Ausschluss aus dem SWIFT-Zahlungsverkehr überzogen werden.

Im Visier der Wirtschaftskrieger stehen jene Staaten, deren Außenhandel mit Russland im Anschluss an das westliche Sanktionsregime sprunghaft angestiegen ist, in denen also Unternehmen jenen Austausch übernahmen, der in der EU und den USA verboten ist. Dazu gehören Indien, die Türkei, China und mittelasiatische Republiken wie Kasachstan.

Im ersten Anlauf machten die extraterritorialen Zwangsmaßnahmen keinen allzu großen Eindruck auf die Betroffenen. Das änderte sich, als US-Präsident Joe Biden am 22. Dezember 2023 einen Erlass unterzeichnete, der den Fokus auf internationale Zahlungsüberweisungen legte, mithin dem Bankensektor drohte. Jede Finanztransaktion geriet damit ins Fadenkreuz der US-Behörden. Wo immer sich eine – auch noch so kleine – Bank fand, die sanktionierte Warenströme finanztechnisch abwickelte, war die große Keule mit der Drohung des Ausschlusses aus dem SWIFT-System zur Hand. Michael Zadornov, russischer Finanzminister unter Boris Jelzin und Parteigänger der ultraliberalen »Jabloko«-Gruppe,

529 https://www.businessinsider.de/wirtschaft/international-business/loehne-in-russland-stiegen-um-sieben-prozent-trotz-des-kriegs/ (25.5.2024)

530 Wiener Institut für Internationale Wirtschaftsvergleiche, Frühjahrsprognose: Osteuropa bleibt auf Wachstumskurs. 24. April 2024.

verglich daraufhin den Zustand des russischen Außenhandels Anfang Mai 2024 mit einem Körper, in dem sich Blutgerinnsel stauen.[531] Der Angriff auf das weltweite Banksystem bedroht tatsächlich die Umgehungskonstruktionen durch Russland-freundliche Staaten.

Als Washington am 5. März 2024 nochmals nachlegte und mit seiner »Tri-Seal Compliance Note« wiederum insbesondere alle Banker dieser Welt in die US-amerikanische Pflicht nahm, steigerte das die Nervosität in Moskau. Die Homepage des US-Finanzministeriums formuliert den Herrschaftsanspruch ohne Umschweife. Ihm gehe es »um die Verpflichtung von im Ausland ansässigen Personen (also allen, d. A.) zur Einhaltung der US-Sanktions- und Ausfuhrkontrollgesetze.«[532]

Einzelne türkische Banken begannen daraufhin, den Zahlungsverkehr mit Russland einzustellen, auch in China verweigern große Finanzinstitute Transaktionen mit russischen Kunden. Die Folge war ein Einbruch bei Exporten nach Russland, vor allem für Server und Notebooks sowie sogenannte Dual-Use-Güter fanden sich keine Geschäftsbanken mehr, die sich um den Zahlungsablauf kümmern wollten.

Kasachische Banken ließen schon zuvor von Russlandgeschäften ihre Finger, seit April 2024 akzeptieren sie auch die russische »Mir«-Kreditkarte nicht mehr, ein schwerer Schlag nicht nur für den Tourismus, sondern auch für Zigtausende Arbeitsmigranten.[533]

In Indien wirkt der Druck des Westens am augenfälligsten. Von dort aus liefen zuvor die Erdöllieferungen aus Russland über indische Häfen in alle Welt. Einheimische Raffinerien weigern sich mittlerweile, Erdöl von der staatlich-russischen Flotte Sovcomflot zu verarbeiten.[534] Sanktionsdrohungen und die Schwäche der Rupie haben diesen Geschäftszweig zum Erliegen gebracht.

Einen von Washington gewollten Kollateralschaden sollen die extraterritorialen Drohungen in Bosnien-Herzegowina, genauer: in der Republika Srpska, auslösen. Dafür kam US-Staatssekretärin Anna Morris im März 2024 extra nach Sarajewo. Sie erinnerte daran, dass der

531 Interview mit Michail Zadornov in *Forbes Talks*, zit. in: *Die Presse* vom 11. Mai 2024

532 https://ofac.treasury.gov/recent-actions/20240306_33 (25.5.2024)

533 http://pressefreiheit.rtde./russland/201535-russlands-verbuendete-kirgisistan-und-kasachsten/ (25.5.2024)

534 https://www.diepresse.com/18319146/von-dubai-bis-china-nun-macht-der-westen-gegen-die-wirtschaftsnetzwerke-von-wladimir-putin-mobil (25.5.2024)

Präsident der Republika Srpska, Milorad Dodik, seit Anfang 2022 auf einer schwarzen Liste steht, auch seine Familienmitglieder seit gut einem Jahr sanktioniert sind sowie vier seiner engsten Mitarbeiter.[535] Für den aktuell laufenden Wirtschaftskrieg gegen Russland bedeute dies, so die für Terrorfinanzierung im US-Finanzministerium zuständige Morris, dass auch bosnische Banken der US-Bannstrahl treffen kann, wenn diese Konten von sanktionierten Personen halten. Milorad Dodik konterte amüsiert, er benütze keine Bankomat-Karten und habe »immer Bargeld in der Tasche«.[536]

Im großen geopolitischen Ringen versuchen Ankara und Peking den US-Sanktionen entgegenzusteuern. So schaltete sich etwa das türkische Handelsministerium ein, um Zahlungsprobleme, die wegen der exterritorialen Sanktionsdrohungen entstanden sind, zu lösen. Und aus dem chinesischen Außenministerium verlautete eine Sprecherin: »China akzeptiert keine illegalen, einseitigen Sanktionen. Die normale Handelskooperation zwischen China und Russland darf nicht durch Dritte gestört werden.«[537]

Während sich die Staatskanzleien noch über die Politik Washingtons und Brüssels empören, finden Händler und Banken in den von Sekundärsanktionen betroffenen Ländern Wege, den Zwangsmaßnahmen auszuweichen. Sie gehen in den finanzwirtschaftlichen Untergrund. Immer mehr Geschäfte werden über Devisenhändler, Grenzgänger und – in China offiziell verbotene – Kryptowährungen abgewickelt. Das sieht dann im Kleinen so aus wie bei dem südchinesischen Haushaltsgerätehersteller, der einen Devisenmakler einschaltete, um die Waren wie gehabt nach Russland zu verkaufen. »Man kann über die offiziellen Kanäle einfach keine Geschäfte mehr machen«, meinte der Chef des Unternehmens, Herr Wang, »da große Banken nun Monate statt Tage brauchen, um Zahlungen aus Russland abzuwickeln«.[538]

Trocken vermerkt der Russland-Experte des »Wiener Instituts für Internationale Wirtschaftsvergleiche«, Vasily Astrov, zum Anziehen der

535 https://www.welt.de/politik/ausland/article236115468/Bosnien-USA-verhaengen-Sanktionen-gegen-Dodik-So-reagiert-der-serbische-Separatistenfuehrer.html; https://www.euractiv.de/section/eu-aussen politik/news/usa-verhaengt-sanktionen-gegen-vier-bosnisch-serbische-spitzenbeamte/ (30. 5. 2024)

536 *Die Presse* vom 8. April 2024

537 https://at.marketscreener.com/boerse-nachrichten/nachrichten/Chinesische-Firmen-gehen-bei-Russland-Zahlungen-in-den-Untergrund-da-sich-die-Banken-zurückziehe-46559041/ (25. 4. 2024)

538 Ebd.

exterritorialen Sanktionsschrauben: »Die Sekundärsanktionen werden Wirkung zeigen, bis neue Wege zur Umgehung gefunden sind.«[539] Und der aus anti-putinistischem Holz geschnitzte Neoliberale, Ex-Finanzminister Michail Zadornov, nimmt sein Bild des Blutgerinnsels, an dem die russische Wirtschaft leidet, im Gespräch mit der *Presse* wieder auf. Auch er sieht keinen Zusammenbruch und meint: »An manchen Stellen werden Stents (künstliche Gefäßstützen) eingesetzt, und neue Systeme zur Blutversorgung werden gesucht.«[540]

Die Wachstumszahlen der russischen Wirtschaft bestätigen die Prognose der beiden Ökonomen. Was allerdings einen bleibenden Effekt hinterlassen wird, sind beträchtliche Verteuerungen jener Produkte, die nach Russland importiert werden. Denn Zwischenhändler, finanzwirtschaftlicher Untergrund und volatiles Umfeld führen zu teils exorbitanten Preissprüngen für die Kunden.

Warum der Wirtschaftskrieg völkerrechtswidrig ist

Juristen unterscheiden einerseits zwischen völkerrechtskonformen und völkerrechtswidrigen und andererseits zwischen kollektiven bzw. gemeinschaftlichen und unilateralen Sanktionen. Über das Scheitern des ersten kollektiven Sanktionsregimes im Rahmen des Völkerbundes im Jahr 1935 wurde bereits weiter oben berichtet.

Wie sieht es mit der rechtlichen Beurteilung des größten Wirtschaftskrieges der Neuzeit aus? Um es gleich vorwegzusagen: Die von Washington und Brüssel ab März/April 2014 gegen russische Personen und Unternehmen verhängten Sanktionen sind völkerrechtswidrig. Als gemeinschaftlich vom transatlantischen Block mit seinen über 30 Staaten verhängte Zwangsmaßnahmen gegen Russland hätten sie, um rechtliche Legalität für sich in Anspruch nehmen zu können, der Zustimmung des UN-Sicherheitsrates bedurft. Das war nicht möglich und wurde wegen Russlands sicherer Ablehnung nicht einmal probiert.

Auch die Argumentation der westlichen Staatengemeinschaft, sie reagierte damit auf eine völkerrechtswidrige Annexion der Krim durch

539 https://www.diepresse.com/18319146/von-dubai-bis-china-nun-macht-der-westen-gegen-die-wirtschaftsnetzwerke-von-wladimir-putin-mobil (25.5.2024)

540 *Die Presse* vom 11. Mai 2024

Russland, ist aus mehreren Gründen nicht haltbar. Denn zum einen wurden die ersten US- und EU-Sanktionslisten bereits am 6. März 2014 aufgelegt, zu einem Zeitpunkt, als noch nicht einmal das Referendum auf der Krim stattgefunden hatte. Und zum anderen bestreiten namhafte Völkerrechtler – sogar im deutschen Sprachraum –, dass es sich bei der Eingliederung der Krim in die Russische Föderation um eine völkerrechtswidrige Annexion gehandelt habe.

So vollführte der Strafrechtler und Rechtsphilosoph Reinhard Merkel, der zu diesem Zeitpunkt auch Mitglied des deutschen Ethikrates war, in der *Frankfurter Allgemeinen Zeitung* vom 8. April 2014 ein äußerst erhellendes rechtskundiges Frage-Antwort-Spiel: »Hat Russland die Krim annektiert? Nein. Waren das Referendum auf der Krim und deren Abspaltung von der Ukraine völkerrechtswidrig? Nein. Waren sie also rechtens? Nein; sie verstießen gegen die ukrainische Verfassung (aber das ist keine Frage des Völkerrechts). Hätte aber Russland wegen dieser Verfassungswidrigkeit den Beitritt der Krim nicht ablehnen müssen? Nein; die ukrainische Verfassung bindet Russland nicht. War dessen Handeln also völkerrechtsgemäß? Nein; jedenfalls seine militärische Präsenz auf der Krim außerhalb seines Pachtgebietes[541] dort war völkerrechtswidrig. Folgt daraus nicht, dass die von der Militärpräsenz erst möglich gemachte Abspaltung der Krim null und nichtig war und somit deren nachfolgender Beitritt zu Russland doch nichts anderes als eine maskierte Annexion? Nein.«[542]

Der acht Jahre später stattfindende Einmarsch der russischen Armee in die Ukraine war jedenfalls ein völkerrechtswidriger Akt. Selbst wenn der Kreml argumentiert, nur auf einen Hilferuf zweier Volksrepubliken, die er tags zuvor als Staaten anerkannt hatte, reagiert zu haben, so legitimiert dies keinesfalls den militärischen Vormarsch Richtung Kiew vom Norden der Ukraine her. Das extreme Anziehen der Sanktionsschraube durch Washington und Brüssel im Gefolge wird durch den russischen Bruch des Völkerrechts jedoch nicht legal. Es fehlt die kollektive Weihe durch die UNO. Das meldete auch der wissenschaftliche Dienst des Deutschen Bundestages in einer Sachstandsdarstellung zu

541 Gemeint ist der Marinestützpunkt Sewastopol.

542 https://www.faz.net/aktuell/feuilleton/debatten/die-krim-und-das-voelkerrecht-kuehle-ironie-der-geschichte-12884464.html (20.5.2024)

»Rechtsfragen völkerrechtlicher Sanktionen«. Diese stammt vom 8. Juli 2019, war also nicht vom vollen Rausch des Wirtschaftskrieges, wie er in Politik und Medien verbreitet wurde, benebelt. Dort heißt es: »Sanktionen sind […] Maßnahmen, die auf eine Völkerrechtsverletzung eines einzelnen Staates reagieren und darauf gerichtet sind, diesen mittels Zufügung von (rechtlichen) Nachteilen zur Einstellung seines völkerrechtswidrigen Verhaltens zu bewegen. Die Maßnahmen müssen darüber hinaus von einer internationalen Organisation (i. d. R.: Sicherheitsrat der Vereinten Nationen, VN-SR) getragen sein, d. h. auf einer kollektiven Entscheidung basieren.«[543]

Vom UN-Sicherheitsrat gedeckte, also völkerrechtskonforme Sanktionen, treffen – der Logik der Macht folgend – schwächere Staaten; so z. B. in den 1990er Jahren, als Russland auf der Weltbühne weitgehend abwesend war, den Irak und Jugoslawien. Später wurden Zwangsmaßnahmen mit Zustimmung der UNO über Libyen, Mali und Haiti verhängt. Weitaus häufiger sind es die USA und/oder die EU, die in selbstherrlicher Art kleinere und größere Wirtschaftskriege gegen Länder und Regime betreiben, die ihnen nicht genehm sind. Die Europäische Union führt dazu eine sogenannte »Sanctions Map«.[544] Auf ihr stehen mit Stand Mai 2024 in alphabetischer Reihenfolge (und unterschiedlicher Intensität): Belarus, Bosnien-Herzegowina, Burundi, China, Guatemala, Guinea, Haiti, Iran, Libanon, Libyen, Mali, Moldawien, Myanmar, Nicaragua, Niger, Russland, Sudan, Syrien, Tunesien, Ukraine, Venezuela und Zimbabwe. Die US-Liste ist um mehr als das Doppelte länger. Der Historiker Nicholas Mulder schätzt, dass im Jahr 2022 ein Drittel der Weltbevölkerung unter US-Sanktionen litt.[545]

Um diesem permanenten und größtenteils völkerrechtswidrigen Wirtschaftskrieg, den das transatlantische Duo USA/EU mithilfe Kanadas und Australiens (fallweise auch Japans, Norwegens und der Schweiz) betreibt, Einhalt zu gebieten, forderte der UN-Menschenrechtsrat am 3. April 2023 die Abschaffung aller einseitigen Sanktionen, also aller

543 https://www.bundestag.de/resource/blob/657444/ae4d7f74e93145b7ca5e8aa8c8042bdf/WD-2-071-19-pdf-data.pdf (15. 5. 2024)

544 https://www.sanctionsmap.eu/#/main (25. 5. 2024)

545 Zit. in: Thomas Mayer, Völkerrechtswidrige Wirtschaftskriege durch Sanktionen (29. 12. 2023), siehe: https://tkp.at/2023/12/29/voelkerrechtswidrige-wirtschaftskriege-durch-sanktionen/ (20. 5. 2024)

Zwangsmaßnahmen, die nicht durch einen Beschluss des UN-Sicherheitsrats legitimiert sind. In der Resolution heißt es: »Wir sind alarmiert über die unverhältnismäßigen und unterschiedslosen menschlichen Kosten einseitiger Sanktionen und ihre negativen Auswirkungen auf die Zivilbevölkerung, insbesondere auf Frauen und Kinder, in den Zielstaaten«, und außerdem »zutiefst beunruhigt über die negativen Auswirkungen einseitiger Zwangsmaßnahmen auf das Recht auf Leben, das Recht eines jeden auf das für ihn erreichbare Höchstmaß an körperlicher und geistiger Gesundheit und medizinischer Versorgung, das Recht auf Freiheit von Hunger und das Recht auf einen angemessenen Lebensstandard, auf Nahrung, Bildung, Arbeit und Wohnung sowie das Recht auf Entwicklung und das Recht auf eine saubere, gesunde und nachhaltige Umwelt.«[546]

Der unter der Überschrift »Die negativen Auswirkungen einseitiger Zwangsmaßnahmen auf die Wahrung der Menschenrechte« eingebrachten Resolution stimmten 33 Staaten zu, 13 stimmten dagegen, bei einer Enthaltung. Der UN-Menschenrechtsrat besteht aus 47 Mitgliedern. Zustimmung erfolgte unter anderem von Argentinien, Chile, Kasachstan, Kuba und Südafrika; ablehnend votierten u. a. Deutschland, Frankreich, Tschechien, die Ukraine, Großbritannien und die USA.[547] Das Resultat der Abstimmung war nicht bindend, zeigte aber in typischer Weise die Kluft zwischen dem NATO-Norden und dem Globalen Süden.

In wirtschaftlicher Hinsicht ist die Welthandelsorganisation (WTO) für die Einschätzung von Sanktionen zuständig. Und diese erlaubt nach Artikel XXI GATT Ausnahmen vom unter WTO-Mitgliedern grundsätzlich zu gewährenden ungehinderten Handelsverkehr. Da Russland seit 2012 Mitglied in der Welthandelsorganisation ist, sind Wirtschaftssanktionen von Ländern gegen Russland nur zulässig, wenn damit »die Wahrung ihrer wesentlichen Sicherheitsinteressen erforderlich ist.«[548] Eine 2019 erstellte Studie, die sich mit den bereits damals ausgesprochenen EU- und US-Sanktionen gegen Russland aus der Sicht der WTO

546 https://documents.un.org/doc/undoc/ltd/g23/059/34/pdf/g2305934.pdf?token=1UjmslcV9oc3Jmri1a&fe=true, übersetzt in: https://tkp.at/2023/12/29/voelkerrechtswidrige-wirtschaftskriege-durch-sanktionen/ (20.5.2024)

547 https://tkp.at/2023/12/29/voelkerrechtswidrige-wirtschaftskriege-durch-sanktionen/ (20.5.2024)

548 Article XXI GATT, siehe: https://www.wto.org/english/docs_e/legal_e/gatt47_02_e.htm (6.1.2023)

beschäftigt, stellt anhand der Rechtslage die entscheidende Frage: »Wenn sich die USA und EU-Mitgliedstaaten gegen eine Verletzung ihrer GATT-Verpflichtungen«, die durch die Wirtschaftssanktionen gegeben sind, »wehren möchten, müssen sie daher beweisen, dass das Verhängen der Sanktionen gegen Russland zum Schutz ihrer Sicherheitsinteressen getan wurde.«[549] Für den bekannten Wiener Anwalt Georg Zanger ist die Antwort auf diese Frage klar. Die Bedrohung der Sicherheitsinteressen, die einem WTO-Mitglied die Möglichkeit einräumt, wirtschaftskriegerische Maßnahmen gegen ein anderes Land zu verhängen, kann der Ukraine eingeräumt werden. Kiew darf also wegen des russischen Einmarsches WTO-konforme Sanktionen erlassen. EU oder USA sind von der russischen Militäroperation freilich nicht betroffen, weswegen die Maßnahmen auch gegen die WTO-Verträge verstoßen.[550]

Vom Westen sanktionierte Länder rücken zusammen. So unterzeichneten der russische und der iranische Außenminister, Sergej Lawrow und Hossein Abdollahian, Anfang Dezember 2023 in Moskau eine Erklärung zum gemeinsamen Vorgehen gegen die transatlantischen Zwangsmaßnahmen. »Dies ist ein wichtiger Schritt, der darauf abzielt, die Bemühungen der Weltgemeinschaft zur Überwindung illegaler Sanktionen zu koordinieren, die die USA und ihre Verbündeten zu einem Ersatz für Diplomatie gemacht haben«, meinte Lawrow anlässlich einer Pressekonferenz.[551]

549 Ivana Vukic, Die EU Sanktionen gegen Russland aus der Warte des WTO-Rechts. Salzburg 2019, S. 35; siehe: https://eplus.uni-salzburg.at/obvusbhs/download/pdf/5072201?originalFilename=true (6.1.2023)

550 Georg Zanger, Neutralität und Sanktionen. In: *International* VI/2022, S. 17

551 https://pressefreiheit.rtde.tech/russland/189023-moskau-und-teheran-unterzeichnen-dokument (30.5.2024)

Literaturliste/ Bücher & Zeitschriften & Quellen:

Ahtisaari-Report, in: https://www.un.org/depts/oip/background/reports/s22366.pdf (20. März 1991)

Amat Adarov u. a., *How to Stabilise the Economy of Ukraine* (Background Study des Wiener Instituts für Internationale Wirtschaftsvergleiche). Wien, 15. 4. 2015

Gunnar Adler-Karlsson, Der Fehlschlag. 20 Jahre Wirtschaftskrieg zwischen Ost und West. Frankfurt am Main/Zürich 1971

Ulrich Albrecht u. a., Das Kosovo-Dilemma. Schwache Staaten und Neue Kriege als Herausforderung des 21. Jahrhunderts. Münster 2002

Amtsblatt vom 5. März 2014, Verordnung der EU Nr. 208/2014

Autorenkollektiv, Wirtschaftskrieg – Boykott – Embargo. Berlin/DDR 1984

Georg W. Ball, Über das Durchschneiden von Pipelines und unserer eigenen Gurgel. In: *Washington Post* vom 11. März 1982

Beglaubigte Anschrift des Amtsgerichts Mühldorf a. Inn, Aktenzeichen Cs 510 Js 32559/23

Jens Berger, »Putin bezahlt die Verteidigung der Ukraine« – Fake News zum 50-Milliarden-Dollar-Ukraine-Paket der G7, in: https://www.nachdenkseiten.de/?p=116828

Klaus von Beyme, Détente and East-West Economic Relations; in: The Journal of Politics, Vol 43, No 4 (1981)

Marc Bonenberger, Wirtschaftssanktionen zwischen Ost und West, 1947–1958 – Das Co-Com-Embargo. Basel 2006

Hans-Joachim Braun, Billig und schlecht? Franz Reuleaux' Kritik an der deutschen Industrie und seine wirtschaftspolitischen Vorschläge 1876/1877; in: *Kultur und Technik*, 9. Jahrgang 1985, Heft 2

Klaus-Jürgen Bruder/Almuth Bruder-Bezzel/Benjamin Lemke/Conny Strahmer-Weinandy (Hg.), Die Neue Normalität. Auf dem Weg in die Dystopie. Wien 2024

Bulletin des Presse- und Informationsamtes der Bundesregierung (Bonn) vom 25. Juni 1982

Frank Cain, Das US-Handelsembargo und Europa, in: Bernd Greiner u. a., Ökonomie im Kalten Krieg. Hamburg 2010

Béatrice Caroline Daumiller, Handelsembargo am Beispiel Nordkorea. Norderstedt 2011

Philip J. Deloria, Playing Indian. Yale 1988

Deutsches Komitee für UNICEF (Hg.), Der Start ins Leben: zur Situation der Kinder in der Welt 2001. Frankfurt/Main 2001

Gertrude Enderle-Burcel/Dieter Stiefel/Alice Teichova, »Zarte Bande«. Österreich und die planwirtschaftlichen Länder (= Mitteilungen des Österreichischen Staatsarchivs, Sonderband 3). Wien 2006, S. 73–105.

Europa-Archiv, Oberursel 1948

Peter L. Fitzgerald in: Hastings Law Journal 51 (1999)

James K. Galbraith, Gift of Sanctions: An Analysis of Assessment of the Russian Economy, 2022–2023. Working paper, April 2023, siehe: https://www.ineteconomics.org/research/research-papers/the-gift-of-sanctions-an-analysis-of-assessments-of-the-russian-economy-2022-2023

Norbert Gaworek, From Blockade to Trade: Allied Economic Warfare against Soviet Russia, June 1919 to January 1920, in: Jahrbücher für Geschichte Osteuropas, Bd. 23 (1975)

Christian Gerlach, Das US-amerikanisch-sowjetische Getreidegeschäft 1972

Rüdiger Göbel u. a. (Hg.), Der Irak. Krieg, Besetzung, Widerstand. Köln 2004

Johann Wolfgang von Goethe, Faust. Der Tragödie zweiter Teil, 5. Akt, 2. Szene.
Margarete Grandner/Andrea Komlosy (Hg.), Vom Weltgeist beseelt. Globalgeschichte 1700–1815, Wien 2004
Bernd Greiner u.a., Ökonomie im Kalten Krieg. Hamburg 2010
Marjolein 't Hart, The Dutch Wars of Independence. Warfare and Commerce in the Netherlands 1570–1680. London/New York 2014
Ulrich Heyden, Neue Wege in der russischen Wirtschaft, dargestellt am Beispiel einer Kosmetik-Fabrik. In: https://www.nachdenkseiten.de/?p=114062
Ulrich Heyden, Ukraine im Zangengriff von Ultranationalisten und Zensur. In: https://www.telepolis.de/features/Ukraine-im-Zangengriff-von-Ultranationalisten-und-Pressezensur-5045349.html?seite=all
Hannes Hofbauer, Balkankrieg. Zehn Jahre Zerstörung Jugoslawiens. Wien 2001
Hannes Hofbauer, Im Wirtschaftskrieg mit Russland. Folgen der westlichen Sanktionspolitik. In: Bruder/Bruder-Bezzel/Lemke/Strahmer-Weinandy (Hg.), Die Neue Normalität. Auf dem Weg in die Dystopie. Wien 2024
Hannes Hofbauer, Feindbild Russland. Geschichte einer Dämonisierung. Wien 2016
Hannes Hofbauer, Seit Generationen im Wirtschaftskrieg. Russland unter westlichen Sanktionen. In: Lunapark21, Nr. 59/60, Herbst 2022
Hannes Hofbauer, US-Schlag gegen die Meinungsfreiheit. RT wurde zum »ausländischen Agenten« erklärt. In: https://www.manova.news/artikel/us-schlag-gegen-die-meinungsfreiheit
Hannes Hofbauer, Verbotene Meinung, bestrafte Gesinnung: Zur Europäisierung des deutschen Zensurregimes. In: https://www.nachdenkseiten.de/?p=104676#foot_11
Hannes Hofbauer, Vom US-/EU-Sanktionsregime gegen Russland zur Entwestlichung Eurasiens. In: Hannes Hofbauer/Stefan Kraft (Hg.), Kriegsfolgen. Wie der Kampf um die Ukraine die Welt verändert. Wien 2023
Hannes Hofbauer, Westwärts. Österreichs Wirtschaft im Wiederaufbau. Wien 1992
Hannes Hofbauer, Zensur. Publikationsverbote im Spiegel der Geschichte. Vom kirchlichen Index zur YouTube-Löschung. Wien 2022
Hannes Hofbauer/Stefan Kraft, Kriegsfolgen. Wie der Kampf um die Ukraine die Welt verändert. Wien 2023
Laurent Hoff, Transaktionen in US-Dollar und sekundäre Sanktionen. In: Schriften zur Europäischen Integration und Internationalen Wirtschaftsordnung, Band 49, Frankfurt/Main, Diss. 2019
Maurice Höfgen, Der neue Wirtschaftskrieg. Berlin 2022
Hans-Joachim Hoppe, Die Brücke von Kertsch. In: *Eurasisches Magazin* vom 1. Januar 2016
House of Commons debate, 1. August 1854, in: Hansard, vol. 135
Idriss Jazairy, Un tiers de la population mondiale habite dans des pays touché par des sanctions, September 2015
Kennedy an den Handels-, Außen- und Verteidigungsminister am 19. September 1963, RG 59, NARA
Klaus-Peter Kißler, Die Zulässigkeit von Wirtschaftssanktionen der Europäischen Gemeinschaft gegenüber Drittstaaten. Frankfurt/Main 1984
Victor Kocher, Terrorlisten. Die schwarzen Löcher des Völkerrechts. Wien 2011
Andrea Komlosy, Chinesische Seide, indische Kalikos, Maschinengarn aus Manchester. »Industrielle Revolution« aus globalhistorischer Perspektive, in: Margarete Grandner/

Andrea Komlosy (Hg.), Vom Weltgeist beseelt. Globalgeschichte 1700–1815. Wien 2004

Andrea Komlosy, Österreichs Brückenfunktion und die Durchlässigkeit des Eisernen Vorhangs. In: Gertrude Enderle-Burcel/Dieter Stiefel/Alice Teichova, »Zarte Bande«. Österreich und die planwirtschaftlichen Länder (= Mitteilungen des Österreichischen Staatsarchivs Sonderband 3). Wien 2006, S. 73–105.

Stefan Kraft, Luxemburg, Lenin und Putins »Russki Mir«, in: Hannes Hofbauer/Stefan Kraft, Kriegsfolgen. Wie der Kampf um die Ukraine die Welt verändert. Wien 2023

Winfried Kretschmar, Auslandhilfe als Mittel der Außenwirtschafts- und Außenpolitik. Eine Studie über die amerikanische Auslandshilfe von 1945–1956. München 1964

Domenico Losurdo, Eine Welt ohne Krieg. Von den Verheißungen der Vergangenheit bis zu den Tragödien der Gegenwart. Köln 2022

Halford Mackinder, The Geographical Pivot of History (1904), New York 2020

André Malraux, Die Eroberer. München 1984

Michael Meyen, Cancel Culture. Wie Propaganda und Zensur Demokratie und Gesellschaft zerstören. Berlin 2024

Michael Meyen, Die Propaganda-Matrix. Der Kampf um freie Medien entscheidet über unsere Zukunft. München 2021

Michael Meyen, Unheimliche Allianz. Die Nachrichtenagenturen verbinden sich mit Correktiv und machen endgültig klar, worum es bei »Faktenchecks« geht. In: https://www.manova.news/artikel/unheimliche-allianz

Kid Möchel, Der geheime Krieg der Agenten. Wien 1997

Nicholas Mulder, The Economic Weapon. The Rise of Sanctions as a Tool of Modern War. New Haven/London 2022

Christian Müller, Der Erdgas-Röhren-Konflikt 1981/82; in: Bernd Greiner u. a., Ökonomie im Kalten Krieg. Hamburg 2010

Harald Müller/Reinhard Rode, Osthandel oder Wirtschaftskrieg? Die USA und das Gas-Röhren-Geschäft. (Hessische Stiftung für Konfliktforschung, Report vom Mai 1982), Frankfurt/Main

Harold Nicolson, Peacemaking 1919. London 1933

Erich Noehrenberg, Multilateral Export Controls and International Regime Theory: The Effectiveness of COCOM. Sinzheim 1995

Franz Olah, eine Spurensicherung. Wien 1990

Nils Ole Oermann/Jans-Jürgen Wolff, Wirtschaftskriege. Geschichte und Gegenwart. Freiburg/Br. 2019

Norman Paech, Das Scheitern der UNO im Irak-Konflikt und Möglichkeiten ihrer Stärkung; in: Rüdiger Göbel u. a. (Hg.), Der Irak. Krieg, Besetzung, Widerstand. Köln 2004

Hans Pohl (Hg.): Die Auswirkungen von Zöllen und anderen Handelshemmnissen auf Wirtschaft und Gesellschaft vom Mittelalter bis zur Gegenwart. Stuttgart 1987

Press Statement (»Confidential, Eyes Only until 9:00 a. m. – 8. 7. 1972), NARA, Nixon files, NSC, Box 330, Grain Shipping

Andrew Roberts, Napoleon the Great. London 2014

Viorel Roman/Hannes Hofbauer, Transsilvanien – Siebenbürgen. Begegnung der Völker am Kreuzweg der Reiche. Wien 1996

Siegfried Russwurm/Joachim Lang (Hg.), Wie soll die Wirtschaft mit Autokraten umgehen? Freiburg/Br. 2022

Diedrich Saalfeld: Die Kontinentalsperre. In: Hans Pohl (Hg.): Die Auswirkungen von

Zöllen und anderen Handelshemmnissen auf Wirtschaft und Gesellschaft vom Mittelalter bis zur Gegenwart. Stuttgart 1987
Sidney Sauer, Die Wirksamkeit von Sanktionen anhand der Beispiele Südafrika, Irak und Kuba. Norderstedt 2015
Elke Schenk, Der heimliche Krieg. Die EU-Energiepolitik erklärt Russland den Wirtschaftskrieg, in: https://www.rubikon.news/artikel/der-heimliche-krieg
Gustav Schmidt (Hg.), Ost-West-Beziehungen: Konfrontation und Détente 1945–1989, Bd. 2, Bochum 1993
Ernst Schubert, Novgorod, Brügge, Bergen und London. Die Kontore der Hanse. Heidelberg 2002
Conrad Schuhler, Deutschland im Wirtschaftskrieg. Eskalation um jeden Preis. München 2023
Shu Guang Zhang, China und die Wirtschaftssanktionen des Westens, 1950–1953
Ulrike Simon, Liebesgrüße an Moskau, in: Makroskop vom 26. April 2024: https://makroskop.eu/13-2024/liebesgrusse-an-moskau/
Vibeke Sørensen, Perceptions of East-West Trade and Western European Integration. 1945–1955; in: Gustav Schmidt (Hg.), Ost-West-Beziehungen: Konfrontation und Détente 1945–1989, Bd. 2, Bochum 1993
Hans-Christof von Sponeck, Alternativen hat es gegeben! Die Irak-Politik der Vereinten Nationen 1990 bis 2003
Hans-Christof von Sponeck, Ein scharfes Schwert trifft die Falschen: Wirtschaftssanktionen in den internationalen Beziehungen. In: Ulrich Albrecht u. a., Das Kosovo-Dilemma. Schwache Staaten und Neue Kriege als Herausforderung des 21. Jahrhunderts. Münster 2002
Jan Stankovky, Österreich und das COCOM. In: Monatsberichte des Österreichischen Instituts für Wirtschaftsforschung (WIFO) 3/90
Eva Stanzl, Wie der Krieg die Wissenschaft beeinträchtigt. In: *Wiener Zeitung* vom 4. März 2022
Gustav Stresemann, Englands Wirtschaftskrieg gegen Deutschland. Stuttgart/Berlin 1915
Studiengruppe zur Förderung der österreichischen Wirtschaftsentwicklung (Hg.), Sichert Österreichs Wirtschaftsfreiheit. Wien 1957
Thukydides, Geschichte des Peloponnesischen Krieges, 411 v. u. Z.
Viktor Timtschenko, Putin und das neue Russland. München 2003
Ivana Vukic, Die EU Sanktionen gegen Russland aus der Warte des WTO-Rechts. Salzburg 2019
Hans-Jürgen Wagener, Grundlinien der Außenwirtschaftspolitik mit Autokratien. In: Siegfried Russwurm/Joachim Lang (Hg.), Wie soll die Wirtschaft mit Autokraten umgehen? Freiburg/Br. 2022
Florian Warweg, Nord Stream als Kriegsgrund. In: Hannes Hofbauer/Stefan Kraft, Kriegsfolgen. Wie der Kampf um die Ukraine die Welt verändert. Wien 2023
Wiener Institut für Internationale Wirtschaftsvergleiche, Frühjahrsprognose: Osteuropa bleibt auf Wachstumskurs. 24. April 2024
Woodrow Wilson/Hamilton Foley (ed.), Woodrow Wilson's Case for the League of Nations. Princeton 1923
Claudia Wöhrmann, Osthandel als Problem der atlantischen Allianz. Erfahrungen aus dem Erdgas-Röhren-Geschäft mit der UdSSR. Bonn 1986 (Arbeitspapiere zur Internationalen Politik, Bd. 38)

Xin-zhu J. Chen, China and the US Trade Embargo, 1950–1972, in: *American Journal of Chinese Studies*, vol 13, Oktober 2006

Georg Zanger, Neutralität und Sanktionen. In: *International* VI/2022

Literaturliste/ Digitales:

https://amerika21.de
https://anti-spiegel.ru
https://apa.at
https://asia.nikkei.com
https://at.ambafrance.org
https://at.marketscreener.com
https://www.automotivelogistics.media
https://avilon.ru
https://bonn.mid.ru
https://catalog.expocentr.ru
https://compliancedigital.de
https://de.euronews.com
https://de.m.wikipedia.org
https://de.rbth.com
https://de.rt.com
https://de.statista.com
https://de.wikipedia.org
https://dejure.org
http://derstandard.at
https://deutsch.radio.cz
http://deutsche-wirtschafts-nachrichten.de
http://devedesete.vip
https://diemaechtigstenfamilenderwelt.ch
https://digital-strategy.ec.eu
https://dgvn.de
https://documents.un.org
https://dynamo.kiev.ua
https://en.wikipedia.org
https://english.nv.ua
https:/enrsi.rtvs.sk
https://eur-lex.europa.eu
https://euractiv.de
https://fedlex.admin.ch
https://freedert.online
https://gadmo.eu
https://hmn.wiki/de
http://home.treasury.gov
https://illicitedge.com
http://investmentpolicy.unctad.org
http://iranjournal.org
http://jusletter.weblaw.ch
https://kuba.ahkde
http://kurier.at
https://magazin.klassik.com
https://makroskop.eu
https://multipolar-magazin.de/
https://newsyou.info/de
https://norberthaering.de
https://nzz.ch
https://ofac.treasury.gov
https://orf.at
https://papers.ssrn.com
https://presidency.ucsb.edu
https://pressefreiheit.rtde.tech
https://qoshe.com
https://www.reuters.com
https://rtde.site
https://russkiymir.ru
https://salzburg.orf.at
https://sanctionssearch.ofac.treas.gov
https://silverado.org
https://stats.areppim.com
https://sudd.ch
https://swp-berlin.org
https://tass.com
https://taz.de
https://tkp.at
https://un.org
https://unsanctionsapp.com
https://unscr.com
https://unric.org
https://wien.orf.at
https://wikipedia.org
https://www.achgut.com
https://www.bafa.de
https://www.baks.bund.de
https://www.berliner-zeitung.de
https://www.bloomberg.com
https://www.bmj.de
https://www.bmj.gv.at
https://www.bmwk.de
https://www.bpb.de
https://www.br-klassik.de
https://www.bundesnetzagentur.de
https://www.bundesregierung.de

https://www.bundestag.de
https://www.businessinsider.de
https://www.buzer.de
https://www.campact.de
https://www.capital.de
https://www.cbc.ca
https://www.change.org
https://www.coe.int
https://www.consilium.europa.eu
https://www.counterpunch.org
http://www.diepresse.at
https://www.derstandard.at
https://www.deutschlandfunk.de
http://www.dhm.de
https://www.diepresse.at
http://www.digital.wienbibliothek.at
https://www.dw.com
https://www.economist.com
https://www.euractiv.com
https://www.eurasiantimes.com
https://www.europarl.europa.eu
https://www.farmlandgrab.org
https://www.faz.net
https://www.finextra.com
https://www.florian-roth.com
https://www.focus.de
https://www.freshplaza.de
https://www.ft.com
https://www.globaltimes.cn
https://www.gold.de
https://www.goldseiten.de
https://www.goldreporter.de
https://www.gruene-fraktion-muenchen.de
https://www.gtai.de
http://www.handelsblatt.com
https://www.handelszeitung.ch
https://www.henkel.at
https://www.imf.org
https://www.ineteconomics.org
https://www.infosperber.ch
https://www.institutional-money.com
https://www.iwkoeln.de
https://www.jpmorgan.com
https://www.kleinezeitung.at
https://www.krone.at
https://www.manager-magazin.de
https://www.manova.news
https://www.mdr.de
https://www.merkur.de
https://www.mimikama.org
https://www.msn.com
https:/www.nachdenkseiten.de
https://www.naju.ch
https://www.ndr.de
https://www.n-tv.de
https://www.nytimes.com
https://www.nzz.ch
http://www.omv.com
https://www.planet-wissen.de
https://www.politico.eu
https://www.projekt-gutenberg.org
https://www.rada.gov.ua
http://www.rferl.org
https://www.rt.com
http://www.rubikon.news
https://www.russland.capital
https://www.sanctionsmap.eu
https://www.spiegel.de
https://www.sportbuzzer.de
https://www.staatslexikon-online.de
https://www.stern.de
https://www.stuttgarter-zeitung.de
https://www.sueddeutsche.de
https://www.swr.de
https://www.tagesschau.de
https://www.tagesspiegel.de
http://www.teodor-currentzis.com
https://www.telepolis.de
https://www.truthdig.com
https://www.versailler-vertrag.de
https://www.vinum.eu
https://www.welt.de
https://www.wienerphilharmoniker.at
https://www.wko.at
https://www.wsj.com
https://www.wvmetall.de
https://www.zeit.de
https://www.zentralplus.ch
http://youssefnada.ch
https://zavtra.ru
https://zeitschrift-osteuropa.de
https://zeitschrift-vereinte-nationen.de

Reden/Vorträge/Interviews:

Madeleine Albright im *CBS*-Interview am 12. Mai 1996, siehe: https://www.youtube.com/watch?v=1T5JRVR53Eo
Interview mit Jozef Hambálek: https://www.youtube.com/watch?v=BUlsvBFQpYU
Interview mit Joe Kaeser im Heute-Journal des *ZDF* am 26. März 2014: https://www.youtube.com/watch?v=67-GXT8ampg
Vortrag von Wladislav Inosemcev im »Wiener Institut für Internationale Wirtschaftsvergleiche« am 27. Mai 2024 in Wien (Mitschrift)
Gespräch mit Aleksej Kusnezow am 28. August 2015 in Moskau
John McCain auf dem Kiewer Maidan am 15. Dezember 2013: https://www.youtube.com/watch?v=93eyhO8VTdg

Literaturliste Zeitungen/Zeitschriften – Print:

American Journal of Chinese Studies
Bild, Berlin
Börsen-Zeitung, Frankfurt/Main
Deutsche Wirtschaftsnachrichten, Berlin
Eurasisches Magazin, Altomünster
Forbes Talks
Frankfurter Allgemeine Zeitung, Frankfurt/Main
Der Freitag, Berlin
Guardian, London
Handelsblatt, Düsseldorf
Hastings Law Journal, Hastings
International, Wien
Jahrbücher für Geschichte Osteuropas, Stuttgart
The Journal of Politics, Chicago
Kultur und Technik, München
Kurier, Wien
Lunapark21, Michendorf
Monatsberichte des Österreichischen Instituts für Wirtschaftsforschung, Wien
Le Monde, Paris
New York Times, New York
Die Presse, Wien
Der Standard, Wien
Süddeutsche Zeitung, München
Washington Post, Washington
Die Welt, Berlin
Wiener Zeitung, Wien
Die Zeit, Hamburg